浙江改革开放四十年研究系列

开放发展
浙江的探索与实践

顾国达 张正荣 等 ◎ 著

中国社会科学出版社

图书在版编目（CIP）数据

开放发展：浙江的探索与实践/顾国达等著.—北京：中国社会科学出版社，2018.10

（浙江改革开放四十年研究系列）

ISBN 978-7-5203-3355-9

Ⅰ.①开… Ⅱ.①顾… Ⅲ.①开放经济—区域经济发展—研究—浙江 Ⅳ.①F127.55

中国版本图书馆 CIP 数据核字（2018）第 237568 号

出 版 人	赵剑英
责任编辑	车文娇
责任校对	冯英爽
责任印制	王　超

出　　版	中国社会科学出版社
社　　址	北京鼓楼西大街甲 158 号
邮　　编	100720
网　　址	http://www.csspw.cn
发 行 部	010-84083685
门 市 部	010-84029450
经　　销	新华书店及其他书店
印刷装订	北京君升印刷有限公司
版　　次	2018 年 10 月第 1 版
印　　次	2018 年 10 月第 1 次印刷
开　　本	710×1000　1/16
印　　张	18.25
字　　数	271 千字
定　　价	78.00 元

凡购买中国社会科学出版社图书，如有质量问题请与本社营销中心联系调换
电话：010-84083683
版权所有　侵权必究

浙江省文化研究工程指导委员会

主　任：车　俊

副主任：葛慧君　郑栅洁　陈金彪　周江勇
　　　　成岳冲　陈伟俊　邹晓东

成　员：胡庆国　吴伟平　蔡晓春　来颖杰
　　　　徐明华　焦旭祥　郭华巍　徐宇宁
　　　　鲁　俊　褚子育　寿剑刚　盛世豪
　　　　蒋承勇　张伟斌　鲍洪俊　许　江
　　　　蔡袁强　蒋国俊　马晓晖　张　兵
　　　　马卫光　陈　龙　徐文光　俞东来
　　　　陈奕君　胡海峰

浙江文化研究工程成果文库总序

  有人将文化比作一条来自老祖宗而又流向未来的河，这是说文化的传统，通过纵向传承和横向传递，生生不息地影响和引领着人们的生存与发展；有人说文化是人类的思想、智慧、信仰、情感和生活的载体、方式和方法，这是将文化作为人们代代相传的生活方式的整体。我们说，文化为群体生活提供规范、方式与环境，文化通过传承为社会进步发挥基础作用，文化会促进或制约经济乃至整个社会的发展。文化的力量，已经深深熔铸在民族的生命力、创造力和凝聚力之中。

  在人类文化演化的进程中，各种文化都在其内部生成众多的元素、层次与类型，由此决定了文化的多样性与复杂性。

  中国文化的博大精深，来源于其内部生成的多姿多彩；中国文化的历久弥新，取决于其变迁过程中各种元素、层次、类型在内容和结构上通过碰撞、解构、融合而产生的革故鼎新的强大动力。

  中国土地广袤、疆域辽阔，不同区域间因自然环境、经济环境、社会环境等诸多方面的差异，建构了不同的区域文化。区域文化如同百川归海，共同汇聚成中国文化的大传统，这种大传统如同春风化雨，渗透于各种区域文化之中。在这个过程中，区域文化如同清溪山泉潺潺不息，在中国文化的共同价值取向下，以自己的独特个性支撑着、引领着本地经济社会的发展。

  从区域文化入手，对一地文化的历史与现状展开全面、系统、扎实、有序的研究，一方面可以藉此梳理和弘扬当地的历史传统和文化资源，繁荣和丰富当代的先进文化建设活动，规划和指导未来的文化发展蓝图，增强文化软实力，为全面建设小康社会、加快推进社会主义现代化提供思想保证、精神动力、智力支持和舆论力量；另一方面，这也是深入了解中国文化、研究中国文化、发展中国文化、创新中国文化的重要途径之一。如今，区域文化研究日益受到各地重视，成为我国文化研究走向深入的一个重要标志。我们今天实施浙江文化研究工程，其目的和意义也在于此。

千百年来，浙江人民积淀和传承了一个底蕴深厚的文化传统。这种文化传统的独特性，正在于它令人惊叹的富于创造力的智慧和力量。

浙江文化中富于创造力的基因，早早地出现在其历史的源头。在浙江新石器时代最为著名的跨湖桥、河姆渡、马家浜和良渚的考古文化中，浙江先民们都以不同凡响的作为，在中华民族的文明之源留下了创造和进步的印记。

浙江人民在与时俱进的历史轨迹上一路走来，秉承富于创造力的文化传统，这深深地融汇在一代代浙江人民的血液中，体现在浙江人民的行为上，也在浙江历史上众多杰出人物身上得到充分展示。从大禹的因势利导、敬业治水，到勾践的卧薪尝胆、励精图治；从钱氏的保境安民、纳土归宋，到胡则的为官一任、造福一方；从岳飞、于谦的精忠报国、清白一生，到方孝孺、张苍水的刚正不阿、以身殉国；从沈括的博学多识、精研深究，到竺可桢的科学救国、求是一生；无论是陈亮、叶适的经世致用，还是黄宗羲的工商皆本；无论是王充、王阳明的批判、自觉，还是龚自珍、蔡元培的开明、开放，等等，都展示了浙江深厚的文化底蕴，凝聚了浙江人民求真务实的创造精神。

代代相传的文化创造的作为和精神，从观念、态度、行为方式和价值取向上，孕育、形成和发展了渊源有自的浙江地域文化传统和与时俱进的浙江文化精神，她滋育着浙江的生命力、催生着浙江的凝聚力、激发着浙江的创造力、培植着浙江的竞争力，激励着浙江人民永不自满、永不停息，在各个不同的历史时期不断地超越自我、创业奋进。

悠久深厚、意韵丰富的浙江文化传统，是历史赐予我们的宝贵财富,也是我们开拓未来的丰富资源和不竭动力。党的十六大以来推进浙江新发展的实践,使我们越来越深刻地认识到,与国家实施改革开放大政方针相伴随的浙江经济社会持续快速健康发展的深层原因,就在于浙江深厚的文化底蕴和文化传统与当今时代精神的有机结合,就在于发展先进生产力与发展先进文化的有机结合。今后一个时期浙江能否在全面建设小康社会、加快社会主义现代化建设进程中继续走在前列,很大程度上取决于我们对文化力量的深刻认识、对发展先进文化的高度自觉和对加快建设文化大省的工作力度。我们应该看到,文化的力量最终可以转化为物质的力量,文化的软实力最终可以转化为经济的硬实力。文化要素是综合竞争力的核心要素,文化资源是经济社会发展的重要资源,文化素质是领导者和劳动者的首要素质。因此,研究浙江文化的历史与现状,增强文化软实力,为浙江的现代化建设服务,是浙江人民的共同事业,也是浙江各级党委、政府的重要使命和责任。

2005年7月召开的中共浙江省委十一届八次全会,作出《关于加快建设文化大省的决定》,提出要从增强先进文化凝聚力、解放和发展生产力、增强社会公共服务能力入手,大力实施文明素质工程、文化精品工程、文化研究工程、文化保护工程、文化产业促进工程、文化阵地工程、文化传播工程、文化人才工程等"八项工程",实施科教兴国和人才强国战略,加快建设教育、科技、卫生、体育等"四个强省"。作为文化建设"八项工程"之一的文化研究工程,其任务就是系统研究浙江文化的历史成就和当代发展,深入挖掘浙江文化底蕴、研究浙江现象、总结浙江经验、指导浙江未来的发展。

浙江文化研究工程将重点研究"今、古、人、文"四个方面,即围绕浙江当代发展问题研究、浙江历史文化专题研究、浙江名人研究、浙江历史文献整理四大板块,开展系统研究,出版系列丛书。在研究内容上,深入挖掘浙江文化底蕴,系统梳理和分析浙江历史文化的内部结构、变化规律和地域特色,坚持和发展浙江精神;研究浙江文化与其他地域文化的异同,厘清浙江文化在中国文化中的地位和相互影响的关系;围绕浙江生动的当代实践,深入解读浙江现象,总结浙江经验,指导浙江发展。在研究力量上,通过课题组织、出版资助、重点研究基地建设、加强省内外大院名校合作、整合各地各部门力量等途径，形成上下联动、学界互动的整体合力。在成果运用上，注重研究成果的学术价值和应用价值，充分发挥其认识世界、传承文明、创新理论、咨政育人、服务社会的重要作用。

　　我们希望通过实施浙江文化研究工程，努力用浙江历史教育浙江人民、用浙江文化熏陶浙江人民、用浙江精神鼓舞浙江人民、用浙江经验引领浙江人民，进一步激发浙江人民的无穷智慧和伟大创造能力，推动浙江实现又快又好发展。

　　今天，我们踏着来自历史的河流，受着一方百姓的期许，理应负起使命，至诚奉献，让我们的文化绵延不绝，让我们的创造生生不息。

2006年5月30日于杭州

浙江文化研究工程(第二期)序

车俊

文化是一个国家、一个民族的灵魂。文化兴国运兴，文化强民族强。没有高度的文化自信，没有文化的繁荣昌盛，就没有中华民族伟大复兴。文化研究肩负着继承文化传统、推动文化创新、激发文化自觉、增强文化自信的历史重任和时代担当。

浙江是中华文明的重要发祥地，文源深、文脉广、文气足。悠久深厚、意蕴丰富的浙江文化传统，是浙江改革发展最充沛的养分、最深沉的力量。2003年，时任浙江省委书记的习近平同志作出了"八八战略"重大决策部署，明确提出要"进一步发挥浙江的人文优势，积极推进科教兴省、人才强省、加快建设文化大省"。2005年，作为落实"八八战略"的重要举措，习近平同志亲自谋划实施浙江文化研究工程，并亲自担任指导委员会主任，提出要通过实施这一工程，用浙江历史教育浙江人民、用浙江文化熏陶浙江人民、用浙江精神鼓舞浙江人民、用浙江经验引领浙江人民。

12年来，历届省委坚持一张蓝图绘到底，一年接着一年干，持续深入推进浙江文化研究工程的实施。全省哲学社会科学工作者积极响应、踊跃参与，将毕生所学倾注于一功，为工程的顺利实施提供了强大智力支持。经过这些年的艰苦努力和不断积淀，第一期"浙江文化研究工程"圆满完成了规划任务。通过实施第一期"浙江文化研究工程"，一大批优秀学术研究成果涌现出来，一大批优秀哲学社会科学人才成长起来，我省哲学社会科学研究水平站上了新高度，这不仅为优秀传统文化创造性转化、创新性发展作出了浙江探索，也为加快构建中国特色哲学社会科学提供了浙江素材。可以说，浙江文化研究工程，已经成为浙江文化大省、文化强省建设的有力抓手，成为浙江社会主义文化建设的一块"金字招牌"。

新时代，历史变化如此深刻，社会进步如此巨大，精神世界如此活跃，文化建设正当其时，文化研究正当其势。党的十九大深刻阐明了新时代中国特色社会主义文化发展的一系列重大问题，并对坚定文化自信、推动社会主义文化繁荣兴盛作出了全面部署。浙江省第十四次党代会也明确提出"在提升文化软实力上更进一步、更快一步，努力建设文化浙江"。在承接第一期成果的基础上，实施新一期浙江文化研究工程，是坚定不移沿着"八八战略"指引的路子走下去的具体行动，是推动新时代中国特色社会主义文化繁荣兴盛的重大举措，也是建设文化浙江的必然要求。新一期浙江文化研究工程将延续"今、古、人、文"的主题框架，通过突出当代发展研究、历史文化研究、"浙学"文化阐述三方面内容，努力把浙江历史讲得更动听、把浙江文化讲得更精彩、把浙江精神讲得更深刻、把浙江经验讲得更透彻。

新一期工程将进一步传承优秀文化，弘扬时代价值，提炼浙江文化的优秀基因和核心价值，推动优秀传统文化基因和思想融入经济社会发展之中，推动文化软实力转化为发展硬实力。

新一期工程将进一步整理文献典籍，发掘学术思想，继续对浙江文献典籍和学术思想进行系统梳理，对濒临失传的珍贵文献和经典著述进行抢救性发掘和系统整理，对历代有突出影响的文化名家进行深入研究，帮助人们加深对中华思想文化宝库的认识。

新一期工程将进一步注重成果运用，突出咨政功能，深入阐释红船精神、浙江精神，积极提炼浙江文化中的治理智慧和思想，为浙江改革发展提供学理支持。

新一期工程将进一步淬炼"浙学"品牌，完善学科体系，不断推出富有主体性、原创性的研究成果，切实提高浙江学术的影响力和话语权。

文化河流奔腾不息，文化研究逐浪前行。我们相信，浙江文化研究工程的深入实施，必将进一步满足浙江人民的精神文化需求，滋养浙江人民的精神家园，夯实浙江人民文化自信和文化自觉的根基，激励浙江人民坚定不移沿着习近平总书记指引的路子走下去，为高水平全面建成小康社会、高水平推进社会主义现代化建设凝聚起强大精神力量。

目　录

第一章　浙江开放经济的发展历程与特征 …………………（1）
　第一节　浙江开放发展的思想源流 ………………………（3）
　第二节　浙江开放经济发展的历程 ………………………（8）
　第三节　浙江开放经济发展的模式与特征 ………………（46）

第二章　浙江商品贸易的发展 ………………………………（60）
　第一节　浙江商品贸易的发展与特征 ……………………（61）
　第二节　商品贸易的结构分析 ……………………………（66）
　第三节　浙江商品贸易的竞争力分析 ……………………（79）
　第四节　商品贸易发展的浙江案例
　　　　　——万事利集团 …………………………………（88）
　第五节　小结 ………………………………………………（98）

第三章　浙江服务贸易的发展 ………………………………（101）
　第一节　浙江服务贸易的发展与特征 ……………………（101）
　第二节　浙江服务贸易的结构分析 ………………………（106）
　第三节　浙江服务贸易竞争力 ……………………………（116）
　第四节　服务贸易发展的浙江案例
　　　　　——以软件外包浙大网新为例 …………………（121）
　第五节　小结 ………………………………………………（130）

第四章　浙江利用外资的发展 (133)
　　第一节　浙江省利用外资的发展历程 (134)
　　第二节　浙江省利用外资的结构分析 (138)
　　第三节　浙江省利用外资与高新产业发展 (154)
　　第四节　携手外资、自主创新的浙江案例
　　　　　　——西子联合 (161)
　　第五节　小结 (166)

第五章　浙江对外投资与经济合作的发展 (168)
　　第一节　浙江对外投资与经济合作的历程及现状 (169)
　　第二节　浙江对外投资与经济合作的主要特征 (174)
　　第三节　企业"走出去"带动"飞起来"的浙江案例
　　　　　　——吉利汽车 (186)
　　第四节　小结 (192)

第六章　浙江跨境电商的发展 (197)
　　第一节　浙江跨境电子商务发展 (198)
　　第二节　浙江跨境电子商务互联网平台发展 (205)
　　第三节　浙江跨境电子商务政策与试验区 (214)
　　第四节　小结 (219)

第七章　浙江开放平台的发展 (223)
　　第一节　浙江对外开放平台的形成与演变 (223)
　　第二节　浙江开放平台的建构和探索 (233)
　　第三节　浙江开放平台的主要建设成就 (238)
　　第四节　浙江开放平台建设的展望 (242)
　　第五节　小结 (244)

第八章　新时期浙江开放经济发展展望 (247)
　　第一节　浙江开放经济发展的内部环境分析 (248)
　　第二节　浙江开放经济发展的外部环境分析 (254)

第三节　浙江开放经济发展新举措 …………………………（262）

参考文献 …………………………………………………………（268）

后　记 …………………………………………………………（275）

第一章　浙江开放经济的发展历程与特征

地处中国东南沿海的浙江省，陆地面积约10.18万平方千米，占全国土地总面积的1%，2016年人口总数约5590万，占全国总人口的3.72%。浙江自古开放，唐代已有前往日本、高丽等地的商船。古称明州的宁波，是中国最早开展国际贸易的港口之一。近代，湖州南浔、宁波等地，成为我国生丝、猪鬃等产品的重要出口基地；虞洽卿、包玉刚、邵逸夫等一批浙江商人纷纷"走出去"，在上海、香港、东南亚等地经商，形成了"海外浙商"的雏形；作为国际交流的重要平台，"西湖博览会"更是名满全球，成为浙江近代开放的"一张名片"。

20世纪八九十年代，浙江商人到我国的华北、东北和西北等地区开拓市场，逐渐形成了遍布全国的"浙商"群体。2001年，中国加入世界贸易组织（WTO），浙江对外贸易得到了进一步发展的机会，浙江境内的义乌小商品市场、绍兴轻纺城、海宁皮革城等专业市场逐渐成长为全球著名的"商品集散中心"，每年有数十万外籍人士来此采购、经商。

2003年，"八八战略"引领浙江开放经济进入新的发展阶段，浙江国内外开放水平不断提高。2007年，浙江经济的外贸开放度（进出口的GDP占比）达到72.1%，为历史最高。在这一时期，浙江的开放形成了从"量"到"质"、从"招商引资"到"招商选资"、从以"引进来"为主到"引进来"和"走出去"相结合、从"专业市场"到"互联网市场"等一系列转变，推动了浙江开放经济的转型。

2013年，习近平总书记提出的"一带一路"倡议，极大地推动了浙江开放经济的发展升级。浙江作为我国"一带一路"沿线上的重要省份，对外贸易和投资遍布"一带一路"沿线国家和地区。2014年，义新欧（义乌—新疆—欧洲）班列开通，成为贯通"一带一路"的一条新的"商贸走廊"。2015年，杭州设立了全国第一个跨境电子商务综合试验区，推动了关、税、汇、检、商、物、融等领域的改革，更好地服务于浙江跨境电子商务，为全国其他地区发展跨境电子商务提供了经验。2018年，继宁波、舟山港、嘉兴、金义综合保税区后，国家批准建立了杭州综合保税区，作为浙江省第五个保税区，推动了浙江在商品贸易、服务贸易、国际投资等领域的全面开放。

改革开放以来，顺应对外开放的基本国策、人民群众对物质文化生活需求的不断升级以及经济全球化的深化发展，浙江将对外开放作为带动区域经济发展、地区人民富裕的重要途径，持续提升开放经济发展的规模质量，不断巩固开放经济大省地位，以开放创新推动浙江经济持续健康发展。习近平同志在浙江工作期间，围绕深化改革、扩大开放、创新发展等进行了一系列探索，前瞻性地提出了"八八战略"，即"八个方面优势、八个方面举措"，成为推动浙江经济对外开放和飞速发展的战略支撑。浙江也是"习近平新时代中国特色社会主义思想"的重要萌发地。习近平同志在主政浙江期间提出的"没有创新就没有未来""内源发展与对外开放、外向拓展相结合""跳出浙江发展浙江"等发展理念对全国具有示范意义。

浙江通过不断扩大对外开放，提高开放型经济发展水平，经济实力不断增强，从资源匮乏的"地理小省""人口小省"发展成为中国对外开放的"市场大省""开放大省"。开放发展的浙江走在全国的前列，成为我国开放经济的先行探索者。"浙江经验""浙江现象"也成为探索浙江开放型经济发展过程的代名词。

本书通过对浙江开放经济发展的历程进行梳理，总结浙江开放经济的发展经验，探讨浙江在开放发展中形成的顺势边际开放的"浙江实践"。

第一节　浙江开放发展的思想源流

一　浙东学派经世致用的传承发展

自古以来，浙江有重视商业、主张开放的观念，在顺应改革开放潮流的同时也传承了具有区域特色的"浙江精神"，即浙东学派的经世致用。经世致用作为明末清初浙东学派的主旨思想，指出学术应当结合社会现实，主张创新精神，注重实际。

浙东学派对于儒家文化中"经世主义"的传承与发展对浙江的人文精神产生了重要而深远的影响。作为浙东学派的代表人物，王阳明突破"以孔子的是非为是非"的思想枷锁，以"切于民用"为准则，奠定了切合商品经济社会发展要求的经济观和富民观。"知行合一"是王阳明哲学思想的一个核心范畴。"知是行的主意，行是知的工夫。知是行之始，行是知之成。""知而不行，只是未知。""行之明觉精察处，便是知。知之真切笃实处，便是行。若行而不能精察明觉，便是冥行，便是'学而不思则罔'，所以必须说个知。知而不能真切笃实，便是妄想，便是'思而不学则殆'，所以必须说个行。""知行合一"的务实观是一种实践主义的思想，也是适应商品经济发展要求的务实开拓精神（潘起造，2005）。

首先，浙东学派面对工商业发展的问题时，摒弃了经典教条中重农抑商的束缚，以"切于民用"为基本准则，为工商业的发展提供了理论基础。宋代叶适提出了士、农、工、商"四民交致其用，而后治化兴"的政治思想，这是和儒家正统的"本末"观完全不同的经济观念；王阳明又在这个思想的基础上，提出了"四民异业而同道"，主张大力发展工商业，并设想建设"街道市廛，俱有次第，商贾往来，渐将贸易"的富庶之乡；黄宗羲则进一步提出"工商皆本"。另外，他们又从"道""本"的高度来论证工商业的合理性，把自己的思想观点和儒学的基本学理贯通起来，使其成为儒家经世务实的思想观念在新的历史条件下的新发展。

其次，浙东学派推崇的创新精神也对浙江商业文明的发展起了重要的推动作用。为适应时代发展的要求，明清浙东学派在理论观念上也以经世致用为价值取向，但提倡"学贵适用"，一方面许多思想观点在理论上突破了儒家经典中的教条束缚，"不以孔子的是非为是非"；另一方面又十分注重自身学术观点和儒学经典基本学理的衔接。"心学的思维方式是活泼而自由的，在处理具体问题时择善而用之，在节奏无比紧张的当代生活和工作中，能焕发出新的生机。"王阳明心学说体现的主体意识和道德理想成为浙江省在改革开放历史新时期，民营经济推陈出新、蓬勃发展的重要精神动力。

浙东学派秉持的"经世致用"精神是浙江人民世世代代传承相继的文化传统，也是其在改革开放历史潮流中迅速崛起的重要原因，既能在体制改革与调整中始终坚持以中国特色社会主义理论为指导，又能结合浙江民营经济与块状经济的地方发展优势，贯彻落实开放发展理念，逐步完善对外开放战略布局。浙东学派的"经世致用"在浙江顺应改革开放的大潮中得到了传承发展，成为浙江开放经济飞速发展的文化基因，形成了浙江开放经济中特有的人文优势。

二 浙商务实发展的"四千万精神"

随着改革开放历史潮流的演进，浙商的商业模式也面临转型与创新，而铭刻在每个浙商心中生生不息、历久不衰的精神财富——吃苦能干的创业精神、敢于冒险的开拓精神、四海为家的草根精神、自我纠正的包容精神，指引浙商继续前行。我们可以将其概括为"四千万精神"：走遍千山万水，历经千辛万苦，道尽千言万语，想出千方万法。

走遍千山万水。浙江虽为鱼米之乡，但人均可耕地面积很少，农耕时代面临着生存空间狭小、发展模式单一等问题，迫使浙江人民"背井离乡"，走出家门寻求出路，进而形成了浙江人民特有的经商之道。再者，浙江自古以来人文风气开放包容，养成了浙江人放眼世界、兼容并蓄的大视野和敢为人先、勇于开拓的大无畏精神。"走遍千山万水"是对千百年来浙江人民的人文品格和创新精神的体现，也成为浙江地域文化和传统文化的鲜明特质，激励着新时代浙江人勇立潮头、敢为人先的创新实践。

历经千辛万苦。浙江从资源小省日渐成长为现在的经济大省，背后都是每一位浙商不惧困苦磨难，历经千辛万苦的成果。而浙江民营经济的发展历程向人们完美呈现了浙商千辛万苦的创业历程。浙江经济40年的持续高速增长在很大程度上归功于浙江民营企业的蓬勃发展。浙江民营经济在发展之初，大部分集聚在劳动密集型的轻工业，产品基本上在区域市场上销售，并且形成了专业市场。随着改革开放进程的推进，浙江民营经济的市场导向与国家对外开放战略相互融合，并通过一系列对外贸易体制的边际性改革，将国有外贸体制引入民营经济的体系中。民营企业在国际市场的竞争优势不断增强，逐步成为浙江立足于国际国内市场的重要基石。

道尽千言万语。精诚所至，金石为开。浙商在拥有坚持不懈韧劲的同时，也发挥着能言善语的优势，在保证高质量、高水平产品服务的基础上，敢于推销自己，以诚实守信的优秀品质逐步打开了市场的大门，走出国门，走向世界。出口事业的发展，推动浙江开放经济再上新台阶。浙江省充分发挥民营资本充裕的优势，鼓励民营企业资本"走出去"，开展对外直接投资。2001年以来，浙江对外直接投资进入快速发展阶段，并卓有成效。2016年，浙江省民营企业百强对外投资总额达到1032.66亿元，同比增长24%，主要分布在美国、瑞典、德国和阿联酋等主要贸易伙伴国。

想出千方万法。浙江的发展，并无太多天时、地利，但浙商善于商谋、讲求实效、自强拼搏、开拓创新。浙商曾采取"以小搏大""借船出海""借鸡生蛋""戴帽穿靴""信誉订单"等各种商战谋略完成了资金的原始积累，赫然走出了一条从无到有、从小到大、八仙过海、各显其能的发展历程。浙江的块状经济基本上以民间资本为主，中小型企业居多，以"一村一品""一乡一业"生产方式，通过村、乡范围细分工、协作来进行一种产品的专业加工生产。无论是义乌的小商品、嘉善的木材、海宁的皮革、绍兴的轻纺这些县域性的块状经济，还是濮院的羊毛衫、大唐的袜子、织里的童装这些镇域性的块状经济，浙商通过千方万法创造了浙江块状经济的蓬勃发展。

三 市场导向、顺势开放的浙江经验

（一）以"八八战略"为总纲谋划改革开放新战略

2003年，时任浙江省省委书记的习近平同志在省委十一届四次全会上明确提出：进一步发挥浙江的体制机制优势，大力推动以公有制为主体的多种所有制经济共同发展，不断完善社会主义市场经济体制；进一步发挥浙江的区位优势，主动接轨上海，积极参与长江三角洲地区合作与交流，不断提高对内对外开放水平；进一步发挥浙江的块状特色产业优势，加快先进制造业基地建设，走新型工业化道路；进一步发挥浙江的城乡协调发展优势，加快推进城乡一体化；进一步发挥浙江的生态优势，创建生态省，打造"绿色浙江"；进一步发挥浙江的山海资源优势，大力发展海洋经济，推动欠发达地区跨越式发展，努力使海洋经济和欠发达地区的发展成为浙江经济新的增长点；进一步发挥浙江的环境优势，积极推进以"五大百亿"工程为主要内容的重点建设，切实加强法治建设、信用建设和机关效能建设；进一步发挥浙江的人文优势，积极推进科教兴省、人才强省，加快建设文化大省。

"八个方面优势"是对浙江改革发展具体实践的高度凝练，"八个方面举措"是引领浙江改革发展向更高更新目标迈进的战略指向。这项重大战略决策，后来被简称为"八八战略"。"八八战略"围绕中国特色社会主义发展的规律展开，立足浙江，从一个省域的范围内阐明了"怎样发展、靠什么发展、为什么而发展"，以及我们发展的理念、发展的目标、发展的重点、发展的资源、发展的动力、发展的环境、发展的保障等一系列重大问题（胡坚，2017）。在浙江工作期间，习近平同志十分重视改革创新，改革创新是"八八战略"的主旋律和关键词，"八个优势"是对浙江在改革开放中形成优势的高度总结。"八八战略"是习近平同志统揽全局，以浙江省区位发展优势为出发点，运用战略辩证思维分析和解决浙江现实问题的具体体现（余华，2017）。

"八八战略"的深入实施得益于始终坚持"自觉开放"的价值取向。"八八战略"是一种开放的发展战略，有着与时俱进的理论品质。因此,"八八战略"的实施与人类优秀的发展成果和智慧有机结合,置于开放发展的历史方位之中,使"八八战略"具有鲜明的时代特色。在开放基础上,将国内外先进的发展理念与战略融入"八八战略",在丰富"八八战略"内涵的同时,也增强了其战略竞争力和战略影响力,从而彰显浙江全面建成小康社会与推进社会主义现代化建设的样板效应和优势话语权。

(二)"一带一路"续写浙江开放发展新篇章

"一带一路"是着眼世界大局、面向中国与世界发展合作提出的重要战略构想,其重大而深远的意义在于:化解产能过剩,获取国际市场;突破要素制约,获取国际资源;促进合作共赢,营造和平发展环境;应对全球贸易规则重构,参与全球经济治理。

作为"海上丝绸之路"的起点,浙江充分利用区位优势,坚持扩大对外开放,积极参与丝绸之路经济带、21世纪海上丝绸之路建设。以浙江海洋经济发展示范区和舟山群岛新区建设为契机,推动宁波—舟山港与澳大利亚、新加坡等国开展港航合作,打造长江经济带的"龙眼"和"海上丝绸之路"的桥头堡;以义乌全球最大小商品集散中心为支点,进一步深化义乌国际贸易综合改革试点,探索创新便利化的国际贸易服务体制,依托"一带一路"打通浙江与中亚、欧洲等地的陆路通道。

作为历史悠久的文化大省,浙江以深厚的文化底蕴在"一带一路文化带"建设中具有独特优势。浙江是越文化的发源地,产生过影响深远的"浙东学派",诞生了王阳明、黄宗羲等一大批著名的思想家。此外,浙江的丝文化、茶文化、酒文化、戏剧、歌曲等也具有悠久的历史传承。开放包容的文化特点,在"一带一路"建设中具有重要意义。"一带一路"倡议的主体是"五通"和"六廊","五通"的基础是民心相通,民心相通的前提是文化交流、文明互鉴,多元共生、和而不同。"一带一路"沿线亚欧非各个国家和地区在地理、资源、民族、语言、宗教、文化和社会经济发展阶段上的差异巨大,要推进"一带一路"建设,必须以文化为先导,优先推进"一带一路文化带"建设。

作为全国的电子商务中心,浙江发挥以阿里巴巴为代表的电商资源优势,率先打造"网络新丝路",开辟全球化新市场;并且形成一套引领全球跨境电子商务发展的管理制度和规则,成为未来全球商业模式的标准制定者。跨境电子商务无疑是搭建了一条与周边国家紧密往来的网上丝绸之路,通过发展网上贸易,实现与"一带一路"建设的互动互促,进一步提升我国与周边国家的经贸关系。

第二节　浙江开放经济发展的历程

浙江开放经济的发展,是一个源远流长的历史过程。一代又一代的浙江领导和浙江人民以前瞻性思想理念引领开放经济的实践,不断砥砺前行,推动浙江融入世界经济,创造浙江财富,最终实现浙江开放经济的蓬勃发展。按照开放思想和开放特征的变迁,浙江的开放发展可分为四个阶段:改革开放初的开放初始期(1978—1993年)、体制改革后的开放推进期(1994—2001年)、"八八战略"引领的开放转型期(2002—2007年)、"一带一路"指引的开放深化期(2008年至今)。

一　开放初始期:省内开放带动国内外开放

1978—1993年,是浙江开放发展的"初始期"。这一时期,浙江开放发展是在"资源小省"的约束下,以"集贸市场"为主要形式,通过对"当地市场"模式的创新,优化商业环境,激活商业潜力,带动以"乡镇企业"和"家庭手工业"为主的中小制造业发展;之后,积极开拓以华北、东北、西北"三北市场"为重点的国内市场,推动浙江城乡经济的工业化;政府外经贸部门,结合国有外贸公司体系、海外"浙江窗口公司"建立等方式,推动"浙江产品"走出国门。浙江初步形成以省内市场、国内市场、国际市场的"三重开放"带动经济工业化的格局。

1978年,中共十一届三中全会开启了中国改革开放的序幕,浙江走上了开放发展的道路。作为地理小省、资源小省,浙江的发展只能抓住"重商"开放的优势,通过商品、服务和要素向新的市场空间、新的市场模式开放,形成资源的有限整合,带动商业流通和产业经济的协同发展。1978—1993年，是浙江开放发展的起步期，主要体现为：以"集贸市场"为标志的市场形态的开放，推动省内乡镇企业的发展；以"三北市场"为代表的市场空间的开放，带动浙江产业经济的形成；从省内开放、国内开放，逐步过渡到国际开放，推动浙江块状经济的发展。

(一) 省内开放："集贸市场"带动商品经济的形成

改革开放伊始，全国城乡的商贸流通，仍然高度依赖原有的"产、供、销"体系，物资、粮食、轻工等政府部门（后改革为事业单位与国营企业），遍布城乡的"供销社"等国营机构，是省内市场流通的主体。但随着人民群众日益增长的消费需求的提升，迫切需要有新的市场形态来满足市场流通的需要。

改革开放伊始，浙江是全国率先向小商贩、手工业者开放"商贸流通"领域的地区，促进了省内商品市场的形成。1978年年底，浙江义乌的农民，自发在街道路边摆起地摊，出现了第一批由"鸡毛换糖"货郎担演变而来的小商品摊位。随着买卖日益兴旺，交易地址和时间相对固定的"马路市场"逐渐形成。这就是全球最大的专业市场——义乌小商品市场的雏形。

浙江省内市场的开放，带动了浙江"乡镇企业"的发展。浙江的宁波、温州、绍兴等地的农村，在公社工业化的基础上，诞生了一批具有市场供应能力的"乡镇企业"。1988年，邓小平同志在视察浙江时指出：把市场当作一种手段，也可以搞社会主义经济嘛！无论发展乡镇企业，培育商品市场，还是温州经济模式……经过试验，好的就推广……他对浙江的市场开放与乡镇企业做出肯定。

为测度浙江市场的"省内开放"，我们建立了"省内市场开放度"（Kin）指标：$Kin = \dfrac{Mar}{GDP}$。其中，Mar 是一个地区的市场容量，以社会消费品零售总额代表；GDP 为该地区的经济总量，即地区生产总值。对浙江、江苏、福建、广东、山东五省1978—1993年的数据测度的结果见图1-1。

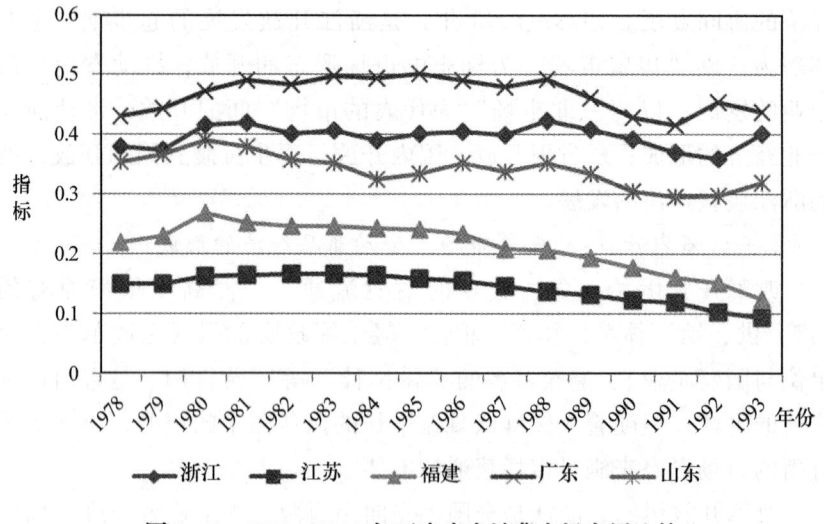

图1-1 1978—1993年五省省内消费市场发展比较

如图1-1所示，1978—1993年，在五省中，浙江的省内开放度仅次于广东，远高于江苏、福建和山东。这与浙江1978年人均地区生产总值为全国各省（自治区、直辖市）第15位，远低于山东、广东、江苏等地的情况不一致。浙江作为全国自然资源贫乏、土地面积较小且域内土地较多难以农业开发的"资源小省"，正是走了"市场开放"的道路，才带动了浙江经济在改革开放后的起步。首先从省内的市场开放起步，这是浙江当时的商品生产能力不足，而当地需求仍得不到满足的情况决定的，也是浙江人"开放创新，脚踏实地，敢为天下先"的浙商精神的体现。

(二) 国内开放："三北市场"，带动"温州模式"工业化

在省内商品市场逐渐形成的同时，20世纪80年代，具有商业精神的浙江人，开始了以"行商（外出经商）"方式，到全国各地开发市场，形成了浙江省内生产能力对国内市场的"开放"。这种情况，尤其以"温州商人"和"温州模式"最为著名。

1984年10月，中共十二届三中全会通过的《中共中央关于经济体制改革的决定》，首次系统地阐述了现阶段发展个体私营经济的基本指导方针，鼓舞了浙江民营经济的早期发展。1985年5月12日的

《解放日报》头版刊文《温州三十三万人从事家庭工业》，以及《温州的启示》，对"温州模式"进行了肯定。这是"温州模式"第一次被提出。与"温州家庭工业"的生产相对应的是"温州的市场开拓模式"。温州不仅诞生了全国第一个个体工商户（章华妹），也与义乌等地一样，在改革开放初期就形成了街道"集贸市场"；而且，20世纪80年代开始，数十万"温州商人"，在全国"创市场"，将"温州货""浙江货"销往全国各地，尤其是华北、东北、西北等广大的北方地区，成了"温商""浙商"开拓市场的重点。

国内市场向"浙商"的开放，带动了浙江产业经济的发展，以乡镇企业、家庭工业为代表的早期民营经济在浙江兴起，带动了浙江企业的发展，一些20世纪60、70、80年代创立的企业，都得到了发展，如创始于1969年7月的万向；创始于1970年9月的华立；创始于1975年的阳光；创始于1979年的雅戈尔；创始于1980年的康奈；创始于1986年11月的吉利；创始于1989年的海亮等。这些企业面向省内、国内和国际市场，持续优化产品，逐渐成长为浙江经济的重要力量。

为测度浙江市场的"国内开放"，我们建立了"国内市场开放度"（KC）指标（由于国内没有对省际贸易和省际流动做专门的统计，我们采用一省的人员和货物流动来代表，人员和货物流动，包括了该地区的省内、省外的开放交流程度）：$KC = Vpo \times 50\% + Vco \times 50\%$。其中，$Vpo$是一个地区的客运指数，$Vco$是一个地区的货运指数；$Vpo$为标准化（以历年各地最大的值为1）的客运指数（单位人口的客运量）；Vco为标准化（以历年各地最大的值为1）的货运指数（单位人口的货运量）。对浙江、广东、江苏、福建四省测度的结果见图1-2。

图1-2为1978—1993年四省客运指标（Vpo）发展比较。以"人均客运量"表征"人员流动"。"行商"的一个重要特征，就是要通过人员流动来进行市场开发。因此，省内的人员流动量，可以在一定程度上代表"行商"的程度。从图1-2可知，在20世纪90年代初，浙江的"人员流动"程度大于广东、江苏、福建，而当时浙江的富裕程度，远远落后于广东、江苏，因而"人员流动"更多是出于经营原因，而非消费原因。浙江较大的"人员流动"，表示"浙

商"开拓市场的活动程度加大,带来了国内市场朝浙江经济的开放。

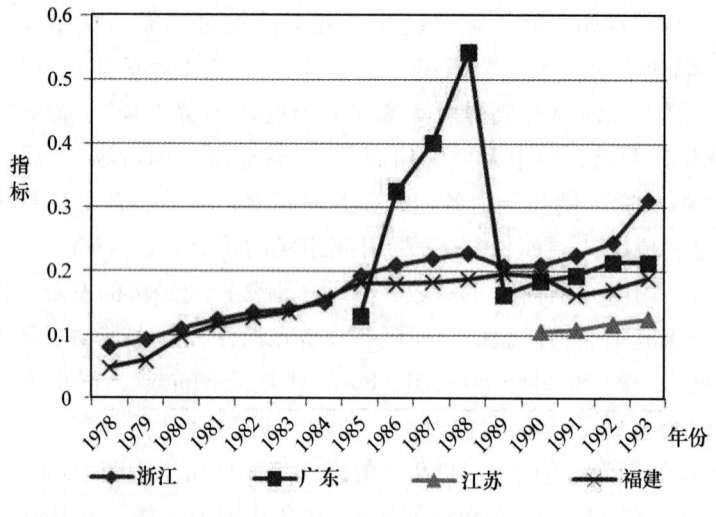

图 1-2 1978—1993 年四省客运指标发展比较

图 1-3 为 1978—1993 年四省货运指标(Vco)发展比较。以"人均货运量"表征"商业运输能力"。浙江仅在改革开放初期几年

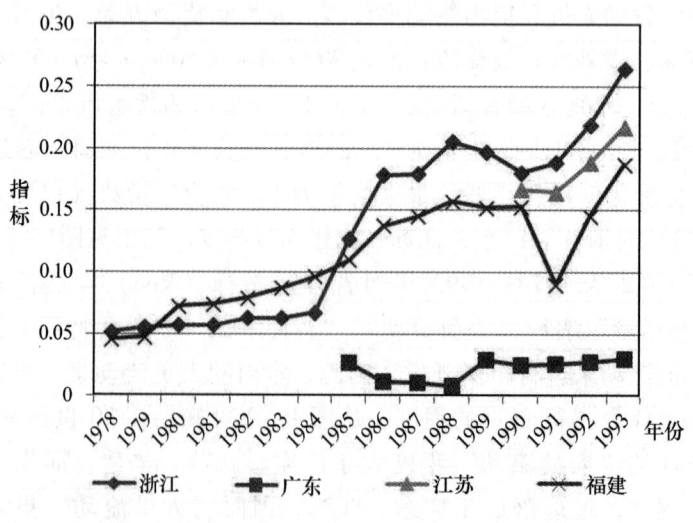

图 1-3 1978—1993 年四省货运指标发展比较

落后于福建，在20世纪90年代初期即遥遥领先于广东、江苏、福建。该指标体现了"浙江货"向全国各地的输送。这种输送能力的领先与扩大，为浙江商品在全国市场的开拓奠定了基础。

图1-4综合考虑了人员流动和货物运输的"国内市场开放度"，可以看到，到20世纪90年代初，浙江无论是行商还是货运，都已经较广东、江苏和福建活跃，成为浙江经济朝全国市场开放的重要能力。

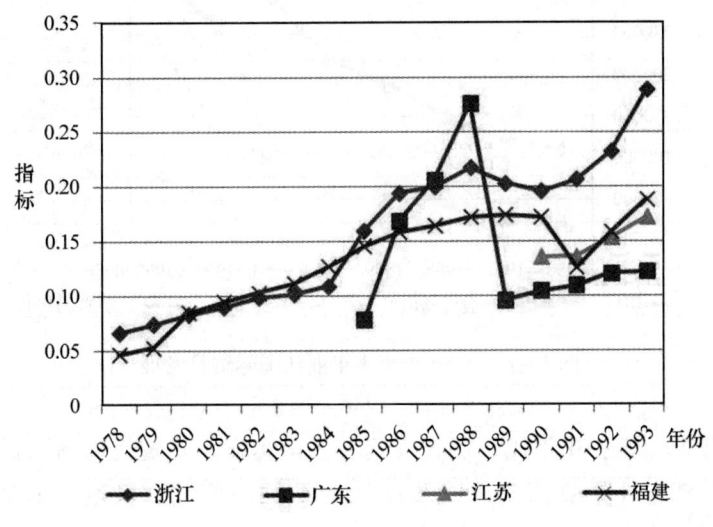

图1-4 1978—1993年四省国内市场开放度比较

（三）国际开放：浙江开始利用对外贸易带动经济工业化

从1984年开始，国务院相继批准宁波、温州、嘉兴、湖州、杭州、绍兴和台州的部分县市为沿海开放城市，加快了浙江的对外开放进程。1978—1987年，浙江实施外贸经营的代理制，推行工贸结合和技贸结合，并相继成立了各类省级贸易公司，实现银行、海关、商检、对外贸易运输服务一体化。根据国家"自负盈亏、放开经营、工贸结合、推行代理制"的原则，浙江推行外贸承包经营制，并相应改革外贸经营管理体制，对有一定外贸基础的民营企业放开自营出口权，进一步推进浙江民营企业成长为新型开放经济主体。1986—1993年，浙江省的贸易总额从15亿美元增长到67.3亿美元，年平均增长

49.8%（见图1-5）。

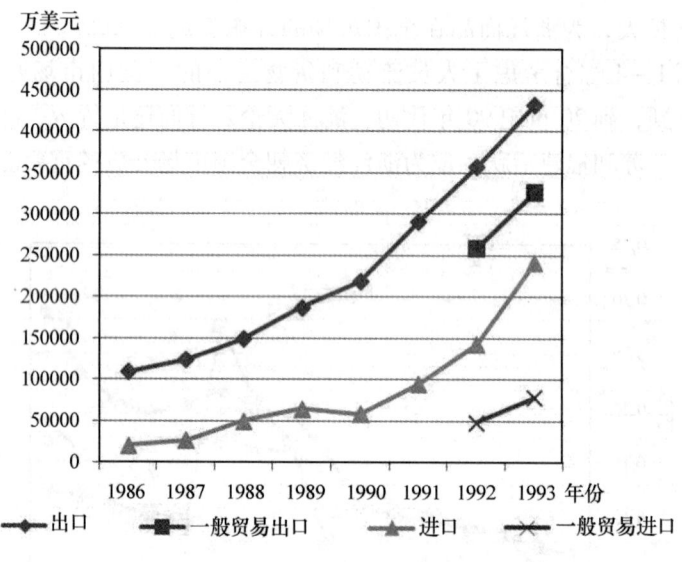

图1-5 1986—1993年浙江国际贸易发展

自20世纪80年代，在省级贸易公司实施"外贸代理制"的情况下，浙江省外经贸部门，以及浙江的纺织品服装、机电、土畜、粮油、医药等进出口公司，积极为浙江商品开拓国际市场，也积极通过进口，为浙江引进发展所需要的物资、机械和产品。一些有能力的政府机构和企业，也开始在境外设立营销机构，扩大市场开放，其中最著名的是富春公司。为扩大浙江商品的国际市场开发力度，由浙江省外经贸委等作为投资方，1982年在香港成立了亚利公司。1984年经省政府批准，亚利公司改组为香港富春有限公司，成为浙江在境外的"外经贸窗口"。浙江外经贸部门与省属企业，又继续投资，在美国、欧洲等地设立了数个"浙江经贸窗口"。

在20世纪90年代初，浙江逐渐形成了以"省内加工制造业—国有外贸公司—境外经贸窗口"为一体化的国际市场开发路径；一些浙江的民营企业家和海外华人，也带动了浙江的外贸发展，推动浙江商品走出去，发展国际贸易。

为测度浙江市场的"国际开放",我们建立了"国际市场开放度"(KI)指标:$KI = (EXP + IMP)/GDP$。其中,EXP为一地区的出口商品总额;IMP为该地区的进口商品总额;GDP为该地区的生产总值。该指标代表了该地区经济对国际市场的开放程度,也即利用国际贸易市场获得发展的程度。

图1-6显示了浙江、江苏、广东、福建四省1981—1993年的国际市场开放度比较。从图中可知,浙江的国际市场开放度自20世纪80年代中期起,即高于江苏、福建、广东,表明了改革开放初期,浙江经济的发展对国际市场的依赖;也体现了在省内资源约束的条件下,浙江通过开拓国际、国内市场,实现经济持续发展的商业精神。

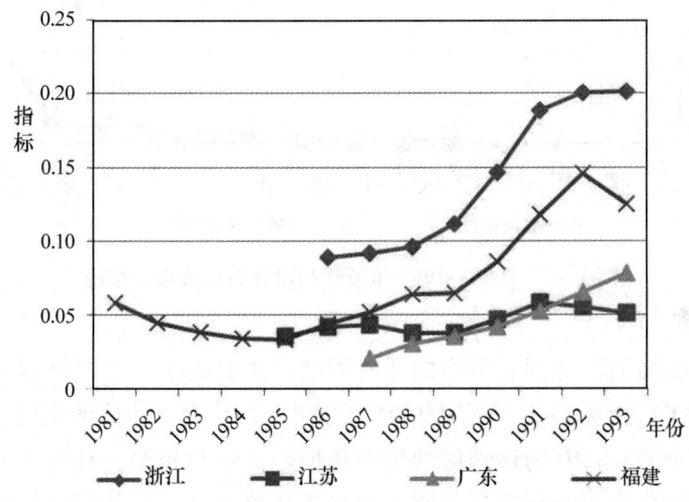

图1-6　1981—1993年沿海四省国际市场开放度比较

对外开放初期,浙江外资流入是零星的,主要以对外补偿贸易和加工装配为主。外商直接投资开始于1980年,但是限于当时政策、审批环节等诸多因素,1980—1983年外商直接投资仅占浙江省外资总额的3.7%。1984年开始,国家不断扩大沿海城市开放,浙江宁波、温州被批准纳入全国14个沿海开放城市,省内第一家经济技术开发区宁波小港经济技术开发区获准设立。1985年,浙江35个县

（市）被批准纳入沿海经济开放区。1980—1993年共签订外商直接投资合同8195项，合同利用外资74.87亿美元，实际利用外资16.09亿美元。1980—1993年浙江利用外资的增长情况如图1-7所示，可见浙江利用外资在20世纪90年代初获得了长足发展。

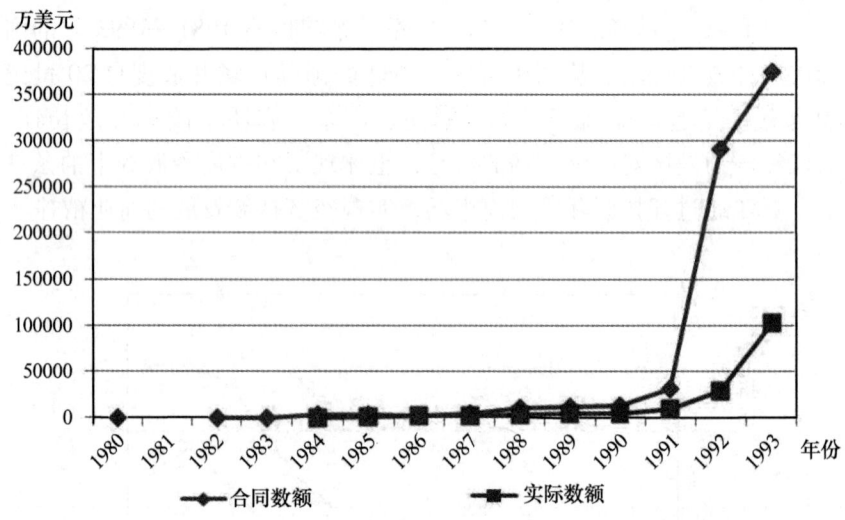

图1-7　1980—1993年浙江利用外商直接投资情况

为测度浙江对国际资本的开放程度，我们建立了"国际投资开放度"（KF）指标：$KF = FDI/GDP$。其中，FDI为一地区的实际直接利用外资金额；GDP为该地区的生产总值。该指数越高，代表该地区经济对国际资本开放的程度越高，也代表该地区更多地依赖外源的生产获得发展。

图1-8显示，自20世纪80年代至1993年，浙江的外资开放度一直低于广东、福建两省，吸引外资的程度较少。尤其是广东，利用毗邻港、澳的地理优势，大力吸引外资获得发展。自1990年开始，浙江的外资开放度有所上升，但仍然大大低于广东、福建两省。

浙江境外投资始于1982年，浙江首个境外投资项目是在中国香港建立的外经贸窗口——亚利公司，并在1984年改组为香港富春公司。1982—1993年，浙江共向境外投资项目198个，总投资1.98亿

第一章　浙江开放经济的发展历程与特征　17

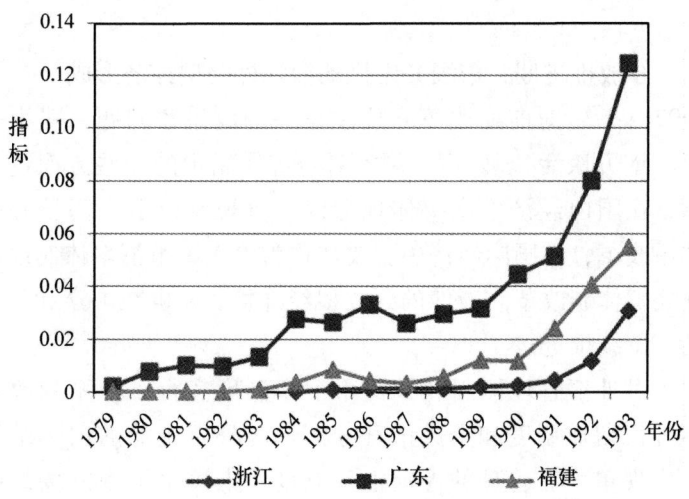

图 1-8　1979—1993 年三省外资开放度比较

美元，其中中方投资额 1.01 亿美元，大部分是浙江外经贸机构、企事业单位的"经贸窗口"和外贸公司，有力地带动了浙江商品的"走出去"（见图 1-9）。

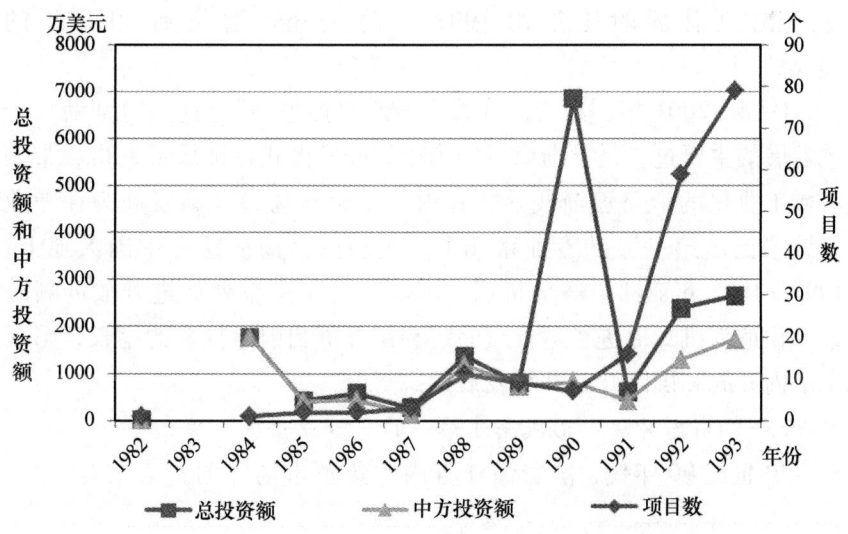

图 1-9　1982—1993 年浙江境外投资项目、金额情况

二 开放推进期：市场开发推动浙江外向型经济形成

1992 年，针对前期改革开放过程中的成果和问题，邓小平同志发表了"南方谈话"。之后，国家对经济体制中的一些方面进行了深化改革，在国内经济中主要体现为以"分税制改革"为核心的宏观经济体系改革，在国际经济中主要体现为以人民币汇率体制改革为中心的外经贸体制改革。浙江的开放型经济发展，也在国家和省内的改革推动下持续推进。

国家对外汇管理体制和人民币汇率制度实行了一系列改革，其中包括外汇留成制度和人民币官方汇率与外贸企业的内部结算汇率并轨，实现单一有管理的浮动汇率制度。人民币汇率制度的改革和外汇管理体制的调整为浙江民营经济向开放型经济转变提供了制度环境，增强了浙江劳动密集型出口商品的国际竞争力和浙江民营企业的贸易竞争优势。浙江进一步放开企业的对外经营权，在全国经济贸易系统内率先推行外贸企业股份制试点，推进外贸经营主体多元化、民营企业国际化。一方面，浙江省出口额由 1994 年的 60.9 亿美元增长到 2000 年的 194.4 亿美元；另一方面，民营企业占浙江省出口总额的比重由 1998 年的 8.86% 增长到 2000 年的 23.8%。[①]

1994—2001 年，是浙江开放发展的"推进期"。这一时期浙江开放发展的主要过程是：浙商对国内市场开发模式逐渐成形，市场带动区域工业化的道路逐渐成熟。省内"集贸市场"逐渐发展为在专业领域"全球第一"的专业市场群；更多的浙商活跃在中国大地上；1997—1998 年亚洲金融危机后，浙江出台了一系列促进开放的新政策，化危为机，促进了对外贸易、利用外资和国际投资的增长，形成了国内开放和国际开放并行发展的态势。

（一）省内开放：形成全球第一的"专业市场"群

20 世纪 90 年代，随着浙江省内"集贸市场"的扩大与专业化，

[①] 张钱江、顾国达等：《出口逻辑——浙江外贸结构的实证分析》，浙江大学出版社 2008 年版，第 57 页。

越来越多的"市场"与产业之间形成了良好的互动关系，带动了浙江等地产业经济的发展。"前店后厂"的"商业/产业联动结构"（朱革胜、张正荣，2008）逐渐形成。其中，"前店"就是指"专业市场"，"后厂"就是指浙江的"块状经济"。

这些"专业市场"，一开始主要服务于省内或当地的商品流通，但随着规模的扩大，其服务范围已经主要从省内转向国内，甚至国际，成为世界某类专一商品的集散中心。市场的发展，带动了为市场提供商品的"产业"的发展，一些"全球规模最大"的"产业集群"在浙江建立。如绍兴的纺织业规模，在2000年前后一度占全国的六分之一；2000年，嵊州领带年产量近3亿条，占全球领带销量的三分之一。

这种"全球第一"的专业市场和块状经济的"市场开放"，在浙江多处出现。如金华市的全球最大的小商品市场——义乌小商品市场，带动了浙江、江苏、福建等省的小商品制造业的发展。又如，全球最大的纺织品专业市场——绍兴轻纺城，带动了绍兴地区的纺织经济发展；杭州的"四季青"服装专业市场，带动了杭州的女装产业发展；永康的"五金城"，带动了永康五金产业的发展；海宁的"皮革城"，带动了海宁等地的皮革制品业；嵊州的"领带城"专业市场，带动了嵊州的领带制造业等。

为测度浙江省内的"市场开放"，我们采用了"省内市场开放度"（Kin）指标，即全社会消费品零售额占GDP的比重进行测度，并与广东、福建、山东、江苏进行了比较（见图1－10）。

结果显示，1994—2001年，浙江总体上为五省第一，但与广东相比，优势不再明显。这与广东的省内市场发展也十分迅速有关。更重要的是，随着市场体系的完善与市场开发的范围扩大，浙江商品走向全国、走向国际的趋势日益明显，这种情况下"省内消费品零售"已经不再是浙江市场开发的重点。这种趋势，在对国内、国际市场的分析中可以清楚看到。

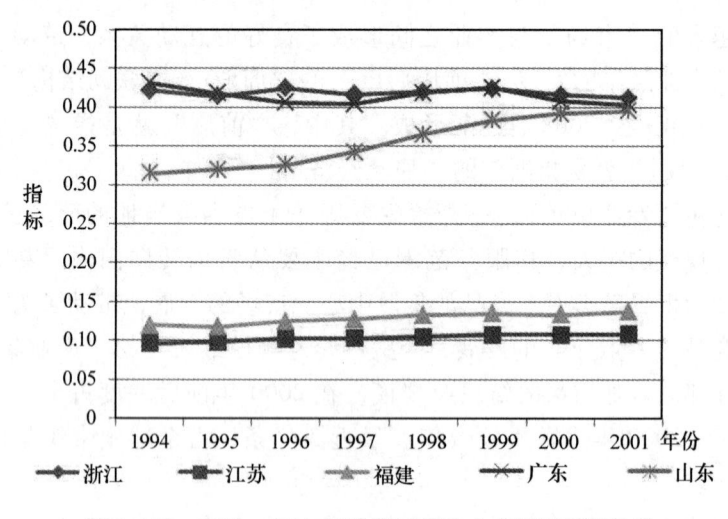

图 1－10　1994—2001 年沿海五省省内市场开放度比较

（二）国内开放："浙江商品"行销全国，成为市场大省

自 20 世纪 90 年代中期，浙江商品行销全国各地，一方面得益于"专业市场"的扩大，从"服务省内"走向了"服务全国"的市场发展；另一方面得益于越来越多的浙江商人，在全国各地"经商"，将浙江商品推向了全国各地。

1999 年 7 月 29 日，《人民日报》发表评论员袁亚平文章，指出："看市场，到浙江。"在浙江约 10 万平方千米的土地上，已崛起 4619 个商品交易市场，成为亮丽的经济景象和具有代表性的当地建筑标志。各类商品市场以商带工、以工促商，有效地解决了长期以来浙江资源不足与商品市场空间狭小的难题。以全国性专业批发市场为龙头，以区域性专业批发市场为骨干，以遍布城乡的集贸市场为基础，多层次、多元化的商品交易市场网络已经形成。浙江因此被誉为"市场大省"。义乌中国小商品城、绍兴中国轻纺城 1998 年成交额分别达 196.8 亿元和 180.2 亿元，已连续多年居全国第一、第二位。

袁亚平的文章还指出，20 世纪 80 年代中期，温州市率先向全国输出市场和经商人才，到"三北"地区安营扎寨。台州、义乌、湖州和绍兴等地的个体经商人员也随潮而动。在"三北"地区的各类专业市场中，浙江人占总经销人数的半数以上，有的市场一开始就是由浙江人办起来的。据浙江省统计局统计，1998 年浙江农村外出劳动力达 268 万人。1999 年有 160 多万温州人在全国各地，10 多万人在我国的港澳台地区，30 多万人在国外，大部分从事营销活动，开辟温州城、温州街，创办大型市场、商场。我国大陆县以上建制的地方几乎都有温州人在做生意，到处可以听到温州话。

　　浙江通过"专业市场"建设，将全国各地的采购商请进来，并通过"行商"，把浙江生产的商品"送过去"，带动了浙江产业经济的发展。我们用"客运指标""货运指标""综合指标"三者来测度浙江在全国的行商、商品输送能力。

　　对 1994—2001 年的浙江、广东、江苏、福建四省的"客运指标"测度显示，浙江的人均客运活跃度远远高于其他省份，从一个侧面反映出浙商的活跃程度。浙江"客运指标"与其他省份的差异，在这一市场更加明显，显示出浙江人敢闯"千山万水"的精神气质（见图 1 – 11）。

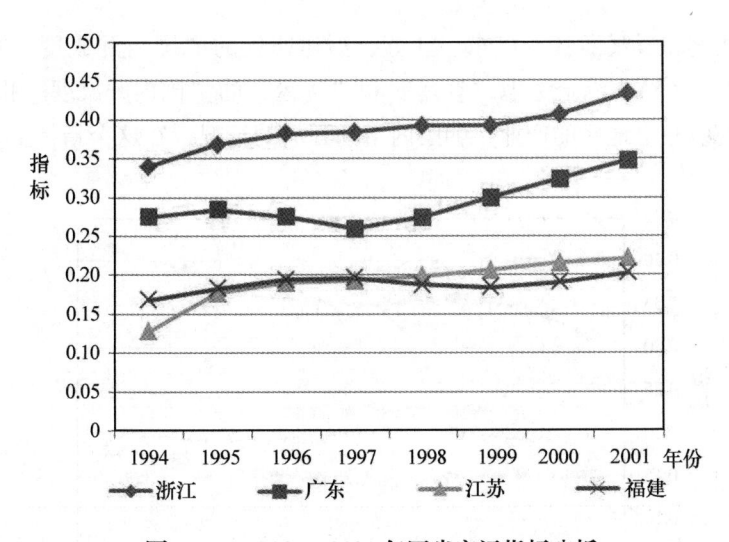

图 1 – 11　1994—2001 年四省客运指标分析

　　对 1994—2001 年浙江、广东、江苏、福建四省的"货运指标"的测度和比较，更能反映出"浙江商品"行销全国的情况。浙江的"货运指标"远远高于其他省份，且在经历 1997—1998 年亚洲金融危机后持续增长，显示出浙江商品输往全国的能力（见图1-12）。

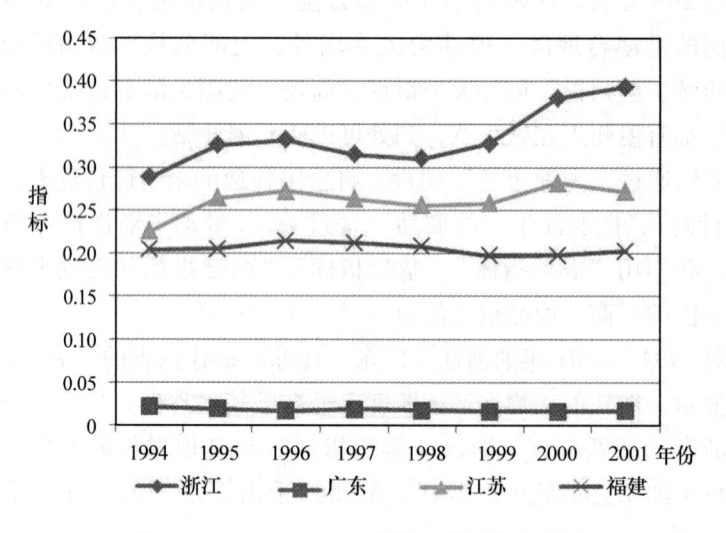

图1-12 1994—2001年四省货运指标分析

测度和考察浙江、广东、江苏、福建四省的"国内开放度"指标（见图1-13）。综合考虑"客运"和"货运"的"国内开放度"指标，更能说明一个地区的产业，朝国内市场开放的情况。在这个指标上，浙

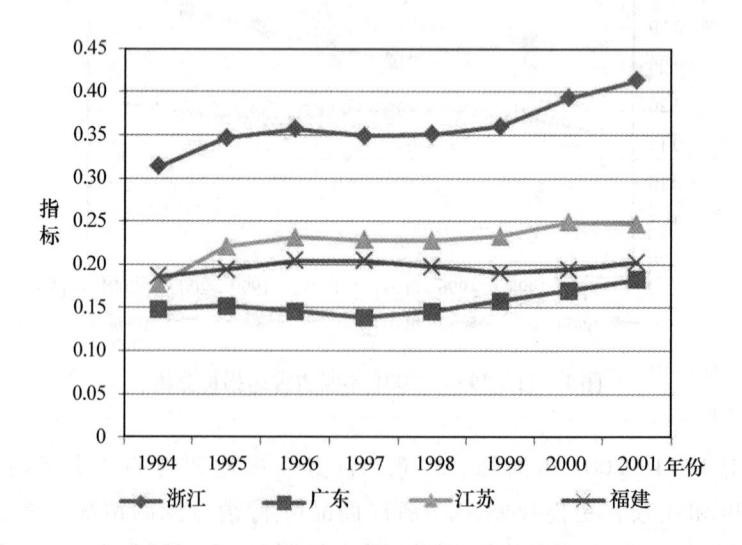

图1-13 1994—2001年四省国内开放度指标分析

江比其他省份领先得更加明显，这是由于浙江在"客运指标"和"货运指标"上较为平衡，两者均处于第一位置。这表明，浙江的人员流动与商品流动形成了"协同"的关系。浙商这一群体的人员活动，有效地促进了浙江商品在全国的市场开拓，促进了浙江商品经济的发展。

（三）国际开放：率先四个多元化，"三驾马车"齐头并进

20世纪90年代中期之后，也是浙江开放持续推进的重要时期。1997—1998年，发生了对亚洲各地影响至深的"亚洲金融风暴"，打击了韩国、中国香港、泰国等地的"出口导向型"经济模式，对我国内地的外向型经济也造成了一定的影响。我国政府承诺"人民币不贬值"，对国际经济的复苏做出了贡献，但也要求外经贸企业和产业必须以更多的措施来应对危机。

在对外贸易领域，1999年，浙江率先在全国提出实施"四个多元化"战略，即"经营主体多元化、出口市场多元化、出口产品多元化、贸易方式多元化"，进一步放开了外贸的经营权，截至2000年，全省有3138家企业获得进出口经营权，是1980年前的187倍。同时，浙江在全国外经贸系统率先进行股份制试点工作，并采取了建立外贸出口发展基金、实行外贸企业"工效挂钩"两大举措，有力地推进了浙江外贸的发展。

在图1-14中，我们可以明显地看到浙江对外贸易在1999年之后的增长速度的加快，这是在面对亚洲金融危机的压力之后，由省内政策的"内源开放"（对新的经营主体开放，对新的产品开放，对新的贸易方式开放）与"外源开放"（对新的市场开放）的结合。1999年后浙江外贸的增长，也为在2001年中国加入WTO后浙江开放型经济的加速发展做好了准备。

从1994—2001年四省国际开放度指标图中，也可以看到这种情况，浙江的国际市场开放度，虽受亚洲金融危机影响，但在1999年后实现了持续增长，说明浙江经济的国际开放度不断扩大，国际市场对浙江经济的带动作用在持续增加（见图1-15）。

在外资领域，受宏观调控和亚洲金融危机的影响，外商直接投资在一定时期内回落。1998年浙江出台改善外商投资软环境的20项规定和鼓励外商投资的10项优惠政策，在此之后，利用外资开始出现回升势头。

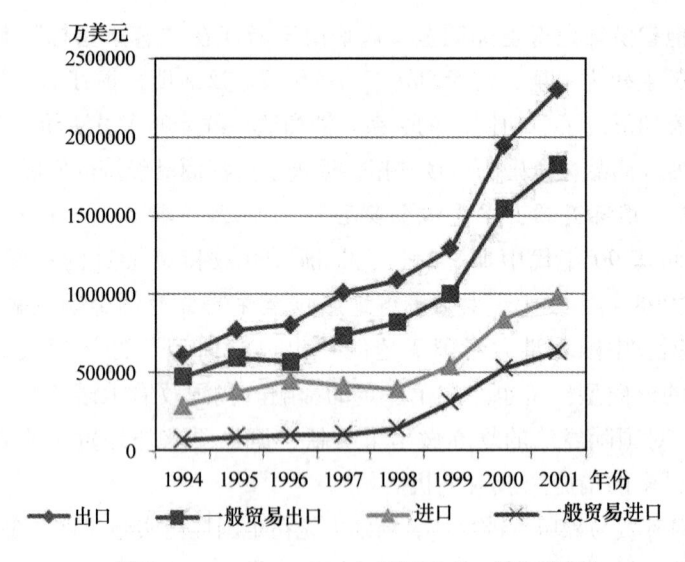

图 1-14 1994—2001 年浙江进出口情况统计

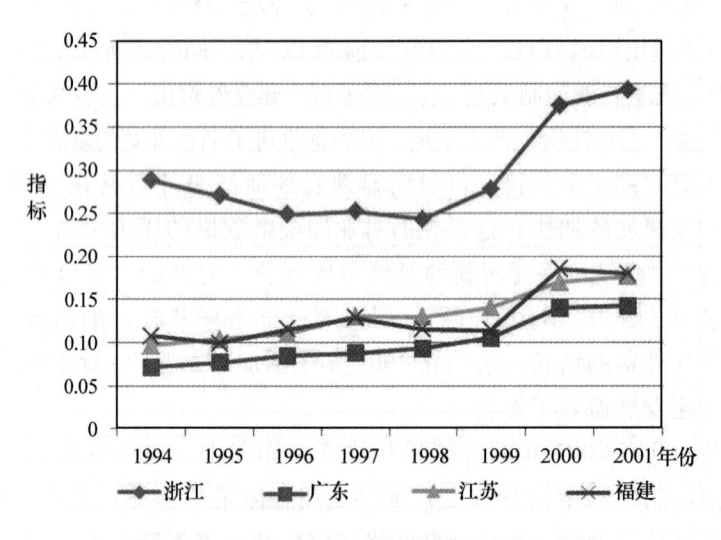

图 1-15 1994—2001 年四省国际开放度指标

从 1994—2001 年的浙江利用外商直接投资的情况中可以看到，1997 年、1998 年为浙江利用外资的低谷，但在此之后开始了较快增长，尤其以合同外资的金额和项目数增长较快，这表明了浙江加大了利用外资的力度（见图 1-16）。

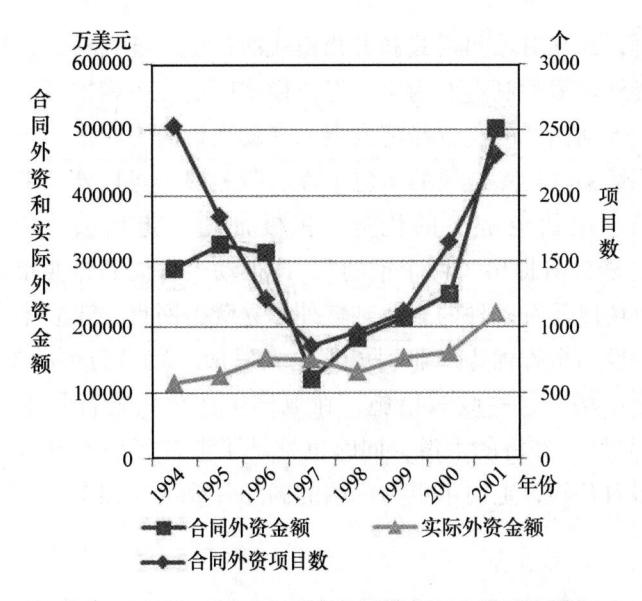

图 1-16　1994—2001 年浙江利用外商直接投资情况

1994—2001 年，与广东、福建相比，浙江的外资依存度仍然较低，这表明在这一时期，浙江的开放，仍然以"市场开放"为主，生产的资本形成，主要依靠内源型经济的发展（见图 1-17）。

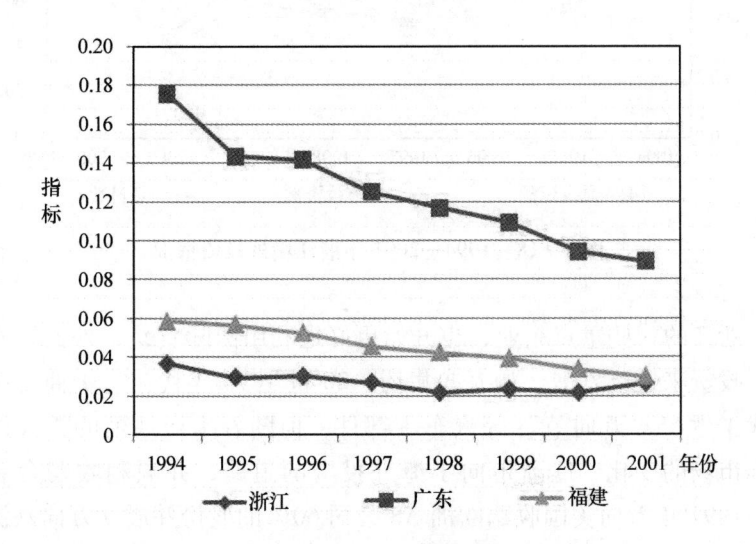

图 1-17　1994—2001 年三省的外资开放度比较

当时，存在对苏州模式和温州模式的讨论。苏州模式，以吸引外资、发展外向型的制造业为主；温州模式则更多依赖国际、国内市场的开发，带动当地的民营经济发展，带动当地的工业化。

在外经领域，除传统的承包工程、劳务输出等以外，浙江发挥在民营经济、块状经济上的优势，积极推动"走出去"对外投资。1999年，浙江省提出"两个推动"，即推动全省商品专业市场到境外设立分市场以及有条件的企业到境外设立营销网点，建立本省国际营销网络；推动全省优势产业到境外建立以加工贸易为主的生产基地，开拓国际市场。这些政策措施，在亚洲金融危机的背景下，避免了"出口导向型"经济的下滑，同时也推动了浙江经济的开放，从省内开放、国内开放，走向了更为广阔的国际开放（见图1-18）。

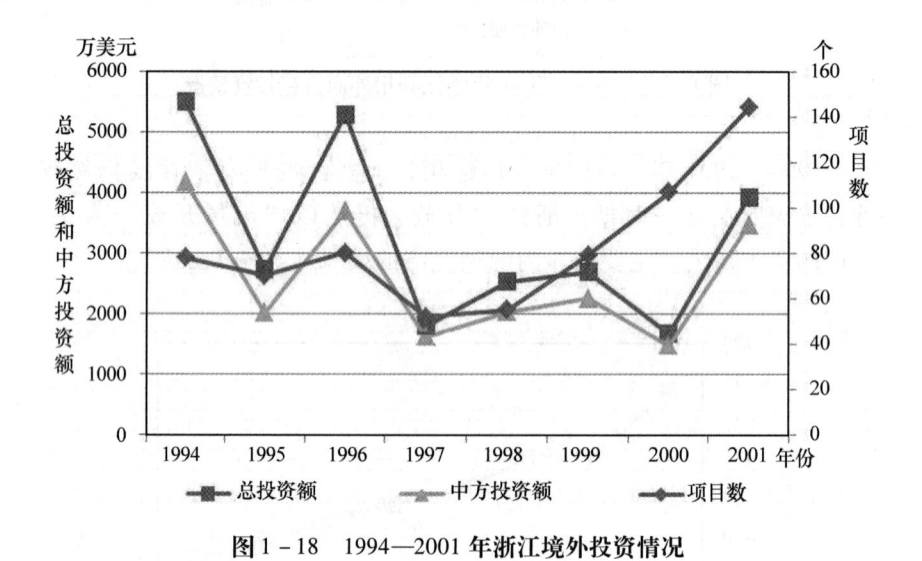

图1-18　1994—2001年浙江境外投资情况

浙江的一些重点企业，也开始更好地利用国际贸易、外商资本和国际投资来进行发展。如万向集团，20世纪90年代初为美商舍勒公司代工生产"万向节"等汽车零部件，但随着生产规模的扩大以及国际市场的变化，逐渐走向了海外投资的道路，并顺利收购舍勒公司。1997年万向美国收购欧洲AS公司60%的股份并成立万向欧洲轴承公司，是浙江企业第一例海外并购；1998年万向美国收购位于美国密歇根州的草原河高尔夫球场；2000年，万向美国公司投资42万美元与LSB公司达成联合收购舍勒公司协议，并联合组建美国万向节公司，从而使万向集团成为全球拥有万向节专利最多的公司；2000年，万向美国又收购美国LT公司35%的股权，成为其第一大股东。

三 开放转型期："八八战略"引领浙江开放经济转型发展

以2001年年底中国加入世贸组织为标志，浙江开放发展进入了转型阶段。这一阶段，浙江开始在更大范围、更广领域、更高层次上参与市场经济的全球竞争，进入一个全方位开放的新阶段。2001年，浙江省进出口总额为327.99亿美元，到2007年该数值达到1768.56亿美元，外商直接投资金额也由50.16亿美元增加到204亿美元。

2002年，时任浙江省省委书记的习近平同志提出了指引浙江发展的"八八战略"。其中，对于开放的表述是："进一步发挥浙江的体制机制优势，大力推动以公有制为主体的多种所有制经济共同发展，不断完善社会主义市场经济体制；进一步发挥浙江的区位优势，主动接轨上海、积极参与长江三角洲地区交流与合作，不断提高对内对外开放水平；进一步发挥浙江的块状特色产业优势，加快先进制造业基地建设，走新型工业化道路"。"八八战略"一方面总结了浙江在开放发展上的优势，另一方面为未来的发展提出了方向性的举措，包括浙江开放经济的体制机制、国内开放与国际开放、开放与产业经济发展等内容，为浙江开放发展提出更高层次的战略指导。

这一时期，浙江形成了国内市场的创新开放与国际市场的深化开发的结合，形成了"商品市场"开放的新模式，形成了国际投资"引进来"与"走出去"的双向互动，实现了产业结构国际国内转移，先后经历商品贸易国际化、资本国际化、生产和投资国际化、生产要素配置国际化、经济贸易政策和货币国际化。浙江以开放促发展，依托区位优势、产业优势和民营经济优势，提高对外开放水平，增强国际竞争力。

2002—2007年，是浙江开放发展的转型期。这一时期，浙江开放型经济发展的主要特征是：进一步强化以公有制为主体的多种所有制经济的市场主体地位，在推进市场开放的同时，在全国率先发展了电子商务等新的市场形态；在对外开放中注重规模和效益并举，倾向于优化对外贸易结构，转变增长方式；推动外资、外经的发展，形成了"三驾马车"齐头并进的态势。

（一）省内开放：省内"专业市场"全面全国化、国际化

从图1-19可以看到，2002—2007年，浙江的省内开放度保持在全国前列。这表明浙江是我国市场经济最为活跃的地区之一。但由于省内市场和国内市场日趋联通，从当地开放，已经较难考察出浙江商业发展的程度。这从另外一个方面可以反映出，浙江的"专业市场"已经全面地全国化和国际化，服务于全国经济和国际经济的发展，已经较难从"省内开放度"来进行考察。

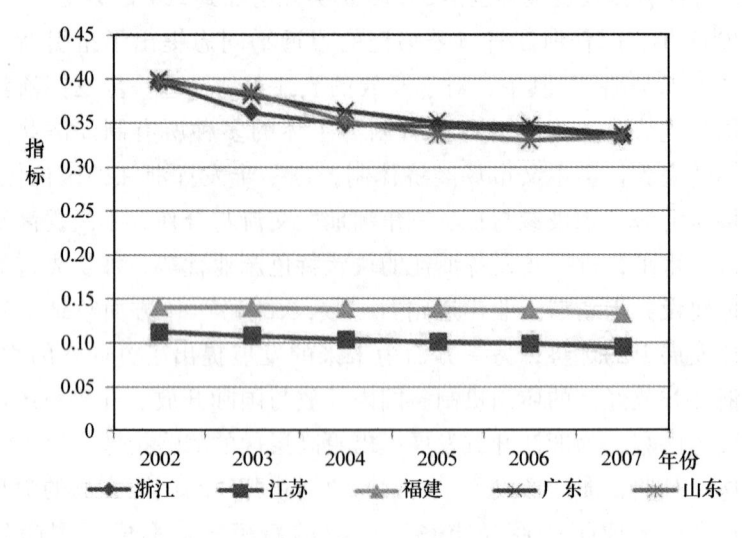

图1-19　2002—2007年五省省内开放度比较

（二）国内开放：融入长三角经济，推出电子商务新模式

21世纪的第一个十年，浙江开放型经济区域融合程度持续加大，推动了长三角经济的一体化发展，推动了长三角各省（市）的交流合作。时任浙江省省委书记的习近平同志指出，根据长江三角洲地区经济整合的发展趋势和浙江省的实际，要着眼于"主动接轨、全面融入、发挥优势、实现共赢"，以更加积极的姿态参与长江三角洲地区

的经济合作与发展。

浙商更多地走向全国，在全国建立浙江商品的市场体系与营销网点。浙江的各"全球最大"的"专业市场"的持续发展，带动了浙江经济工业化的发展与转型。"浙江制造"，逐渐从"价格低廉"的名声，赢得了"物美价廉"的声誉。

这一时期，浙江开放型经济又创造了一个新的"市场形态"——网络市场。电子商务，逐渐成为浙江市场经济的重要组成部分。阿里巴巴公司是一家位于浙江杭州的企业，2003年5月，该公司在全国推出了网购零售平台——淘宝网，当年即完成市场交易额3400万元，成为中国主要的互联网平台之一。这是浙江向新的市场模式开放的又一个重要的创新。2006年，淘宝网成为亚洲最大的购物网站。调查显示，当时每天有900万人在淘宝上"逛街"。2007年，淘宝网成为亚洲最大的网络零售商圈，全年成交额突破400亿元，成为中国第二大综合卖场。

淘宝网等电子商务市场在浙江的发展，是浙江进一步开放市场组织模式的创新成果。这种创新不仅没有弱化原有的"专业市场"开放体系，而且还形成了"协同作用"。很多淘宝网的"网商"，在义乌等地采购货物，再利用专业市场发达的物流交通等优势，将商品"快递"到全国各地。

我们采用客运指标来考察浙江开放型经济的活跃程度，从对浙江、广东、江苏、福建的比较中，可以看到，2002—2007年，浙江的客运指标不仅持续领先，而且持续增长，从一个方面反映了浙商的活跃程度在持续提高，浙商对全国市场经济的参与程度在不断提高（见图1-20）。

采用货运指标来比较浙江对国内市场的开放程度，更能看到2002—2007年浙江经济国内开放的程度在持续扩大，并保持了全国领先。以人均货运水平代表货运指标，可以看到，浙江呈现逐渐增高的趋势，并进一步拉大了与广东、江苏、福建等省的领先距离，强化了浙江商品在全国市场中的地位，以及浙江市场对全国的开放形态（见图1-21）。

2003年以来，浙江电子商务的大发展，进一步加大了浙江商品走向

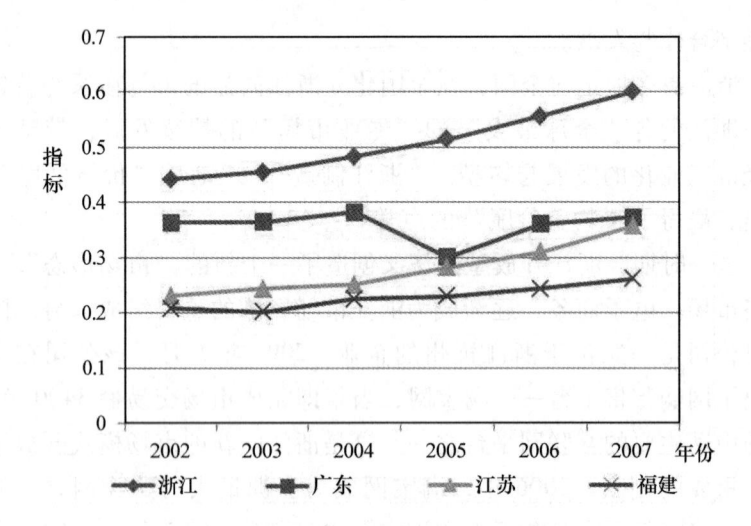

图 1-20　2002—2007 年四省客运指标比较

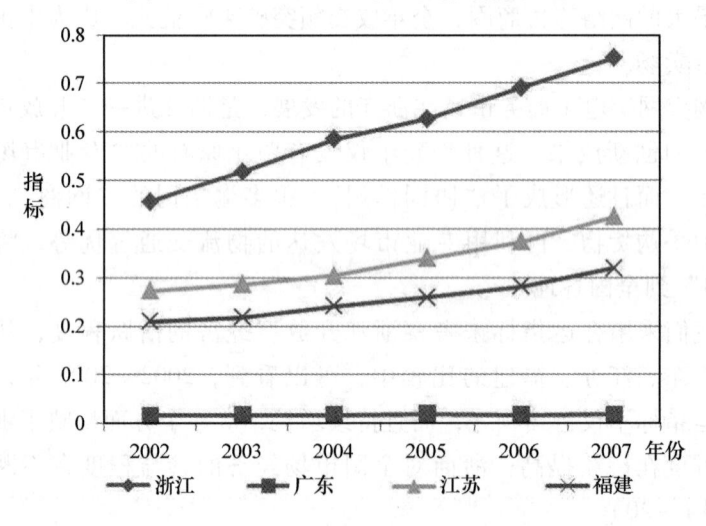

图 1-21　2002—2007 年四省货运指标比较

全国的趋势,更进一步加大了货运指标的上升趋势。浙江逐渐成为全国电子商务的平台中心、商品集散中心、物流发送中心和支付金融中心。

2002—2007 年的国内开放综合指标,综合了客运和货运的情况,显示出浙江在与广东、江苏、福建等地比较中的优势(见图 1-22)。浙江的"人均商业活动"即客货流动程度,远远高于其他省份,且

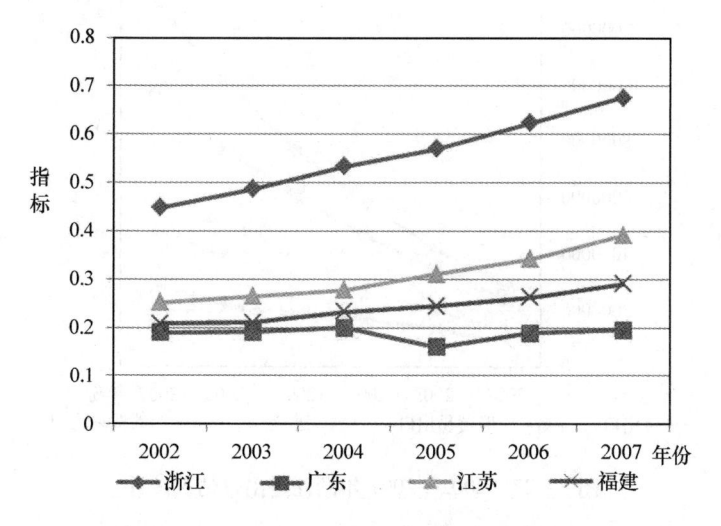

逐渐提高，显示出浙江对全国的商业影响。

图 1-22　2002—2007 年四省国内开放综合指标

（三）国际开放：对外贸易快速增长与结构优化，使区域经济模式切换到"国际开放驱动型"

加入世界贸易组织后，浙江经济的国际化程度迅速提高，更多体现在对外贸易的增长上。2002—2007 年，浙江对外贸易的年均增长速度超过了 30%，是历史上浙江外贸增长最快的时期（见图 1-23）。

这一时期，浙江对外贸易政策目标逐步倾向于优化贸易结构、转变增长方式。以杭州、宁波电子口岸建设为重点的浙江电子口岸建设全面启动，"四位一体"贸易摩擦应对机制初步形成，"四个多元化"战略深入实施，出口品牌建设力度加大，浙江外贸发展环境进一步完善，对外贸易呈现高速发展态势，规模迅速扩张，结构明显优化。

对外贸易的快速增长，带动了浙江经济的发展模式从国内市场带动型转换到国际市场带动型。2002—2007 年，在对外贸易中，浙江的出口增长尤其迅速，年均增长速度达到了 33%。在浙江的出口中，以一般贸易为主，加工贸易相对较少，这与浙江民营经济发达，企业家具有"自主"开拓国际市场的精神有关。

从对四省的国际开放度的比较中可以看到，在浙江、广东、江

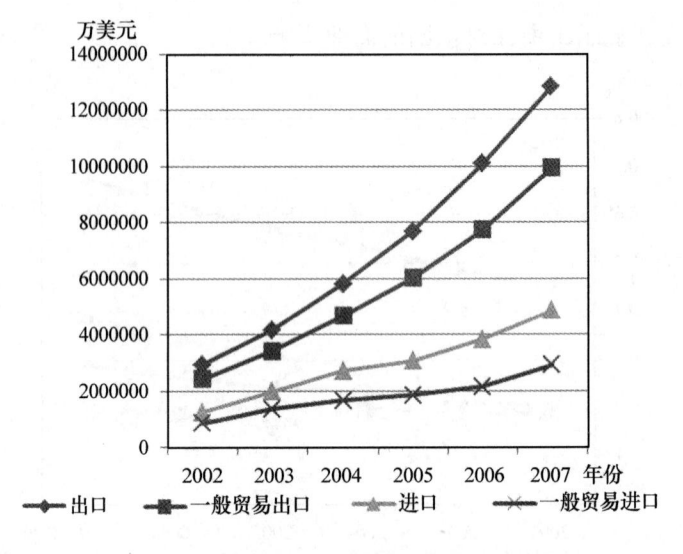

图 1-23 2002—2007 年浙江进出口情况统计

苏、福建四省中,浙江的国际市场开放度最高,大大领先于其他省份(见图1-24)。2007 年国际市场开放度增速下降,对比浙江的进出口发展,可以认为是由浙江的地区生产总值的增长引起。

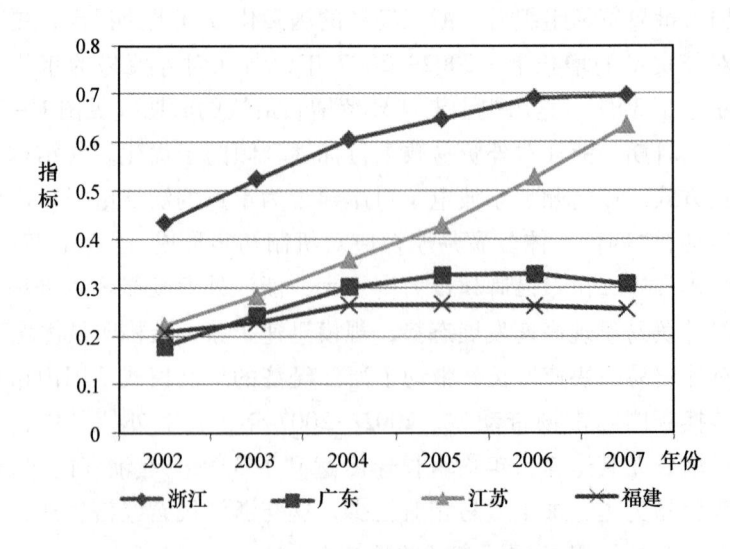

图 1-24 2002—2007 年四省国际开放度指标

从浙江直接利用外资的情况来看，外资的项目数有所下降，而实际利用外资的规模和合同利用外资的规模持续增长，表明单个项目利用外资的规模增大，利用外资的质量持续上升（见图1-25）。

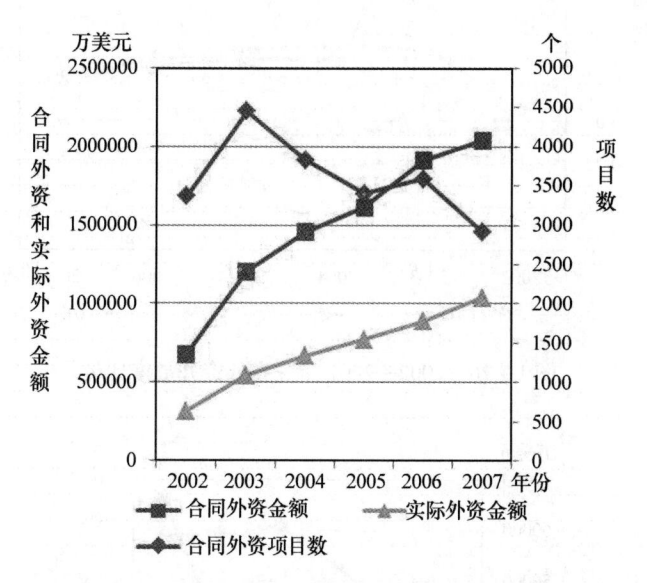

图1-25 2002—2007年浙江利用外商直接投资情况

从图1-26中可以看到，自2004年以来，浙江的外资开放度逐渐超过广东、福建。

在对外经济合作方面，2002年，浙江省财政厅、省商务厅（原浙江省外经贸厅）设立专项资金，对全省重点"走出去"企业给予财政扶持。各市县纷纷制定响应政策，为企业走出国门营造了良好条件。2005年开始，浙江对企业进行境外资源开发给予特别扶持，进一步推动境外资源开发实现新突破。各级商务部门积极会同外管、财政、发改等部门认真落实中央和浙江关于加快实施"走出去"战略的各项举措。

在外经的对外投资方面，2002—2007年，浙江呈现了快速增长，尤其是对外投资的金额增长迅速，实现单个项目规模持续扩大（见图1-27）。可以说，这一时期，是浙江向国际市场开发深入发展、增长最为迅速的时期。

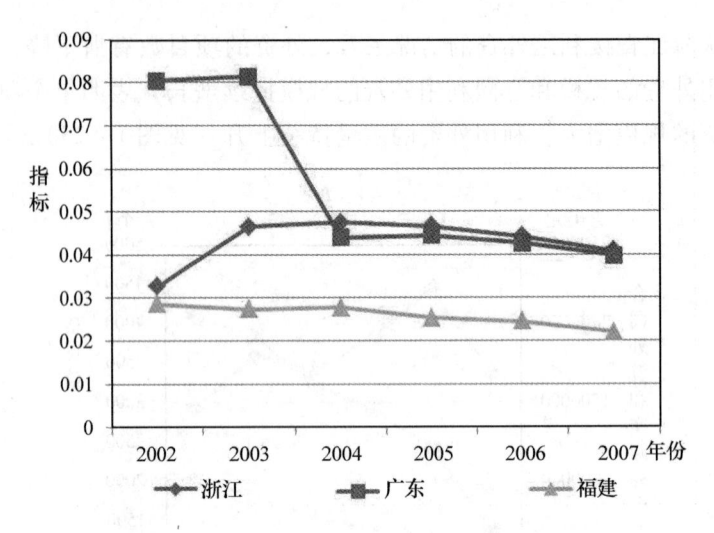

图 1-26　2002—2007 年三省外资开放度比较

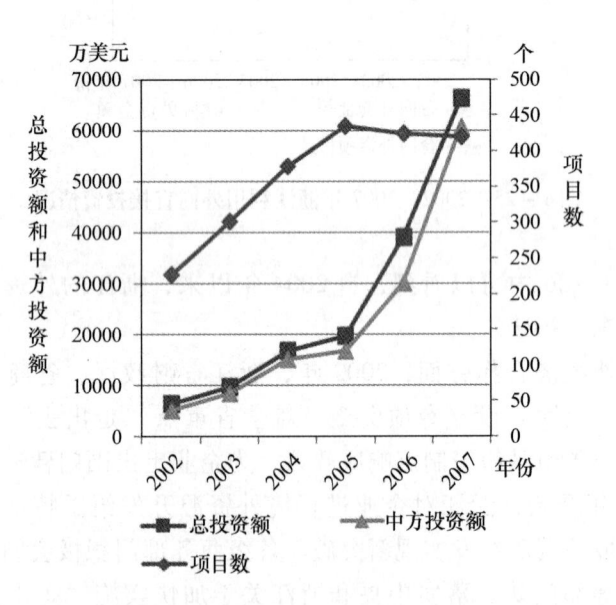

图 1-27　2002—2007 年浙江对外投资项目、金额情况

四　开放深化期："一带一路"指导浙江开放经济新发展

2008 年至今,是浙江的开放深化期。2008—2009 年由美国次贷危机引发国际金融危机,世界经济遭受严峻的考验。浙江作为外贸依

存度较高的省份不免受到影响，经济增长速度明显回落，浙江民营企业相继面临融资困难、自主创新能力不足、产品市场萎缩等问题，绍兴、温州等地的一些企业出现了出口下滑、资金链断裂等情况，这对浙江一些企业原有的生产和贸易方式提出了挑战，也促使企业在开放型经济发展中，朝着重视品质、品牌、技术等方向升级。2008年，浙江省地区生产总值同比增幅回落4.6%，民营企业出口额同比增幅回落7.5%，企业总数增幅回落1.29%。

为应对后危机时代的国际贸易新格局，一方面，浙江积极开拓对外贸易新市场，以缓解对美日欧市场的过度依赖，减少出口企业间不必要的竞争和摩擦；另一方面，浙江积极优化出口贸易产业结构，加大对高附加值出口产业的投资力度，并推进贸易方式的多元化，逐步实现产业结构调整和升级。

2013年，习近平总书记提出"一带一路"倡议，对浙江开放型经济的发展具有指导意义。"一带一路"是一个包括浙江省内市场、国内各省（市、区）市场联动、国际市场产能合作等的整体开放形态，也包括贸易、投资、合作等多方面的开放内容。

浙江在"一带一路"共建中，一方面加大了内部开放体系的完备，承担了义乌国际贸易综合试点改革、舟山—宁波海洋经济、舟山自贸区、杭州跨境电子商务综合试验区等具有开放"先行先试"的"特区"的开发，为全国提供了可参考复制的经验；另一方面，贯通了通向国内、国际各市场领域的重要通道，"义新欧"国际班列成为里程最长的中国国内—国际货运班列，宁波—舟山港成为全球第一大货运集装箱港口区等。浙江更积极地在中西部地区与海外建设市场，在国外设立"海外仓"等，推动了浙江商业开放的新型发展。在国际投资领域，浙江积极推动"引进来"和"走出去"的双向结合，吉利、万向、阿里巴巴等一批"浙籍"跨国公司茁壮成长。

（一）省内市场：成为"开放创新"的重要阵地

浙江省内市场已经不再只满足浙江的商品需求，因此，在2008—2016年五省省内开放度的比较中，浙江虽然一直领先，但对山东和广东的优势已不再十分明显（见图1-28）。但浙江省内市场的另外一个特点，在于已经更多成为"创新开放"的市场，也就是向着新的产品、新的贸易模式开放的市场。

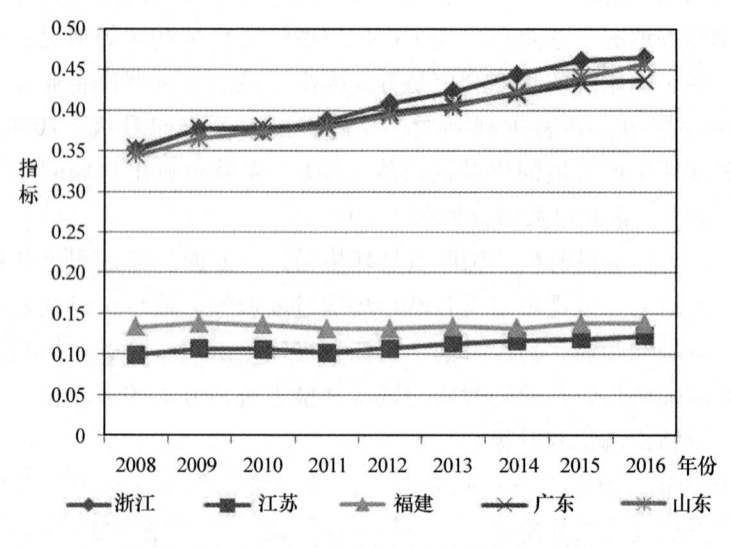

图 1-28　2008—2016 年五省省内开放度比较

2016 年 9 月 1 日，《人民日报》头版头条点赞浙江，对浙江经济的创新能力做出了肯定。报道了阿里巴巴、横店影视城等浙江商品、服务贸易提供者的内容。对于阿里巴巴，文章指出"短短 17 年时间，靠 50 万元起家的互联网公司阿里巴巴，打造了全球最大的零售交易平台"；对于横店影视城，文章指出，"山旮旯里的横店小镇，从名不见经传到'横店影视城'，历经 20 年，成为全球规模最大的影视拍摄基地"，并总结说，"创新给浙江带来了什么？连续 31 年，浙江农民人均纯收入位居全国各省区首位；城乡居民收入的比值，为全国各省区最低；浙江设置的'贫困线'，相当于国家标准的两倍，在全国率先高标准消除了绝对贫困现象"。2016 年 11 月 28 日的《人民日报》，发表了题为"用特色小镇提升发展品质"的文章，指出："聚集""特色"其实一直是浙江的符号，30 多年块状经济和区域特色产业，差异化发展显著；300 多家上市企业，是各行各业的龙头企业。可以说，"特色"的骨架一直在那儿。

事实上，无论品牌发展、以阿里巴巴为代表的电子商务、横店影视城，还是特色小镇，都是浙江通过思想解放，提出用更新的方式，向人民群众提供商品、服务和生产资源的整合的"新型开放"模式。这种"新型开放"模式扎根于浙江，源于浙江的人文精神与市场特征，带领了浙江一轮又一轮的"内源开放"。

（二）国内开放：以高质量的"浙品"，升级广覆盖的"浙货"

浙江经济对国内市场的开发，已经走向了品牌开发、品质开发、创新开发的新模式。2010年5月29日的《人民日报》（海外版），发表了题为"浙江以品牌引领经济转型"的文章，指出：如今"创牌"在浙江已不仅是企业自己的事，更成为当地党委、政府以及各级组织的重要战略决策行为。品牌盛典首次披露了杭州、宁波、绍兴三个城市荣获2009年国家商标战略实施示范城市（区）。

《人民日报》（2015年1月12日第17版）发表文章指出"浙江经济是中国经济的晴雨表"。该文指出了国际金融危机之后浙江经济增速的放缓，更重点指出了浙江推动"让规模与质量、速度与效益、增长与转型、生产与生态和谐共生"，"以高质量的GDP取代高增速的GDP"的发展进程。

浙江的"开放市场"成为推动浙江经济转型的重要力量。以互联网市场为例，2017年3月19日，《人民日报》的头版头条文章《浙江 实体经济正质变》点赞阿里巴巴，文章重点指出：以阿里巴巴为代表的新实体经济正在迅速崛起。文章说，"作为实体经济大省，浙江不遗余力扶持新实体经济。以阿里巴巴为代表的新实体经济正在迅速崛起：集团去年合计纳税238亿元，带动平台纳税至少2000亿元，相当于4000家大型商场的销售体量，创造了超过3000万个就业机会"。阿里巴巴公司，每年也大量推出各产业领域的"互联网品牌"，对浙江经济中涌现的品质商品进行"背书"。

这三篇发表的文章，表明在受到国际金融危机冲击后，浙江经济对国内市场的开放，已经从通过"行商""专业市场""电子商务"等的持续铺货（在人民群众对商品量的需求尚不能满足时有重要意义），转向在浙江的国内"市场渠道"逐渐完备的情况下，提升"浙江制造"的品质、品牌、技术等附加值，在原有市场体系的基础上，向国内市场的升级开放，"内源式"地提升市场的"深度"和"空间"。市场平台的升级，带动了浙江产业的转型升级。

我们从浙江、广东、江苏、福建四省的"客运指标"的比较中可以看到，2008—2012 年，浙江已经不是四省人均客运最多的省份，而是保持了相对平稳的态势（见图 1-29）。这从一个侧面表明，"市场开拓"已经不是浙江最重要的因素，这与浙江进一步提升品质、提升商品美誉度的方向是一致的。但在 2013 年之后，浙江重新回到四省第一的位置。2013 年也正是"一带一路"倡议提出的时间，表明"一带一路"时代，浙江又回到了将更好的商品，加注到更大市场的思路。

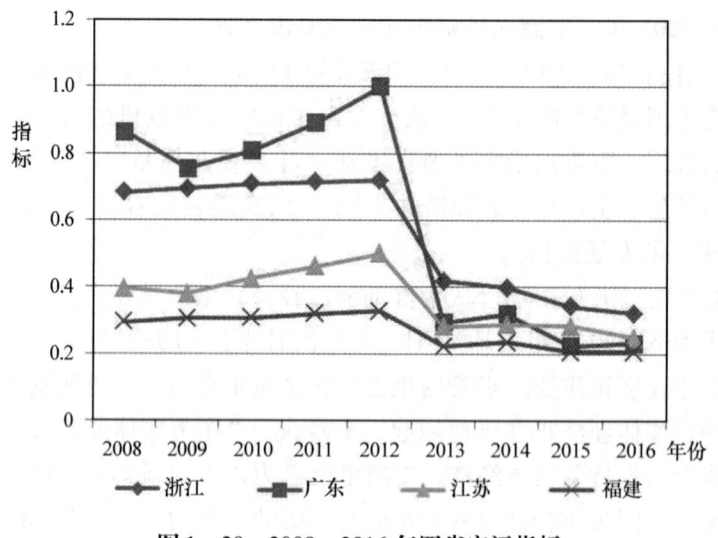

图 1-29 2008—2016 年四省客运指标

2008—2016 年，在四省份比较的"货运指标"上，可以看到浙江仍然一路领先，且处于持续上升中（见图 1-30）。这表明，虽然受到国际金融危机的影响，并存在中国国内市场的"消费不足"问题，但浙江商品仍然是最受欢迎的市场产品。这一方面反映了"浙江制造"广泛的市场接受度；另一方面，也反映出随着浙江经济的转型升级，"浙江制造"的品质和品牌的上升，带动了"浙江商品"市场在新时期的继续扩大。

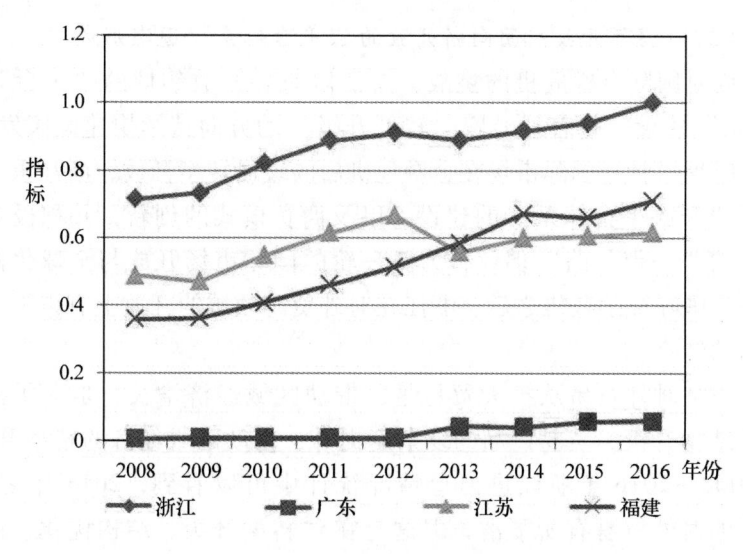

图 1 - 30 2008—2016 年沿海四省货运指标

综合了"客运"和"货运"两个因素的"国内开放度综合指标",体现了浙江经济朝国内市场创新开放的情况。从图 1 - 31 可以看到,2008—2016 年,浙江仍然处于四省国内市场开放的第一位。

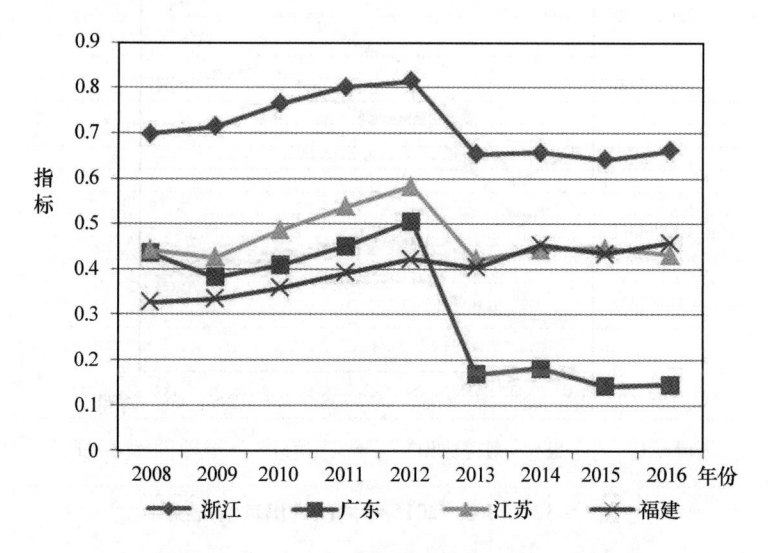

图 1 - 31 2008—2016 年沿海四省国内开放度综合指标

（三）国际开放：面向新开放的"平台体系"逐渐形成

面对国际金融危机的挑战，浙江以对外开放领域的"平台"和"体系"建设，朝着外经贸"转型升级"的方向持续快速健康发展。这一时期，针对国际市场在金融危机后的缓慢转型开放，浙江重点开展了"开放平台体系"的建设，以及商贸模式的创新，并积极融入国家的"一带一路"倡议，为新一轮的国际市场开放与全球化做好准备。国际金融危机之后，浙江在对外贸易领域的开放上有以下三个方面的转变。

一是对外贸易从扩大贸易量，带动区域经济增长，走向了推动贸易结构升级，贸易产品的复杂度提升，带动区域经济的转型升级。从2008—2016年浙江进出口情况统计中可以看到，2013年之后，浙江的对外贸易有所下滑，但这是在"转型升级、结构优化、内涵提升"的基础上实现的，为未来更优的贸易结构奠定了基础（见图1-32）。

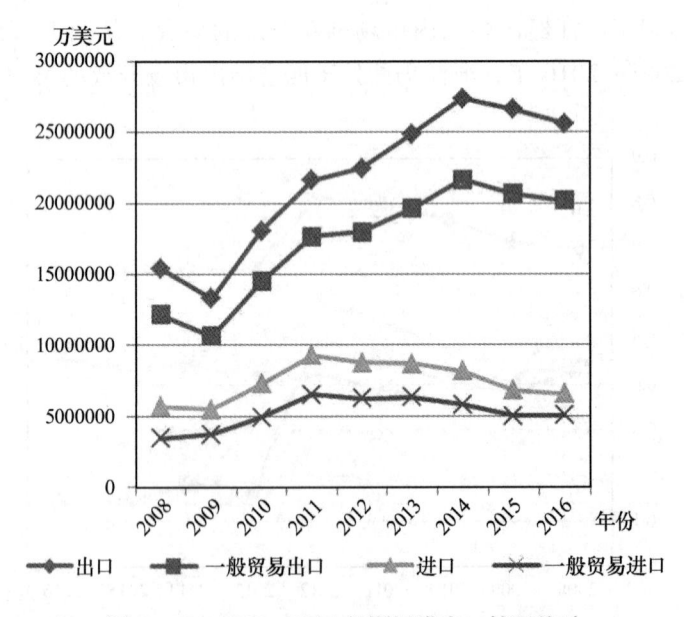

图1-32 2008—2016年浙江进出口情况统计

二是全力对接国家"一带一路"、长江经济带等发展战略，通过

"平台体系"的建设，来实现未来全国、全球开放型经济体系中的浙江定位。浙江主要着力在三个方面：第一，"专业市场"及贸易模式的升级；第二，跨境电子商务的发展和体系建设；第三，海洋经济发展为自由贸易区。

在平台建设上，浙江承担了诸多"开放"的试点工作，建设了多个朝着"新开放模式"的体系创新。

（1）义乌国际贸易综合改革试点。2011年3月，国务院批准在义乌市开展国际贸易综合改革试点，这是我国第十个综合配套改革试验区。着力在转变外贸发展方式、建立开放型经济体系、推进政府职能转变和培育区域发展新优势上深化改革、先行先试。市场改革，促进义乌小商品向贸易链、产业链、价值链高端发展。加快线上线下融合，加快品牌化发展，加快"走出去"步伐，加快市场功能创新。义乌国际贸易综合改革试点，面临建立新型贸易方式、优化出口商品结构、加强义乌市场建设、探索现代流通新方式、推动产业转型升级、开拓国际市场、加快"走出去"步伐、推动内外贸一体化发展、应对国际贸易摩擦和壁垒九个方面的主要试点任务。

（2）海洋经济示范区。国务院于2011年2月正式批复《浙江海洋经济发展示范区规划》，浙江海洋经济发展示范区建设上升为国家战略。规划区包括浙江全部海域和杭州、宁波、温州、嘉兴、绍兴、舟山、台州等市的市区及沿海县（市）的陆域（含舟山群岛、台州列岛、洞头列岛等岛群），海域面积26万平方千米，陆域面积3.5万平方千米。2013年，浙江全省实现海洋生产总值（指增加值，下同）5508亿元，比上年增长11.1%，比全国海洋生产总值增幅7.6%高出3.5个百分点。2013年，全省沿海港口货物吞吐量突破10亿吨大关，达10.06亿吨，集装箱吞吐量1910万标箱，比上年分别增长8.4%和8.6%，比2009年分别增长40.8%和70.8%。其中，宁波—舟山港2013年完成货物吞吐量8.1亿吨，连续五年保持全球海港首位，集装箱远洋干线数量达到130条，2013年集装箱吞吐量达1735万标箱，居全国第三位、全球第六位，国际枢纽港地位进一步确立。

(3) 市场采购贸易模式。2013年4月,商务部等国家八部委正式批复义乌试行"市场采购"新型贸易方式。作为综合改革的首要任务和核心内容,其有利于规范市场行为。通过税收、外汇、海关、商检、商务等政策举措和政策创新,较好地推动了贸易便利化、管理规范化,促进了"专业市场"的发展,以及国际贸易的便利、规范与繁荣。2012年2月,省政府专题会议讨论通过《试点方案》,并以省政府名义正式上报国务院。2013年,国务院办公厅转发《商务部等部门关于实施支持跨境电子商务零售出口有关政策意见的通知》,明确在海关监管、检验检疫、外汇管理等方面实施一系列便利措施,并进行专项统计。市场采购贸易与跨境电子商务零售出口有不少共同点,如金额小、品种广、批次多等,贸易对象主要为境外小客户和消费者。

(4) 杭州跨境电子商务综合试验区。国家2013年把杭州列为首批跨境电子商务贸易的试验区,同时杭州也被国家有关部委定为电子商务的示范区。2015年3月7日,国务院正式批复同意设立中国(杭州)跨境电子商务综合试验区(以下简称"综试区"),明确支持杭州在跨境电子商务领域先行先试、大胆探索、创新发展。跨境电子商务以开放、多维、立体的多边经贸合作模式拓宽了企业进入国际市场的路径,其小批量、多批次的"碎片化"特点有效地适应了国际贸易的发展趋势。作为全国首个跨境电子商务综合试验区,杭州跨境电子商务综合试验区,通过改革创新、先行先试,着力破解跨境电子商务发展的深层次矛盾和体制性难题,再造适应跨境电子商务这种新型贸易方式的监管服务制度体系,为全国提供可复制、可推广的经验。

(5) 舟山自贸区。2013年1月23日,国务院已正式批复《浙江舟山群岛新区发展规划》,这是我国首个以海洋经济为主题的国家战略性区域规划。此规划明确提出,在条件成熟时探索建立舟山自由贸易园区。2017年4月,中国(浙江)自由贸易试验区(简称"舟山自贸区")正式挂牌,面积119.95平方千米,全域设在舟山,由陆域和相关海洋锚地组成,涵盖舟山离岛片区、舟山岛北部片区、舟山岛南部片区三个片区。其定位于建设国际油品储运基地、国际海事服务基地，力争成为东部地区重要海上开放门户示范区。根据规划，经过三年左右有特色的改革探索，中国（浙江）自由贸易试验区将基本实现投资贸易便利、高端产业集聚、法治环境规范、金融服务完善、监管高效便捷、辐射带动作用突出，以油品为核心的大宗商品全球配置能力显著提升，对接国际标准初步建成自由贸易港区先行区。

（6）义新欧专列。2014年年初，"义新欧"义乌至中亚五国国际集装箱专列从义乌西站开行。义乌直达中亚、欧洲的国际铁路联运物流大通道基本建成。在上海铁路局支持下，"义新欧"国际集装箱专列以义乌为起点，经新疆阿拉山口等边境口岸，直达中亚、欧洲。中亚五国已成为义乌外贸出口的重要目的地。

（7）e-WTP（电子世界贸易平台）。2016年年底，杭州跨境电商综合试验区率先行动，联合阿里巴巴打造全球首个e-WTP"试验区"。e-WTP，全称是Electronic World Trade Platform，中文是电子世界贸易平台。e-WTP是由私营部门发起、各利益攸关方共同参与的世界电子贸易平台，旨在促进公私对话，推动建立相关规则，为跨境电子商务的健康发展营造切实有效的政策和商业环境。e-WTP可帮助全球发展中国家、中小企业、年轻人更方便地进入全球市场、参与全球经济。2017年3月22日，马来西亚总理纳吉布同他的中国客人一起出现在吉隆坡一场盛大的启动仪式上。首个海外e-WTP数字中枢落地马来西亚。2017年12月，在阿根廷布宜诺斯艾利斯举行的世界贸易组织第11次部长级会议上，世贸组织发布《电子商务联合声明》："重申全球电子商务的重要性及其为包容性贸易和发展所创造的机会"，"鼓励所有WTO成员加入我们，支持和提升电子商务为全球企业和消费者带来益处"。

三是由于浙江开放长期具有"创新"精神，在新领域上将形成新的体系引领，这种情况发生在各个时期。在21世纪的第二个十年，主要体现在对"全球跨境电子商务体系"的贡献上。目前，杭州跨境电子商务综合试验区、阿里巴巴公司等，正在积极推动的e-WTP体系，将为未来国际贸易的体系贡献力量。2008—2016年沿海四省国际开放度指标的变化见图1-33。

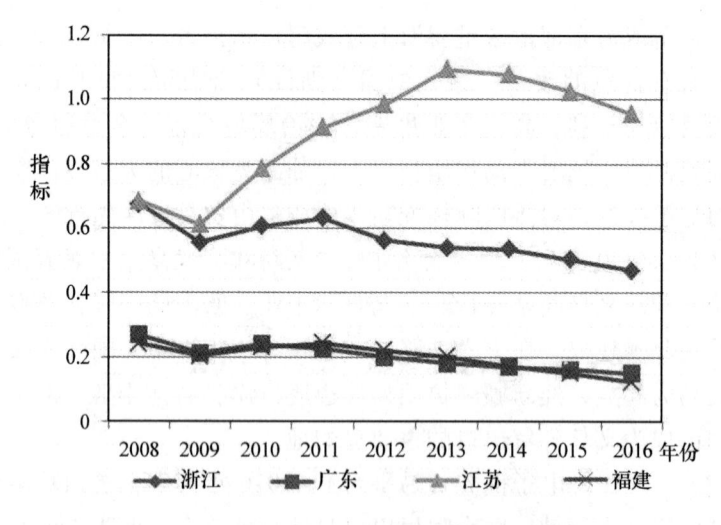

图 1-33 2008—2016 年沿海四省国际开放度指标

从图 1-33 可见，浙江省在 2008 年以后位居江苏之后，居第二位。2013 年以后，沿海四省的国际开放度指标均有所下降。

在外商投资领域开放的前一个时期（深入期），浙江已经从"招商引资"走向了"招商选资"，通过外资的引入来优化浙江的经济结构。在转型期，浙江在"招商选资"的过程中，正是外资对浙江转型起到了带动作用。

从 2008—2016 年浙江利用外商直接投资的情况来看，"选资"引起外资量的波动，以及国际金融危机引起的国际投资下滑。在 2008—2016 年利用外资的情况中，可以看到，浙江的实际利用外资，不受外资协议项目数量的影响，稳定攀升，表明了浙江经济的开放，使得外资的实到率较高（见图 1-34）。

在外经领域的开放方面，自 2010 年起，浙江境外投资的规模，超过境外工程承包和劳务输出的规模，成为浙江外经发展的最主要领域（见图 1-35）。

从图 1-36 可以看到，2008 年以来，浙江外经工作，尤其是境外投资得到了快速增长。浙江企业的"走出去"，通过境外投资，建立境外营销窗口、生产基地、资源开发与研发中心，整合国际生产资源与能力，为浙江境外产业经济转型升级提供动力。如吉利集团，通过

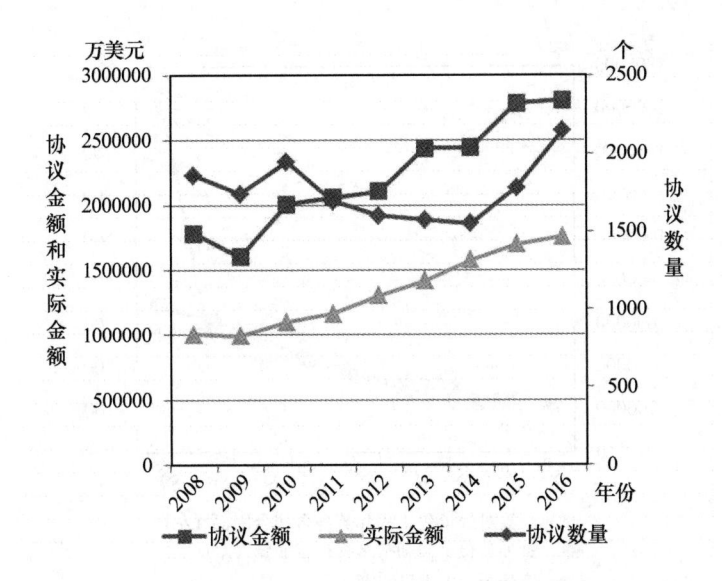

图 1-34 2008—2016 年浙江利用外商直接投资情况

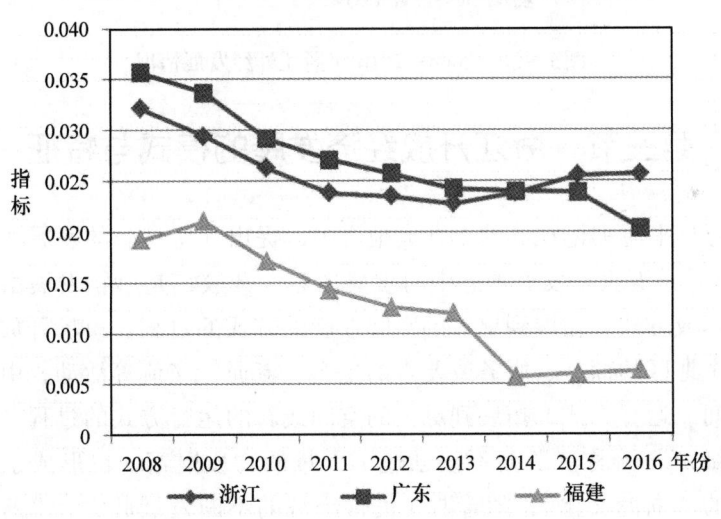

图 1-35 2008—2016 年三省外资开放度情况

海外并购，整合了国内和国际的汽车产业链的创新资源，提升了吉利汽车的品牌和品质，在面向新一代汽车的生产制造、研究开发和市场开拓中赢得了企业发展，成为"世界500强"企业之一。

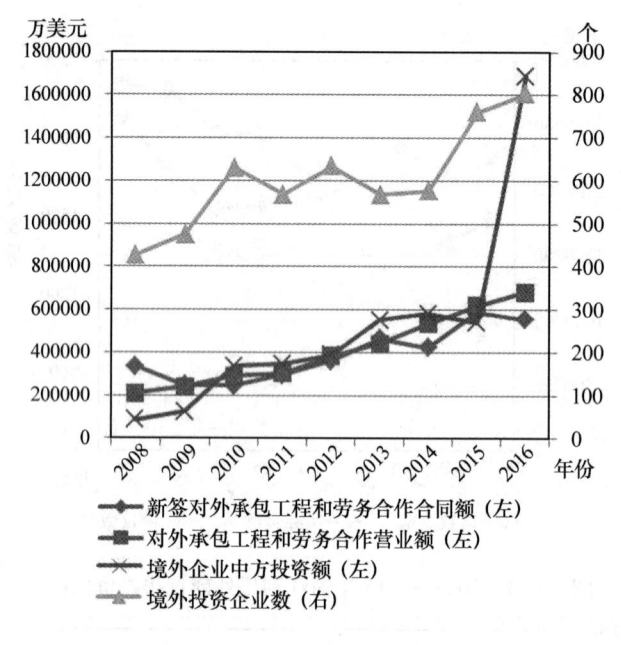

图 1-36　2008—2016 年浙江外经发展情况

第三节　浙江开放经济发展的模式与特征

习近平总书记在党的十九大报告中，提出"坚持新的发展理念"。"开放"是五大新发展理念中的重要内容。开放，是事物发展由较小的空间或方式，拓展到更大的空间或新的方式的过程。市场开放，是指一个地区的商品、服务或要素的生产、流通、交流等活动，由原有的空间或运行方式，拓展到更大的空间或新的运行方式的过程。浙江以"浙商"著称。浙商不仅创造了大量的物质财富，也形成了一种独特的"浙商文化"；随着浙江民营经济的不断发展壮大，"浙商文化"在企业和社会发展中的作用更加突出（习近平，2006）。浙江的开放，是一种内源主导型的开放，源自浙江内在的文化（黄先海、叶建亮，2008），而内源主导的开放，究竟经历了怎样的"模式"？

1978 年，浙江人均地区生产总值居全国第 15 位，居各省（区，不包括直辖市）第 13 位，这与浙江是一个地理小省、资源小省的状况相符。但到了 2000 年，浙江人均地区生产总值已经居于全国各省

（区、市）第一位，仅次于北京和上海，并长期保持全国领先，这是如何实现的？作为资源小省，浙江发展经济的要素条件不足，因此很难通过"资源依赖"模式（景普秋，2010；江曼琦，2012）获得发展。我们认为，通过"开放"，获得发展空间，通过"沿海地区模式"（黄建忠，2009），在"浙商文化"引领下不断拓展开放空间和领域、创新开放模式，是浙江经济长期保持快速发展的重要原因。

改革开放以来，浙江经历了一次又一次的开放创新。1978年以来，浙江出现了义乌等地的"集贸市场（1978—1984年）"（陆立军、白小虎，2000）；"民商经济（20世纪90年代—21世纪初）"形成了遍布全国的销售网络和数百万销售网点（吕新福，2004）；形成包括义乌小商品市场、绍兴轻纺城等专业领域全球最大的"专业市场（21世纪至今）"（白小虎，2004）；形成新的"市场采购国际贸易方式（2010年）"（张汉东，2011）；形成全球交易规模最大的电子商务平台"阿里巴巴（2013年至今）"（汪旭晖、张其林，2015）；吉利等企业通过"走出去"，贯通全球价值链（2010年至今）等"开放创新"。

现有对浙江开放的研究，往往集中在对某一种开放模式（如集贸市场、专业市场、电子商务等），或开放空间（如国际市场等），或开放的内因（黄先海、叶建亮，2008）的研究，缺少"将浙江开放型经济发展的思想等内因，放在浙江40年改革开放的历程中的开放模式研究"，因此，下文简要阐释浙江"顺势边际开放"模式。

一 浙江"顺势边际开放"模式的提出

纵观改革开放以来浙江逐步深入开放的历程，与党和国家逐步推进改革开放的政策相一致，也与人民群众与国内国际市场的需求升级相一致，是一个"顺势而为"的过程。同时，浙江的开放，又是在原有市场（组织形式、市场空间、市场内容等）效率下降，且地区经济可以组织新内容生产（通过人力、设备、资金等的要素重新整合）的情况下，扎根于浙江区域经济、内部市场，以及外部市场的内容和能力，实现形式、空间、内容的"边际创新"。因此，我们将浙江的开放模式称为"顺势边际开放"模式。

在改革开放40年来的浙江经济发展中，我们可以看到多种"顺势边际开放"过程。

（1）20世纪80年代初义乌的集贸市场（开放1），是在国家改革开放的政策支持（顺势1-1），以及省内人民群众的生活资料短缺（顺势1-2）的背景下，在原有以"供销社"为主的流通模式效率下降（边际条件1-1），且浙江的乡镇经济可以组织"针头线脑"等小商品生产（边际条件1-2）的情况下，实现的新市场组织方式（集贸市场）的开放创新。

（2）20世纪90年代，浙江商人走向华北、东北、西北的"三北"市场，是在全国人民对纺织服装、小商品等商品需求逐渐上升（顺势2-1），以及国家鼓励全国商品增加流通，地方保护主义逐渐被打破的政策支持下（顺势2-2），在浙江省内"集贸市场"的效率下降（边际条件2-1），以及浙江的"乡镇经济"能够在纺织服装、金属五金、低压电器等领域提供远多于省内需求的产品（边际条件2-2）情况下，实现的市场空间由省内为主面向全国市场的新开放。

（3）21世纪初，浙江出现了一批在专业领域全球最大的"专业市场群"，是在浙江商人在外地经商的交易成本较高、交易效率较低的情况下（边际条件3-1），在浙江省内"块状经济"已经建立起以"外部规模经济"为特征的产业集群（如绍兴的纺织业、杭州的女装业、宁波的男装业、永康的五金业、温州的电器业、嵊州的领带业、新昌的轴承产业等）（边际条件3-2）的情况下，在我国加入世贸组织后国际贸易和国内市场逐渐融合的背景下（顺势3-1），以及在国内和国际市场加大对浙江商品需求（顺势3-2）的情况下，实现的市场组织模式从"行商"向"专业市场"的创新开放。

（4）21世纪第一个十年中期，浙江对外贸易的大发展，是在我国融入"全球贸易体系"的过程（顺势4-1），以及国际市场对"中国制造"商品的认可和需求逐渐提高（顺势4-2）的情况下，在浙江"专业市场"的贸易方式，需要以更为规范的贸易方式（一般贸易、加工贸易）与国际市场对接（边际条件4-1），以及浙江的产业经济可以通过国内市场和国际市场组织更多的生产要素（劳动力、资源、原材料、零部件等），实现规模化生产（边际条件4-2）的条件下，朝着新的市场方式和市场空间的新开放。

（5）21世纪的第二个十年初期，浙江成为全国"电子商务"和"跨境电子商务"发展的热土，这是在2008年国际金融危机之后，国际市场需求下降，亟须建立新的、更低交易成本的贸易模式（顺势5-1），以及ICT（信息通信技术）取得长足进展，可以使得商业经济的大量环节和内容实现"互联网＋"（顺势5-2）的情况下，浙江在原有国际贸易（一般贸易、市场采购）、国内贸易（专业市场、行商）等的效率下降（边际条件5-1），以及我国国内出现大量"产能过剩"（边际条件5-2）的背景下，通过创新"线上虚拟市场"实现的新开放。

（6）近年来，浙江企业积极对外投资，是在"一带一路"倡议的指引（顺势6-1）下，在国际市场对中国资本需求增长（顺势6-2）的情况下，在汽车（吉利、万向、万丰等）、纺织服装（雅戈尔、申洲等）、电器电子（正泰、三花等）领域，国内开发更高品质、高技术的产品速度，还跟不上人民群众物质文化需求的升级（表现为在一些领域，一些人更青睐外国产品，边际条件6-1），以及一批浙江企业已经成长为具有国际化能力的"浙籍跨国公司"（边际条件6-2）的情况下，通过境外投资实现的国际要素市场，以及全球价值链组织模式的新开放，从而推动了浙江企业从"全球价值链的被整合者"转型为"整合者"。

综上所述，40年来，浙江的开放创新，均是在面临两个条件，即原有的市场模式与内容因竞争加剧而效率下降，浙江产业经济可以组织的资源与能力扩大的情况下，以两种动力，即国家政策鼓励进一步的开放创新（即顺势之一，顺政策之势），以及国内与国际的需求增长（即顺势之二，顺发展之势），通过市场组织、市场空间、新技术应用、商业模式等方面的积极创新，实现商品、技术、要素、服务的新结合。这种开放创新模式，我们称为"顺势边际开放"。

二　"顺势边际开放"的理论阐释

在开放型经济中，市场是推动产业经济发展的主要力量，包括向消费者提供商品和服务的终端市场、资源整合和产业链提供的要素市场，以及两者的创新、扩张和整合。以浙江的开放过程为例，我们梳理了浙江在不同时期创造"新开放"模式的有利条件（即顺势），以及不得不突破的约束条件（即边际条件），以有利条件，突破约束条件，以新的模式、空间与内容，为区域经济创造更大、更广、更高层次的商品（服务）市场和要素市场，以推动区域产业价值链的完善、产业经济的升级，以及区域经济的跨越式发展。这种开放的模式，我们称为"顺势边际开放"。我们认为，在"浙商文化"的启迪下，浙江经济具有"顺势边际开放"的特征。"顺势边际开放"是浙江在各个时期持续发展的重要驱动力。

我们的"顺势边际开放"模式，是对传统开放理论的拓展。区域经济的开放理论，包括：以国际贸易方式，实现劳动生产率高的生产（亚当·斯密的比较优势理论）、区域资源与能力的优化整合（大卫·赫克歇尔、俄林的资源禀赋理论）；通过贸易竞争实现区域产业的规模经济和范围经济（保罗·克鲁格曼等的战略性贸易理论）；通过引入或推出国际投资，实现具有垄断优势的产业扩张（海默的垄断优势论）；通过国际投资实现全球优势资源的整合（邓宁的折衷理论）等。大量学者分别从产业和企业角度进行了分析，但这些分析，大多是在"静态"的情况下考察"开放"与"区域经济发展"的关系，较少有"条件变化"，甚至出现了"临界条件"的情况下，对"开放"的动态研究。

在"顺势边际开放"的研究中，我们认为，边际产业扩张论（小岛清，1977），或可以认为是"临界条件"下，"开放"模式变迁的一个"特例"。边际产业扩张论指出，一个区域的某个产业，如果在国际竞争中出现了，从处于"具有比较优势的地位"，到处于"具有比较劣势的地位"的变化（这个产业被称为边际产业），则需要通过对外投资，将这个产业推向国际投资，从而在资源条件与母国不同的东道国，实现新的资源整合，实现该产业在海外的发展，并将母国国内的资源和能力，配置到更具有比较优势的产业中。

以20世纪90年代的日本为例，边际产业扩张论认为，当时的日本，在纺织业、电子装配业等加工制造业上，出现了从处于"具有比较优势的地位"，到处于"具有比较劣势的地位"的变化，这主要是日本当地的劳动力成本上升，导致企业在日本本土开展这些产业无利可图，因此大量的日本企业开始将这些产业转移到东南亚等地，而将日本国内的人力资源、创新资本等配置到半导体、显示器等新的产业领域。

以"顺势边际开放"理论解释"边际产业扩张论"，是指在世界经济朝着更高层次的需求升级（顺势1，如全球半导体产业需求在20世纪90年代大增长），以及国内资源条件在新产业上有较高的生产能力（顺势2，如当时日本的人力资本等适合发展半导体产业），且原有的产业面临边际约束条件，既包括产业的生产和市场效率下降（边际条件1，如当时在日本开展纺织品生产的利润下降），又存在资源错配或市场组织模式不足（边际条件2，如当时将大量日本的劳动力配置在纺织业，是一种效率不高的生产方式）的情况下，就需要市场形式、空间和内容的开放（在边际产业扩张论中，是将国内的产业，通过国际投资，利用东道国的资源条件，如日本将纺织业转移到东南亚，实现日本的纺织业技术、设备和管理，与东南亚相对较低的劳动力成本相结合，并将国内的劳动力资源和资本，向着新产业领域，如半导体，进行开放）。因此，我们认为"边际产业扩张论"，在区域经济的开放发展中，朝国际生产市场，以及新产业领域实现开放的"特例"，符合"顺势边际开放"的"顺势条件"（需求条件、环境条件），以及"边际约束条件"（旧市场效率下降条件、新领域能力增长条件）。

在"顺势边际开放"模型中，具有顺势条件、边际约束条件以及开放模式变迁三个层次，其中，顺势条件是开放模式变迁得以达成的基础；而边际约束条件，是开放模式变迁出现的原因（见图1-37）：

（1）顺势条件，是指开放模式变迁得以开展的有利条件，也是指在"趋势"上，随着发展而逐渐成熟，但尚未得到有效利用的条件。包括：

①需求变迁，即社会经济发展的"大势"。我们知道，任何经济发展都是为了满足人类需求的持续增长。需求条件的变迁，包括消费者需求的变迁，以及产业经济的生产需求的变迁。这些变迁，是社会经济发展对"人"的提供能力的综合反映。如在20世纪80年代，随

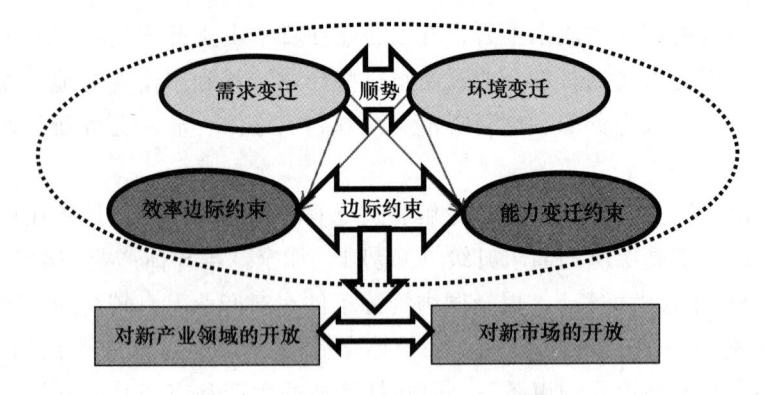

图 1－37　"顺势边际开放"模型结构

着改革开放，浙江人民对消费品的需求得到释放，这是在义乌、温州等地形成"集贸市场"的基础条件。又如近年来我国人民对高品质生活的需求，形成了企业通过境外投资等方式提高产品质量，发展国内、国际品牌的需求基础。

②环境条件，是指社会经济中，经济主体进入新的模式、内容、领域的可能性。其包括政策环境条件、技术环境条件、经济环境条件等内容。在政策环境上，如从20世纪80年代，我国开始实施改革开放，逐渐建立起"社会主义市场经济体制"的政策环境，是浙江区域经济能够开展集贸市场、专业市场等形式的开放创新的基础条件；又如2001年中国加入世界贸易组织，为中国企业朝着广阔的国际市场开放产品和服务，提供了较以前更优的环境条件。在技术环境上，如21世纪第二个十年伊始的ICT技术的快速发展和应用，为电子商务和跨境电子商务的发展提供了得以建立新开放模式的环境条件。在经济环境上，如21世纪初期，浙江"块状经济"实现的生产能力，是浙江得以在中国加入世界贸易组织后，建立起多个领域"全国规模第一"的"专业市场"群的经济环境条件。

（2）边际约束条件，是指原有开放模式所面临的约束条件，表现出效率下降和能力变迁两个维度的"可观察"变化。边际约束条件的出现，是"开放创新"的必要条件。这是因为，如果不出现边际约束条件，原有的模式仍然有利可图，或者利润仍在增长，经济主体就没有足够的动力去开发新的市场模式、空间或内容。我们将边际约束条件分为两个方面：

①效率下降。效率下降的出现，是原有市场已经较难满足顺势条件中的"需求变迁"的体现，同时也是表明，由于"环境变迁"，消费者获得满足，可以通过新的模式来实现。一个最为指标性的"效率下降"，即边际效率为零。这种情况如果出现，就应当考虑新的形态的建立。如一个商贩，在浙江一个县城的"集贸市场"的"路边摊"上，售卖了半年的商品，却发现没赚到什么钱，就是出现了"边际效率为零"的情况，对于一个浙江商人，一种很有可能的做法，就是到"三北市场"上去"闯荡"，售卖商品。这种情况，就是"效率下降"导致的"市场空间"开放的例证。当大量的浙江商人，因为在当地的"集贸市场"赚不到钱，走向华北、东北和西北的时候，就形成了浙江产业经济朝"国内市场"的新一轮开放，这种情况发生在20世纪90年代。又如在20世纪90年代的日本，当在本地开展纺织品生产，无法赚到足够的利润的时候，就出现了"效率下降"，从而推动了日本将所谓的"夕阳产业"转移到东南亚。

②能力变迁，是指产业经济和市场所依赖的生产要素，已经可以从原有的简单开发模式，转变到更为复杂的新模式。一旦能力变迁的条件出现，原有的市场就无法再有效组织，新的模式也将很快得到创新建立。这种能力变迁，首先表现在人力资源上。如在21世纪的第一个十年，随着浙江经济国际交流的日渐增多，浙江商人已经日渐可以开展国际市场的贸易和营销，这种能力的变迁，是浙江商品的市场，从国内转向国际的基础。又如在21世纪的第二个十年伊始，浙江大量受过大学或专科教育的劳动者，走上商贸领域，这些劳动者和他们的父辈的区别在于，他们能够熟练地操作计算机和运用互联网工具，这成为浙江商品贸易市场，朝着"互联网+"新模式开放的条件。人的时间、精力是有限的，因此，一旦出现了人力资源能力变迁，就必须采用开放的思维，用新模式代替旧模式，不然的话，就会出现经济的大量"不对接"。如在21世纪第一个十年中期，大量的"受教育劳动力"替代了"体力劳动力"，导致"低成本的劳动密集型"的"中国制造"出口模式难以为继，出现了"民工荒"。这种情况，在经贸领域也有所出现，如近几年，随着跨境电子商务模式的发

展，在跨境电子商务实现年均两位数增长的同时，我国的一些省份，却出现了传统对外贸易在一些年份的零增长或负增长。

（3）开放模式变迁，是指在开放思想的指导下，对区域、企业经济发展所依赖的商品市场或产业市场的组织方式、存在空间、具体内容的创新，以新的方式、空间和内容，来实现"供需"的更好对接、资源的更优化配置。开放模式变迁可以分为：

①对新产业领域的开放，是指为原有的市场空间配置更新的产品，包括原来市场没有的产品，或者价格更低、品质更优的产品。如在改革开放初期，包括浙江在内的人民群众对商品充满了需求，但包括"针头线脑"在内的小商品，没有人能够生产，一些浙江的农民，就在乡镇生产人民需要的日常消费品，再通过"集贸市场"配置到消费者。"针头线脑"的生产，在当时，就是一个"新的产业领域"。又如，近几年，国内消费市场，对于更高质量、更具品牌的商品存在较大的需求，一些浙江企业，通过境外并购，通过国际生产，将国外品牌产品引入国内市场，就是向更优的产业产品开放。如2010年吉利收购沃尔沃汽车，沃尔沃品牌汽车在华的销售增加，即是对新的产业升级模式实现了"开放"。

②对新市场的开放，包括对新的市场方式、市场空间，以及市场内容的开放。新的市场方式，是指以新的模式来降低交易成本和信息不对称，实现供给和需求两方面更好的对接。如21世纪初，浙江出现的"专业市场"群，使得国内外的采购商，在采购专业类别的产品如纺织品的过程中，能够具有较低的"搜寻成本"和"谈判成本"，并且能够集中地获得产品信息，减少信息不对称，实现了市场组织模式的开放。由于"专业市场"的形成，大量国内外客商常驻浙江的"专业市场"所在城市（如在义乌，常驻的外商就有数万人），这是由于"专业市场"是一种有效的国际贸易组织模式。朝新的市场空间开放，是指将产品、服务和资源，整合到原来未进入的市场，或者去原来未进入的市场中，获得产品、服务和资源。如近年来，大量浙江企业开展国际投资，就是在更大的产业市场空间中来整合生产、创新和升级的资源与能力。在新的市场内容中来实现开放，是指在原来没有实现开放的内容中，通过新的市场配置来实现有效的

交易。

"顺势边际开放"模式,是对浙江40年来开放发展的一种较好阐释,也可以用来分析其他区域经济的开放发展。在存在"顺势"条件,并出现"边际约束"的情况下,如果未能实现"开放创新",一个地区的区域经济,往往会出现较大的困难,从原来存在"比较优势"的状态,变为"比较劣势"的状态。而如果在面临"边际约束"时,能够较好地利用"顺势"条件,实现对"边际约束"的突破,形成开放创新,就能获得区域经济的长期跨越发展。浙江自古就有"思想开放"和"经济开放"的传统,这为浙江区域经济在面临"边际约束"时,通过"开放创新",实现新的发展提供了文化基因。在改革开放40年中,我们见证了浙江经济,通过"顺势边际开放"实现的一个又一个跨越。

三 浙江开放型经济发展的特征

基于改革开放40年浙江开放型经济的发展,以及我们提出的"顺势边际开放"模式,我们梳理了浙江开放经济发展的特征。这些特征,不是在某一个时间点上浙江开放的领域和水平,而是对整个开放过程中,浙江所表现出来的模式和特征的总结。我们称为"双钻石模型"。在"双钻石模型"中,分为"内因钻石"和"外延钻石",前者是浙江开放型经济表现出来的,较全国其他区域更显在的"内在特征",后者是受内因因素引致,浙江开放型经济表现出来的开放"形态特征"。"内因钻石"是浙江开放发展的内在动力,是浙江可以实现"顺势边际开放"的内在原因;而"外延钻石"是浙江开放型经济发展的过程性结果,又进一步增强了浙江开放型经济的"内因钻石"的能力与作用(见图1-38)。

"内因钻石"体现了浙江开放型经济发展过程中的内在特征,表现为体现"浙江精神"的"开放思想":体现"内源"开放,即活化个人、企业和省内经济资源的"对内开放"。这两者体现了浙江朝"自我"寻求开放的"特征",这是"内因"的第一个层面,即"自我"层面的特征;通过"对内开放",浙江形成了"商品市场",并服务于国际、国内的需求,又实现了在产品、要素上的"双向互

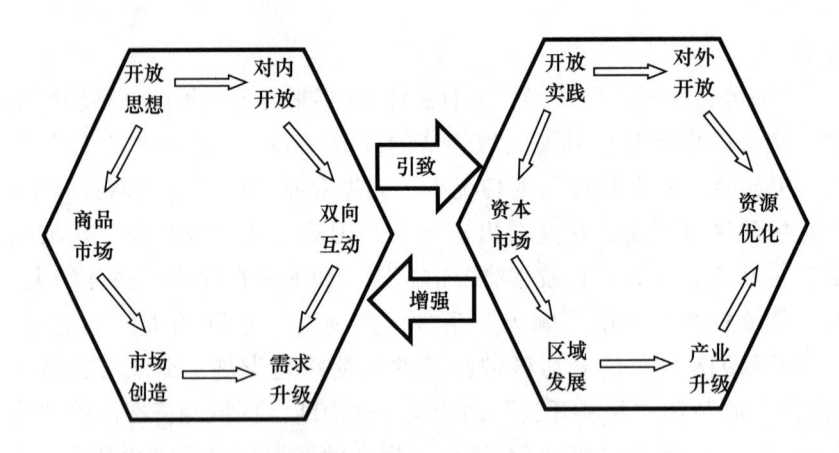

图 1-38 浙江区域开放型经济发展的"双钻石"模型

动",从而能够克服"资源小省""人口小省"的约束,这是浙江开放"内因"的第二个层面,即"市场"层面的特征;随着"顺势条件"的出现和"边际约束"的产生,浙江的开放又体现出"动态"的特征,即第三个层面的特征,体现出"市场创造"和面对"需求升级"的开放创新特征。

"外延钻石"是浙江表现出来的开放特质,是学者和观察者可以观察到的浙江的"开放特征"。在观察者最容易看到的层面上,表现为浙江的经济"区域发展",实现一个又一个的跨越,以及浙江的"产业升级",这是表层观察所能看到的"浙江现象";进一步观察可以看到,浙江开放型经济发展的结果为"资本市场"的形成,以及产业经济发展的"资源优化",这是浙江开放型经济外延的第二层次;对开放的更多观察可以看到,浙江的"开放实践"的持续推进,以及不断扩大的"对外开放"。

这两个"钻石",是浙江开放型经济发展的"特征体系",是动态互动、平衡发展的过程。既存在两个"钻石"内部的互动结构,又存在"内因钻石"对"外延钻石"的引致作用,以及"外延钻石"对"内因钻石"的增长作用。在互相对应上,出现了以下特征。

(一)以开放思想启迪开放实践

开放发展,是"浙商文化"的核心内容。浙江人的开放思想,体现在商业经济、社会交往中不墨守成规,以"求真务实、诚信和谐"

的精神,以思想解放来实现市场创新、领域创新、体制创新和机制创新,在区域经济融合、国际化发展的过程中践行"干在实处,走在前列,勇立潮头"的浙江精神。

在社会主义市场经济的大潮中,浙江人将"敢为天下先"的冒险精神,以及不辞"千山万水、千辛万苦、千言万语、千方万法"的"四千万"吃苦耐劳精神,整合成推动社会经济开放发展的"浙商文化",是"千里马精神"和"老黄牛精神"的结合。在浙江的开放发展中,浙江人在市场开发、产业投资、企业发展、产品创新等多个领域,都在践行着"浙商文化",推动开放领域、开放深度和开放绩效的持续拓展。

(二) 以对内开放引致对外开放

浙江的开放,是一个从思想解放引致内部市场和内部机制变革,实现"内部"开放,形成新的商品交易、资源整合机制,以市场推动产业增长,并逐渐扩大开放范围,实现在区域上从省内市场,到国内市场,再到国际市场的开放扩大。

改革开放初期,浙江的"对内开放",体现为20世纪80年代的"集贸市场",实现了对计划经济的"商品流通体系"的开放;20世纪90年代的"专业市场",实现了对"批发和零售体系"的开放,推动了浙江商品经济的省内开放、国内开放和国际开放,带动了浙江以"块状经济"为特色的产业经济带的形成。产业经济的发展,又进一步为浙江的经济开放奠定了基础。

(三) 以商品市场促成资本市场

浙江的开放,经历了从商品市场开放,带动服务市场形成,服务市场开放,带动资本市场形成的过程。浙江在20世纪90年代形成的商品经济,带来了需求升级的"消费者服务业",以及产业升级的"生产性服务业"的市场发展,又进一步推动了"浙江资本"的形成。商品、服务和资本市场的"三重开放",形成了浙江内、外"两个市场、两种资源"发展的综合效应。

改革开放40年来,浙江的开放发展,是从人民群众日常生活中来。为人民提供日常生活所需的小商品、纺织品、小家电等,形成了改革开放初期浙江开放发展的主要市场内容和产业领域。浙江的开放发展，到人民群众的消费升级和产业升级中去。商品经济的发展，带动了浙江资本市场的形成与发展；资本市场的发展，为浙江经济向国内国际市场提供更为高质量的商品和服务，为更高层次、更广范围的资源整合提供了升级的能力。

（四）以需求升级倒逼产业升级

浙江的开放，是一个"顺势"而为、逐渐升级的过程。其"势"，就是"人民群众日益增长的物质文化需求"的升级过程，以及国内国际市场的消费需求升级过程。需求升级，是浙江通过开放的市场经济，实现产业经济升级发展的重要动因。

改革开放初期，在"商品短缺"的年代，浙江通过开放，为省内和国内市场提供了人民群众日常生活所需的商品；在21世纪初，浙江又积极推动"浙江制造"，对接国际市场，推动全球市场的形成；在"一带一路"经济中，浙江积极推动产业经济朝着"高质量、高技术、优品牌"等方向升级；推动商贸模式朝着电子商务等更节约交易成本、更好地服务于国内国际市场的方式升级。

（五）以双向互动实现资源优化

浙江的开放，坚持了"双向互动"的原则，既是将内部的产品、能力和资源开放给外部体系的过程，又是将外部的产品、能力和资源开放给内部的体系。浙江是一个"人口小省"，只有通过向外部需求开放，才能为浙江产业发展配置更多的市场对接；浙江又是一个"资源小省"，只有通过向外部供给开放，才能为浙江发展整合所需的资源和能力，推动产业的生产与升级。无论在商品、服务，还是要素、资本等市场上，实现省内外、国内外的"双向流动"，是浙江开放型经济发展的重要特征。

改革开放40年来，浙江企业通过国内市场和国际市场，获得煤炭、钢铁、石油、电力等能源和资源类产品；通过引进资本和人才，为浙江经济提供产业能力和创新能力，推动浙江经济发展的能力提升；同时，通过国内国际市场，为浙江的消费市场和产业经济"进口"了更多的商品、服务、资源、资本和创新能力，通过双向互动，推动了产业经济的优化。

(六) 以市场创造带动区域发展

浙江的开放，是一个社会主义市场经济不断完善，带动区域经济持续发展的过程。在我国的市场经济实践中，浙江对于市场的组织方式、市场的调控方式、市场的交流机制、市场的形成机制、市场的国际对接模式等，做出了长期有益的探索，"市场形态"的逐步完善，推动了浙江区域经济，朝着市场化的方式实现了可持续发展，成为浙江经济发展的重要动力。

改革开放40年来，浙江的市场创造，在省内，从20世纪80年代的"集贸市场"，到90年代的"专业市场"，再到21世纪初的"电子商务市场"；在省外，从积极开拓"三北市场"，到大力开发"国际市场"，再到国内国际的商品、资源、投资和技术等市场的逐步形成，通过市场空间、市场内容、市场机制的创新，推动了浙江区域经济的发展。

第二章　浙江商品贸易的发展

　　改革开放以来，浙江省的商品贸易取得了长足发展。在既缺乏大规模的工业化基础，又面临着资源不足和交通条件落后的背景下，浙江省经过近20年的快速增长至21世纪初已成为全国经济和贸易大省，取得了令人瞩目的发展成就。2001年，中国加入世界贸易组织，对外开放的新形势要求浙江进一步发挥内源经济的优势，在国际开放的格局下实现浙江省综合实力和对外贸易开放水平的显著提升。2004年，时任浙江省省委书记的习近平同志召开全省对外开放工作会议以深入实施"八八战略"，提出要实现从"外贸大省"向"开放大省"的跨越，全面提高对外开放水平。正是在这一发展理念的指导下，浙江省积极发挥块状特色产业优势，加快转变外贸增长方式，优化外贸外资结构，沿着"跳出浙江发展浙江"的路子不断提高综合实力和国际竞争力。党的十八大以后，浙江省全面落实习近平总书记的重要指示，推动开放朝着优化结构、拓展深度、提高效益的方向转变。近年来，浙江省坚决贯彻国家开放战略，办好G20峰会，成功承办多届世界互联网大会，谋划打造"一带一路"枢纽，大力推进自贸试验区等平台建设，将浙江对外开放推到了一个新高度。2018年，正值改革开放40周年、"八八战略"实施15周年之际，浙江省时隔14年再次召开全省对外开放大会。商品贸易作为对外开放的重要内容，其发展方向和目标进一步被明确。会议指出，要全力发展更高水平的国际贸易，实施多元化战略和国际竞争力提升战略，千方百计巩固提升市场份额，深入推进外贸发展方式转变，加快培育以技术、标准、品牌、质量、服务为核心的贸易竞争新优势。

第一节　浙江商品贸易的发展与特征

对外开放是我国的基本国策。经过 40 年的努力，我国逐步形成了全方位、宽领域、多层次的对外开放格局。作为我国改革开放的先发地区，浙江省逐步实现了从指令性计划和高度集中的经济体制向以市场来配置资源的经济和贸易制度的变迁。本节第一部分回顾了浙江省商品贸易的发展历程，将外贸发展大体划分为 20 世纪 80 年代中期前的准备阶段、加入 WTO 前的发展阶段和 21 世纪以来更深层次的开放阶段。本节的第二部分进一步总结了浙江省外贸发展特征，即外贸总量规模化、外贸结构合理化、发达的"块状经济"和专业市场、顺应本省比较优势及注重贸易制度创新五个方面。

一　浙江商品贸易的发展历程

在我国外贸体制初步改革的大背景下，浙江省的对外贸易开始起步。由于受到自然资源匮乏、交通条件落后等因素的限制，20 世纪 80 年代初期的外贸改革主要围绕下放部分商品出口经营权，简化外贸计划内容，扩大外贸渠道，促进工贸结合而展开。1979 年，隶属省外贸局的杭州海关成立；同年，国务院批准宁波港正式对外开放。1985 年，浙江省已有 26 家具备进出口经营权的外贸公司。这一时期的对外开放以简政放权为主，贸易发展主要体现在三个维度上。其一，市场规模方面，地方性的集贸市场和专业市场开始出现，尽管其辐射半径大多仅限于县域甚至是乡镇范围。其二，生产关系方面，家庭工业迅速兴起，简单的区域内专业化分工体系开始形成，但仍明显缺乏跨区域的劳动力流动。其三，资金投入方面，主要依靠自身积累为主，并伴有部分民间融资，但通过银行和金融体系获取的间接融资非常有限。尽管至 20 世纪 80 年代中期，浙江省的商品经济仍被限定在较小的地域和产业范围内，且贸易总量上的增长较为缓慢，但早期的区内开放成功推动了农村工业化的进程，极大地促进了内源型市场主体的成长，大批家庭工业企业和专业市场的出现为此后的开放进程打下了良好的基础，因而可以认为是浙江省商品贸易开放的起步时期和准备阶段。

20世纪80年代中后期，我国外贸体制改革不断深化，浙江省商品贸易进入发展与壮大阶段。外贸承包经营责任制被引入企业，外贸企业从"吃大锅饭"改为实行有条件的自负盈亏，初步实现了责、权、利的统一，极大地促进了对外贸易的发展。1992年，浙江省积极探索外贸企业股份制改造，率先在省内进行股份制改革试点工作。1993年11月，十四届三中全会通过《中共中央关于建立社会主义市场经济体制若干问题的决定》，确立"建设以市场为基础的有管理的浮动汇率制度"的改革方向，这进一步为贸易开放提供了有利条件。与此同时，出口退税等政策支持极大地促进了贸易增长，实业化、集团化、国际化的进出口代理企业经营机制为省内中小企业参与贸易提供了更便捷有效的代理服务平台。1986年，浙江省进出口贸易总额为129291万美元，至1994年，贸易总额增长至899144万美元，2000年则达到2783265万美元，相比于1986年增长了近20倍。[①]

20世纪末，浙江省通过采取"分步走"的战略奠定了其市场大省的地位，孕育了大批极具市场开拓能力的外贸企业，克服了先前"体内循环"带来的农村工业遍及但规模小、水平低的不足。"分步走"战略具体来看分为"两个层次、两个阶段"。其中，"两个层次"是指一方面利用当地资源加工出口以换取短缺资源，形成资源互补和升级，另一方面直接进口原材料用以加工出口；"两个阶段"是指在第一阶段以浙江省内资源加工的劳动密集型产业为主，扩大外售产品门类，迅速增加创汇，重点发展劳动密集型的农业、轻纺产品、轻工产品、工艺品和机电产品，在第二阶段则转向以浙江省外和国外资源加工的产品出口为主，从而应对外向型经济发展的需要。通过加深对资源的开发利用并将外部资源和市场包含到其经济循环过程中来，浙江省逐步突破了省内市场的局限，并基本实现了从"资源小省"向"经济大省"的转变（马洪、房维中，1991）。商品市场成交额从1986年的59.1亿元迅速增长到2000年的4023亿元，同年10亿元以上交易市场达68个。这一发达的市场规模既来源于企业分工，又进一步促进了生产专业化，并推动了具有全国影响力的产业集群和产业

---

① 《浙江统计年鉴（2007）》。

园区的形成。这些产业集群的空间范围广，协作体系相对完善，包含了从原材料的生产加工到国内外销售及配套的包装、物流等各个环节的全面分工协作，并成为全国行业的代表性生产加工基地，如温州的皮革、绍兴的轻纺、永康的五金等。

中国加入 WTO 后，对外开放的新形势要求浙江省在加深区际开放程度的同时进一步打开国际市场，即进入更加深层次、宽领域的国际开放的新阶段。2003 年，习近平同志在浙江省委十一届四次全会上基于国情和省情，针对如何抓住 21 世纪头 20 年这一战略机遇期，明确提出要进一步发挥"八个方面的优势"，推进"八个方面的举措"，即"八八战略"。其中，第二条指出，"要进一步发挥浙江的区位优势，主动接轨上海、积极参与长江三角洲地区交流与合作，不断提高对内对外开放水平"。就加深区际开放这一问题，习近平同志在沪浙两省市经济社会发展情况交流会上的讲话详细阐述了其必要性和方法论。讲话指出，"浙江要着眼于'虚心学习、主动接轨、真诚合作、互利共赢'，以提高区域综合实力和国际竞争力为着力点，以市场机制为主导，注重发挥比较优势，以更加积极的姿态，加强与沪苏的经济合作与交流，进一步提高我省的对外开放水平"。就打开国际市场、扩大对外开放这一问题，习近平同志在 2004 年全省对外开放工作会议上的讲话指出，"坚持对内和对外开放相结合，坚持扩大开放与深化改革相结合，坚持利用外资与结构调整相结合，坚持'引进来'和'走出去'相结合"。这一系列重要的讲话和指示作为浙江省进入国际开放阶段以来进一步打开市场格局的重要指南，引领浙江在新时期取得了显著的发展成绩。

浙江省通过坚持实施"以质取胜""科技兴贸"战略，采取"出口主体多元化、出口市场多元化、出口商品多元化、出口服务多元化"等一系列具体措施，使本省的商品贸易在数量和质量上均取得长足进步。从贸易总量上看，浙江省商品贸易总额从 2001 年的 3279969 万美元增长到 2016 年的 33425291 万美元，年均增长率约达 16.7%。从贸易结构上看，2001 年以来，浙江省的初级产品出口比重逐年下降，工业制成品的出口比重不断增加，这在一定程度上反映了浙江省工业化战略的初步成果和其制造业的竞争优势。与此同时，浙江省的外贸依存度和进出口增长率均显著高于全国平均水平，其优势产业的比重也出现大幅提高，在机电产品和劳动密集型产品上的外贸优势十分突出（见图2-1）。

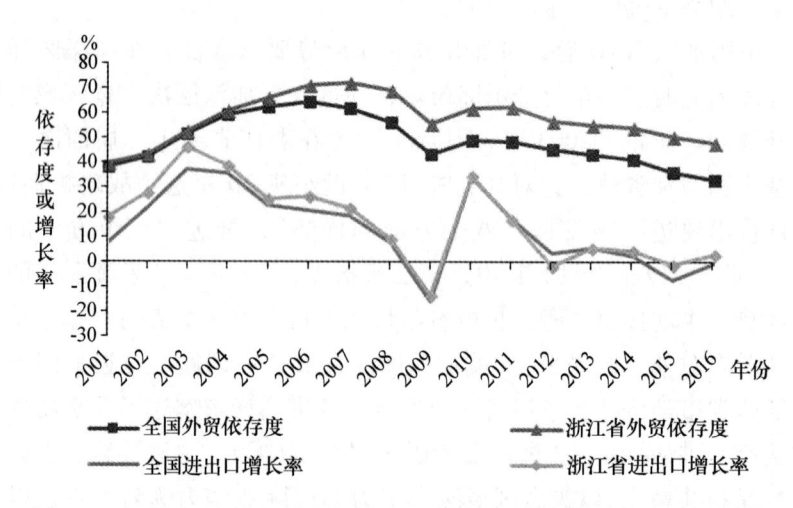

图2-1　2001—2016年全国与浙江省的外贸依存度及出口增长率趋势
资料来源：根据各年度《中国统计年鉴》和《浙江统计年鉴》整理。

近年来，为促进浙江省外贸经济平稳发展，浙江省政府出台了规范进出口环节收费、加大出口信保力度、提高贸易便利化水平、缩短出口退税周期、推进市场采购贸易方式发展等若干举措。在中央和地方政府的支持与引导下，浙江省的外贸环境不断优化，国际贸易背后的国内生产加工渠道更加通畅，企业活力和生产效率不断提高，产业集群更加清晰，并进一步为市场的横向扩张提供了价格优势和平台支撑。

二　浙江商品贸易的特征

纵观改革开放后浙江省对外贸易的发展历程，可以看到，其所取得的重要发展成就与外贸总量规模化、外贸结构合理化、以"块状经济"和专业市场为依托、以顺应比较优势为路径、以贸易制度创新为先导的外贸基本特征是分不开的。"浙江实践"既是对浙江省不断扩大开放、提升综合实力和国际竞争力的实践概括，也是对浙江省富民优先、富民强省的经验总结。

改革开放初期，浙江省外贸出口正处于起步阶段。1980年全面自营出口时，浙江省出口规模位居全国第十三，可见浙江省的自然资源禀赋和出口基础优势并不十分突出。但至1998年，浙江省的外贸出口规模跃居全国第四位，且多年以来保持稳定。2017年，浙江省实现进出口总值2.56万亿元，同比增长15.3%，规模稳居全国第四位，增速在沿海主要外贸省市中居第二位。其中，出口1.94万亿元，同比增长10.1%，出口总值居全国第三位，出口增速与山东省并列沿海主要外贸省市第二位；进口0.62万亿元，增长35.6%，增速在沿海主要外贸省市中居首位。外贸总量大、规模化既是浙江省贸易发展的基本特征，也为浙江积累了大量的资本和财富，为企业做大做强提供了资金保障，增强了本省的经济实力和国际竞争力。

浙江省贸易结构呈现出逐步合理化，且与产业结构高度契合的特征。贸易结构的合理化主要体现为：一方面，浙江省通过对传统行业的改造升级不断提升贸易结构和产业结构的高级化水平，机电产品出口和高新技术产品出口的比重上升较快。另一方面，民营企业成为浙江外贸的微观主体和出口的重要增长点。以民营企业为主的贸易主体多元化格局充分调动了外贸企业的能动性，加强了企业的竞争意识，释放了浙江省的外贸发展潜能。此外，浙江省的对外开放是本地产业结构在市场空间上的自然拓展（黄先海等，2008），因此带来了本省产业结构和贸易结构的高度契合和相互强化。

同类产品生产企业在地域上的集聚和发达的专业市场，既是浙江经济的鲜明特征，也是该省发展贸易的重要基础。"一村一品""一乡一业"的"块状经济"布局与浙江的对外贸易形成了良性的互动循环。由于浙江省的中小民营企业在产量、资本、技术上欠缺优势，而产业集聚和专业化分工可以使企业获得规模报酬，形成巨大的外部规模经济。因此，即使单个企业在国际市场上缺乏影响力，但依靠整个行业的竞争力，浙江省的商品贸易，特别是轻工贸易仍然取得了空前的发展成就。与此同时，浙江省的专业市场发展在全国范围内处于领先地位。不管是从市场数量、摊位数量还是从批发及零售市场成交额来看，浙江省的各项排名均位居前列。浙江省发达的专业市场对增加当地政府的财政收入、扩大就业、带动第三产业的发展以及推动市场开放发挥了巨大作用，是"浙江经验"的重要组成部分。

立足于自身的要素禀赋，特别是立足于发挥和增进内源式经济的比较优势来开拓市场是浙江省商品贸易的又一个基本特征。一般而言，市场并不是一步到位完成国际开放的，因此一国或地区在开放进程中需要做出开放顺序的选择。顺应比较优势是指首先在具有比较优势的部门打开市场，这样的开放模式能够迅速赚取大量外汇，往往是发展中国家开放市场的第一步。浙江省"人地"压力突出，带来了强烈的开放意愿，自然资源匮乏催生了"两头在外"、低成本高效率的加工能力，早期的专业市场为民营企业提供了销售渠道和竞争平台，丰富的企业家资源和浙商精神充分调动了本省经济的潜力和活力，这些因素的叠加使得浙江省凭借丰富的劳动力和价格优势形成以劳动密集型产品为主的出口模式，浙江也成为我国沿海省市中以顺应比较优势为开放路径的地区开放的典范。

改革开放以来，浙江省大力构建对发展贸易和开放市场的支持与服务体系，在外贸领域率先改革，大胆探索，勇于实践，大力推进理论创新与制度创新，创造了外贸体制机制的先发优势，为浙江省的外贸崛起提供了先机。1994年我国实现分税制改革后，"分灶吃饭"极大地激励了地方政府发展当地经济的积极性，并促进了从"管理型政府"向"经济人政府"的转变（马淑琴等，2010）。浙江省以培育外贸新增长点为目标，以大力扶持民营企业、调整产业结构和贸易结构为途径，拉动出口、消费和投资"三驾齐驱"，促成了从资源小省向经济和贸易大省的转变。2017年，浙江省商务厅出台支持传统制造业改造提升的意见，通过实施"万企贸易成长计划"、"外贸小微企业成长三年行动计划"、"品质浙货行销天下"工程、商务系统"最多跑一次"改革等多项举措为浙江外贸企业打造良好的发展环境。浙江省的贸易制度创新作为支持浙江外贸发展的根本力量，始终是浙江省取得各项发展成就的重要保障。

第二节　商品贸易的结构分析

进入21世纪后，浙江省的对外贸易总量持续增长，并已成为全国经济和贸易大省。2004年，习近平同志在浙江省经济工作会议上的讲话指出，"要加快转变外贸增长方式，推动外贸从数量增长为主向以质取胜转变。积极调整出口产品结构，扩大机电产品和高技术产品比重，提高出口产品附加值。在巩固一般贸易优势的同时，大力发展加工贸易，提高加工贸易增值率。充分发挥进口在补充资源供给不足、推动技术进步和产业升级等方面的作用"。在中央和地方政府的支持和领导下，浙江省商品贸易总量持续增长，贸易结构明显改善。2018年，浙江省商务厅印发《浙江省加快培育外贸竞争新优势行动计划》，明确了至2020年浙江外贸发展的主要目标。文件指出，要不断强化外贸主体培育，推动加工贸易高水平发展，积极开拓国际市场，实现全省外贸结构的进一步优化。

本章结合浙江省进出口贸易数据，分别考察了浙江省的外贸商品结构、贸易方式、贸易主体和贸易市场的发展状况。总体上看，浙江省进出口贸易的商品结构不断优化，贸易方式较为合理，贸易主体中私营经济的比例不断提高，外贸空间市场也呈现出日渐多元化的趋势。

一　浙江省进出口贸易的商品结构分析

（一）浙江省的出口商品结构

改革开放之初，浙江省的出口贸易以初级产品为主，其比重约占四分之三。随着大批民营企业的崛起，浙江工业经济迅速发展，工业制成品的出口比重持续上升，并在1984年首次突破50%。进入21世纪后，浙江省工业制成品的出口份额继续增长，至2016年，其工业制成品出口额达25826900万美元，占出口总值的97%（见图2-2）。

按产品分类来看，受外贸体制改革和国家对机电产品出口的一系列扶持政策的影响，浙江省的机电产品出口稳步增长，近年来始终在其出口中占据首要位置并已经在国际市场上形成了一定的竞争优势。服装及衣着附件和纺织纱线、织物及制品也是浙江省的主要出口品，但近些年来这两类产品的出口占比有所下滑，这与劳动力要素价格上涨有关。农副产品作为浙江省的传统出口品，其出口份额近15年来持续下降，至2016年其占比已不足5%。此外，鞋类、塑料制品、家具及其零件等劳动密集型商品作为浙江省的传统优势产品，近年来的

图 2-2　2001—2016 年浙江省初级产品和工业制成品出口额

资料来源：根据各年度《浙江统计年鉴》整理。

出口占比变化不大，始终在5%以内浮动。最后，高新技术产品的出口比重自2003年以来呈现先升后降的趋势，2016年占据总出口的6%，相比于2003年增长不大（见图2-3至图2-5）。

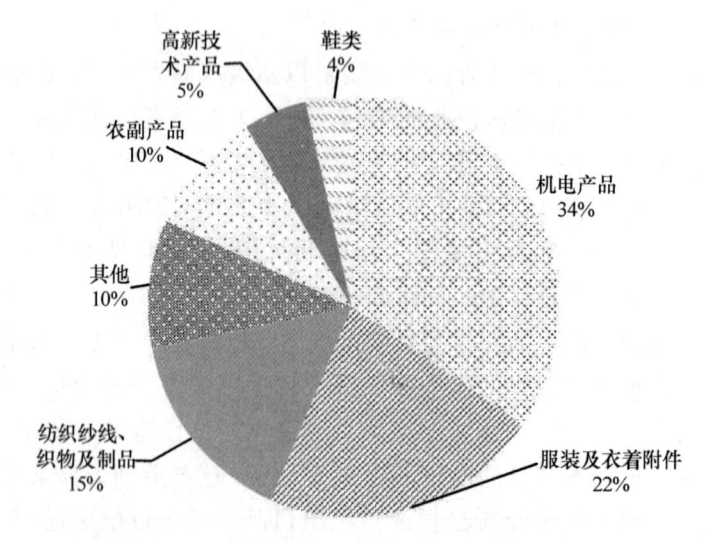

图 2-3　2003 年浙江省主要出口商品所占比重

资料来源：根据2003年《浙江统计年鉴》整理。

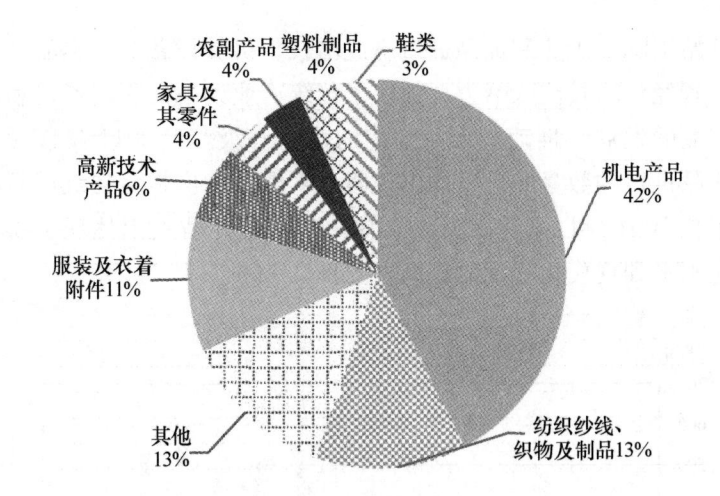

图 2-4　2016 年浙江省主要出口商品所占比重

资料来源：根据 2016 年《浙江统计年鉴》整理。

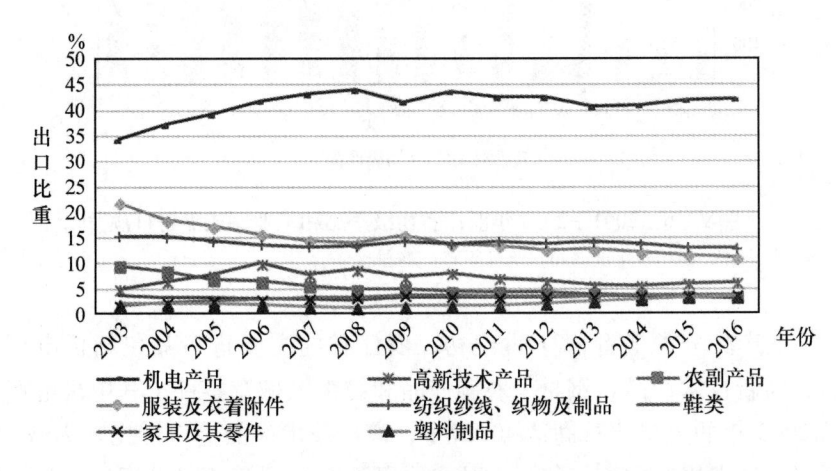

图 2-5　2003—2016 年浙江省各类主要出口商品比重变化

资料来源：根据各年度《浙江统计年鉴》整理。

（二）浙江省的进口商品结构

浙江省进口商品结构受省内产业部门发展的影响，以进口工业制成品为主。20 世纪 90 年代以前，浙江省初级产品进口的比重整体呈上升趋势，受生产能力和资源禀赋的限制，这一时期仍处于进口初级产品并用于加工出口的阶段。1992 年以来，浙江省初级产品的进口比重开始下降，工业制成品进口迅速增长，机械设备等资本品的进口为浙江省经济增长注入活力，加快了传统产业设备的更新换代和高新技术产业的发展，推动了产业结构的优化升级。但2011年以后，工业制成品进口的数量和比重均出现明显下滑，相应地，初级产品的进口比重自2001年以来首次突破30%，这在一定程度上体现了浙江省工业化水平和现代化程度的提高（见图2-6）。

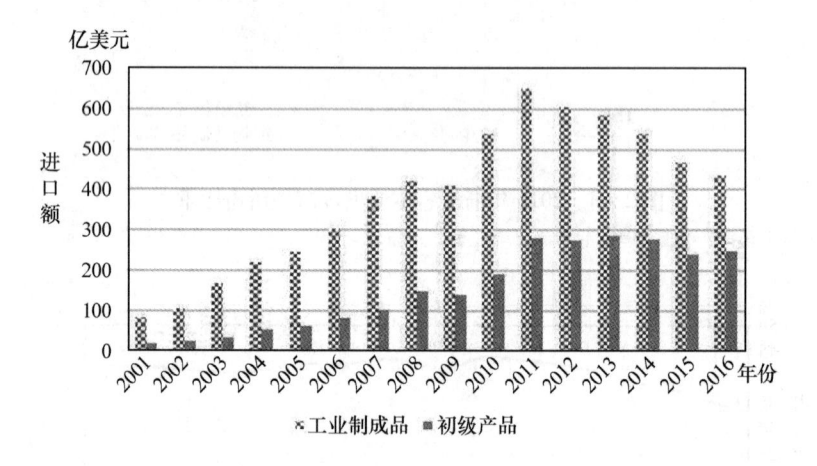

图2-6 2001—2016年浙江省初级产品和工业制成品进口额
资料来源：根据各年度《浙江统计年鉴》整理。

从产品分类来看，21世纪初，浙江省的主要进口品包括机电产品、高新技术产品、钢材、农副产品和纺织机械及零件，其中机电产品2003年的进口比重高达40.27%，高新技术产品进口占比近20%，说明浙江省当时在生产能力和技术水平上存在明显不足。近15年来，本省机电产品和高新技术产品的进口总体呈现下降趋势，与此同时，初级形状的塑料和铁矿砂及其精矿的进口显著增加，至2016年已成为本省主要进口品（见表2-1）。图2-7和图2-8进一步表明，浙江省对资源类产品的进口依赖较大，如原油、未锻造的铜及铜材、成品油等。此外，随着市场需求不断多样化，浙江农副产品的进口比重呈上升态势；省内产业结构和贸易结构的优化则带来了机电产品、钢材、纺织机械及零件等工业制成品进口占比的下降。

表2-1　2003年和2016年浙江省前五位进口品的进口额及比重

产品名称	年份	进口额（万美元）	比重（%）	产品名称	年份	进口额（万美元）	比重（%）
机电产品	2003	797903	40.27	机电产品	2016	1284987	18.82
高新技术产品	2003	394253	19.90	农副产品	2016	828588	12.13
钢材	2003	213814	10.79	高新技术产品	2016	795019	11.64
农副产品	2003	143315	7.23	初级形状的塑料	2016	564910	8.27
纺织机械及零件	2003	112658	5.69	铁矿砂及其精矿	2016	438807	6.43

资料来源：根据2003年、2016年《浙江统计年鉴》整理。

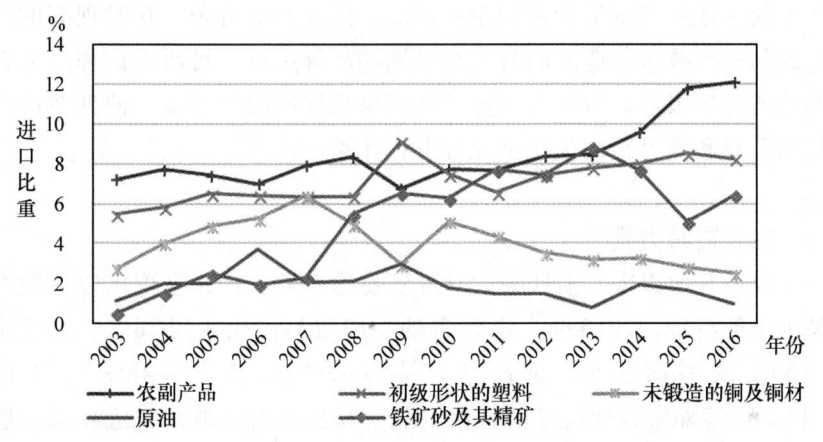

图2-7　2003—2016年浙江省主要初级产品进口比重变化

资料来源：根据各年度《浙江统计年鉴》整理。

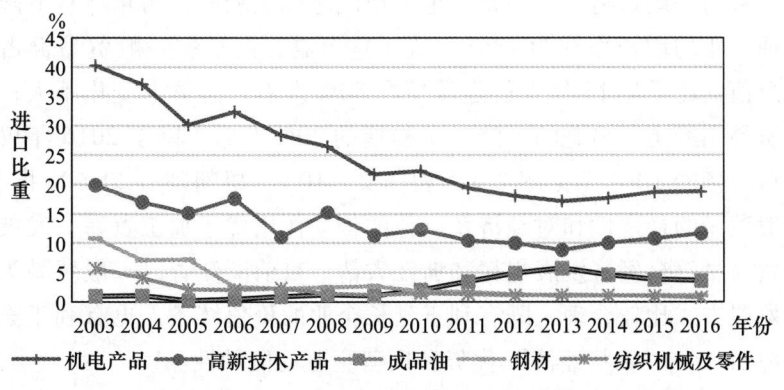

图2-8　2003—2016年浙江省主要工业制成品进口比重变化

资料来源：根据各年度《浙江统计年鉴》整理。

浙江目前正处于经济转型和产业结构调整的关键时期，应当抓住机遇进一步调整进出口商品结构，形成产业结构演进与贸易结构优化相互支持、相互促进的互动机制。一方面，劳动密集型产品仍将是浙江出口创汇的主要产品，必须在传统优势产品的发展和创新上做出突破。既要淘汰国际市场上需求萎缩、换汇成本高、失去比较优势的亏损产品，又要提高热销产品的技术含量、产品质量及产品档次，着力打造一批国际名牌出口产品。另一方面，浙江省高新技术产品的出口比重尚不足10%，与发达国家的出口结构相比存在明显差距。因此，要不断加强加工贸易企业的企业配套，延伸产业链条。在对现有的出口商品进行技术改造的同时，充分调动高等院校、科研机构和广大企业的研发积极性，为高新产业发展提供良好的政策环境，使其在产业结构升级和贸易结构优化中充分发挥作用。

二 贸易方式

改革开放以来，浙江省的对外贸易迅速发展，并呈现出以一般贸易为主的特征。2016年，浙江省的一般贸易占比达到78%，高于全国55%的平均水平，远高于广东（43%）、江苏（48%）、上海（47%）等外贸表现较好的省市。从贸易额上看，浙江省近年来一般贸易额迅速攀升，除2009年受金融危机影响出现回落外，总体涨幅较大，年均增长率达到18%，但近两年出现回落。加工贸易额的变化趋势与一般贸易大体一致，也呈现出总体上涨但近两年略有下降的特征，年均增长率约为12%。从比重上看，浙江省一般贸易额占出口总值的比重近15年来稳定保持在80%左右，总体上变化不大；加工贸易则经历了显著的下降，从初期的20%左右下降至2016年仅占出口总额的10%（见图2-9和图2-10）。胡朝麟（2016）指出，一般贸易的稳定性和对经济及产业的带动作用优于加工贸易，发展一般贸易更符合经济发展规律和浙江省情。目前浙江省以一般贸易为主的发展方式比较合理，既有利于延长企业的价值链条，也有利于充分发挥浙江省"块状经济"优势和民营企业的能动性。

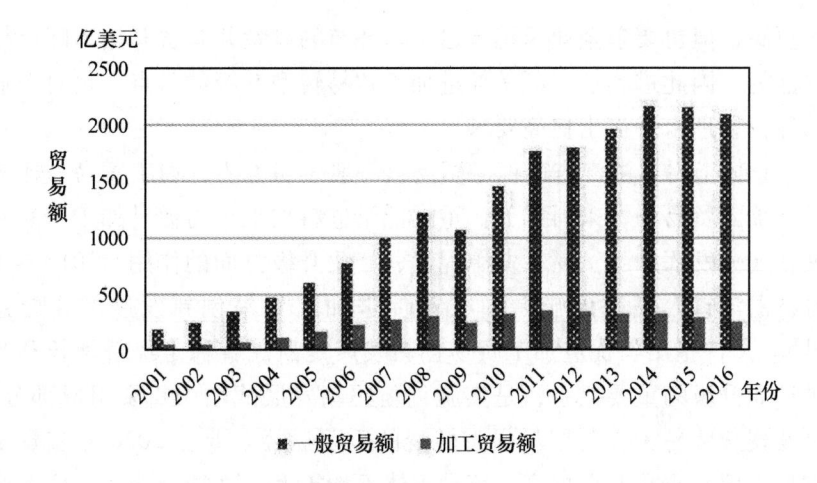

图 2 - 9　2001—2016 年浙江省一般贸易额和加工贸易额变化

资料来源：根据各年度《浙江统计年鉴》整理。

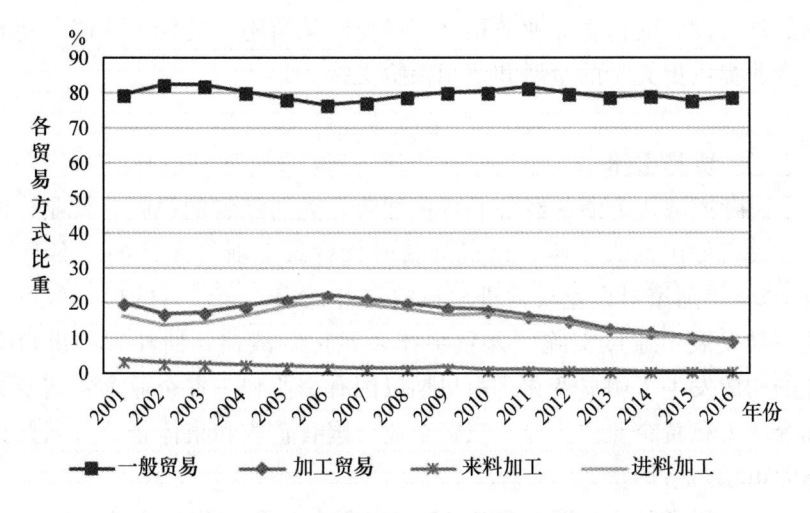

图 2 - 10　2001—2016 年浙江省出口总额中各贸易方式占比变化

资料来源：根据各年度《浙江统计年鉴》整理。

进一步将加工贸易分为来料加工和进料加工。可以看出，浙江省的加工贸易以进料加工为主，来料加工比重较低。2001—2016 年，来料加工占加工贸易的比重从 19% 下降至 8%，相应地，进料加工的比重则从 81% 上升至 92%。相比于来料加工，进料加工的出口附加值更高，但也要求企业承担流通销售环节的风险并具备开拓国际市场的能力，因此进料加工既是促进加工贸易转型升级的重点，也对企业的经营管理水平提出更高要求。

总体上看，浙江省的商品贸易以一般贸易为主，加工贸易占比较低。加工贸易中，来料加工比重远低于进料加工。为促进加工贸易发展，充分发挥加工贸易在资源配置、产业升级方面的作用，2016年9月，浙江省人民政府出台《关于促进加工贸易创新发展的实施意见》。文件指出，促进加工贸易创新发展是浙江省稳定经济增长和推进产业升级的重要抓手，是实施创新驱动发展战略的重要组成部分，是实现从贸易大省向贸易强省转变的重要途径。要在2020年实现全省加工贸易质量明显提高，贸易主体不断扩大，高端制造业及配套服务业比重明显增加，加工贸易创新发展取得重要阶段性成果等目标。为此，浙江省政府将着力培育一批示范企业，推动外贸企业技术创新和品牌建设，支持企业业务拓展、优化产品结构、延伸产业链，同时为企业提供更充足的金融和信用保险支持。

三　贸易主体

民营经济作为浙江经济的特色优势，为浙江省的税收、就业、出口、投资做出巨大贡献，已成为新时代背景下浙江经济的"名片"。自1999年国家对企业自营进出口权放开以来，浙江省的民营外贸企业蓬勃发展。通过实施"外贸主体多元化"战略，浙江省进出口企业的构成发生了明显变化，由早期以国有企业和三资企业为主演变成如今的由私营企业占主导，三资企业、国有企业和集体企业共同开拓国际市场的格局。

统计数据显示，浙江省近15年来国有企业和集体企业在出口中所占的比重明显下滑，分别从2001年的45.1%和17.1%大幅下降至2016年的5.5%和2.8%。三资企业的出口占比则经历了先上升再下降的过程，2016年其在出口总值中所占的比重为18.8%。相比之下，私营企业在出口总值中的占比变化最大，从期初的6.7%迅速增长到2016年的72.7%（见图2-11）。进口主体方面的变化趋势与出口主体基本一致，也体现出私营企业在进口贸易中的占比迅速增长的特征，但三资企业与出口相比占据的市场份额更大（见图2-12）。

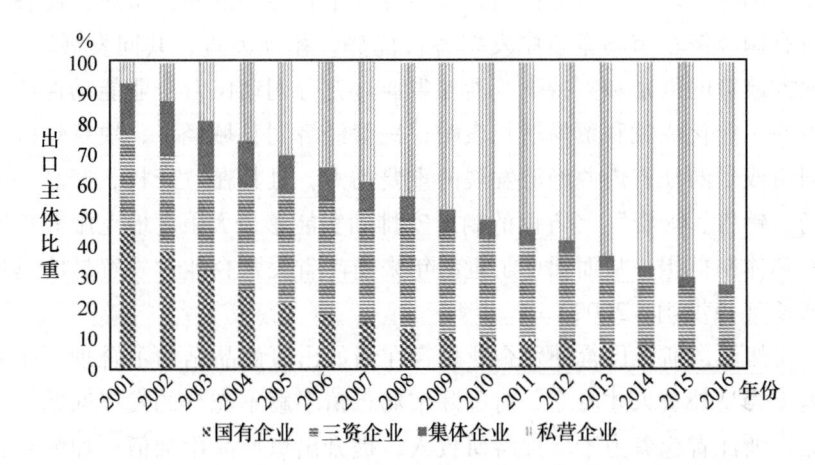

图2-11 2001—2016年浙江省出口主体分布变化

资料来源：根据各年度《浙江统计年鉴》整理。

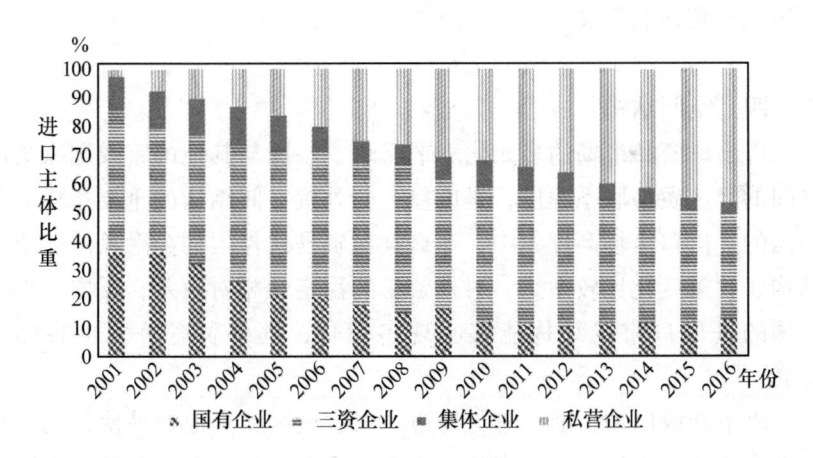

图2-12 2001—2016年浙江省进口主体分布变化

资料来源：根据各年度《浙江统计年鉴》整理。

浙江省民营企业的蓬勃发展一方面来源于浙江丰富的商业文明渊源和深厚的民间企业家资源储备，另一方面也是制度环境和地方政府充分支持的结果。2003年，习近平同志在省委十一届四次全会上的报告中指出，"我省体制机制优势的突出表现之一是民营先发，要进一步推进浙江个体私营经济再上新台阶，努力营造各类市场主体公平竞争的外部环境，努力提高国有经济和个私经济的整体素质，使各种所有制经济在市场竞争中发挥各自优势，相互促进，共同发展"。在地方政策的鼓励和支持下，浙江省通过充分调动民营企业能动性所取得的工业化成就和贸易增长表明，民营经济同县域经济、块状经济共同组成了浙江省内源经济发展的重要动力，且其在"产权、产品、市场、销售、融资"等方面的制度安排确实能够最大限度地克服效率问题和体制负担，从而保证了近些年来浙江省民营企业对外贸易的迅速增长（卢洪雨，2002）。

然而，浙江民营外贸企业也存在诸如出口商品结构不合理、企业内综合型外贸人才匮乏、对国际市场行情了解不充分的发展问题。为此，浙江省应着力于增加科研投入，提升出口产品附加值；加强对民营企业外贸人才的培养；充分发挥行业协会的作用，使外贸企业更便捷地了解行业和政策信息，以更加规范化、市场化、国际化的方式引领浙江外贸蓬勃发展。

四　空间结构

进出口商品市场的多元化水平反映了一国与其他国家或国家集团之间的经济贸易联系程度，是度量一国外贸空间结构的重要指标。若一国的进出口市场高度集中，那么其对贸易伙伴国的金融风险、市场结构、政策变化比较敏感，对外贸易的稳定性相对较差；反之，如果一国的进出口市场结构能够实现多元化，其外贸竞争力也将随之提高。

改革开放以来，浙江省与周边国家、地区和其他贸易伙伴的区域经济合作蓬勃发展，市场多元化水平得到明显提升。从贸易的洲际分布来看，亚洲、欧洲、北美洲地区一直是浙江省的主要出口对象，同时其与拉丁美洲、非洲、大洋洲的贸易量也呈现出持续增长的趋势。具体而言，受地缘优势的影响，近15年来，亚洲一直是浙江进行贸易的重点地区，除2009年有所下滑外，浙江省流向亚洲的出口数量始终保持增长的态势。但从市场占比上看，这一比例则呈现出先降后升的变化趋势且2016年亚洲市场份额已明显低于21世纪初。在亚洲内部，浙江省对东盟的出口额呈现稳步增长的态势，自2002年至今其在亚洲市场的出口贸易占比增长了近1倍。名列第二位的是欧洲，其与浙江省的出口贸易额目前约占浙江省总出口的四分之一，但这一比重自2011年以来出现明显下滑。在欧洲内部，欧盟是浙江的主要出口贸易伙伴，近年来其市场份额略有波动且至2016年已明显高于期初水平。同样与浙江贸易往来较为密切的北美洲与本省的出口贸易额自2009年后保持稳定增长，但市场占比与21世纪初相比变化不大，仍稳定在20%左右，且其中约90%流向美国。此外，近15年来，浙江省流向拉丁美洲、非洲和大洋洲的出口数量持续增长，其市场占比也不断扩张（见图2-13）。随着出口空间结构多元化水平的提升，今后浙江省与这些国家和地区的经贸合作往来也将更为密切。

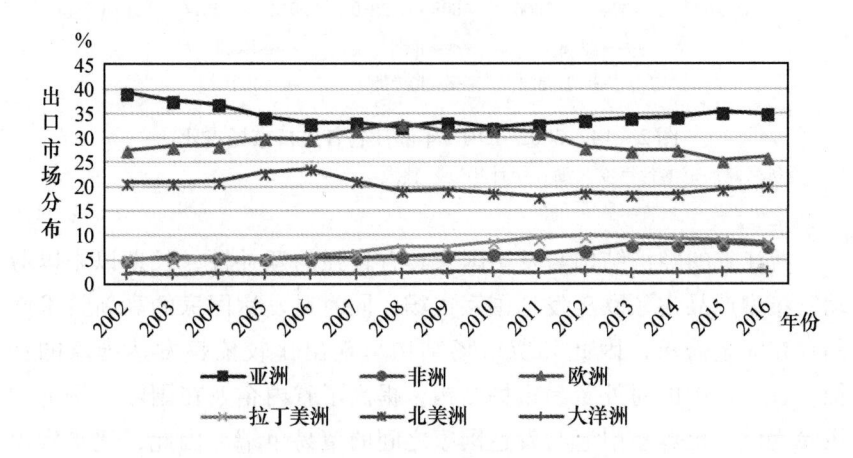

图2-13 2002—2016年浙江省各出口市场占比

资料来源：根据各年度《浙江统计年鉴》整理。

相比于较为均衡的出口市场分布，浙江省进口市场的集中度较高。首先，约60%的进口总值都来自亚洲，但这一比例近几年来有轻微下降的趋势。在亚洲内部，来自中国香港、日本和韩国的进口比重出现明显下滑，来自东盟的进口份额则显著增长。其次，与出口分布类似，在进口总值占比中排位第二、第三的依然是欧洲和北美洲，其中欧洲的进口占比相对期初减少了约5%，北美洲的市场份额则稳定保持在10%左右。最后，随着中国与拉丁美洲、大洋洲和非洲经贸往来的蓬勃发展，浙江省与这些地区的进口贸易也逐年增加，进口市场多元化水平总体有所提升（见图2-14）。

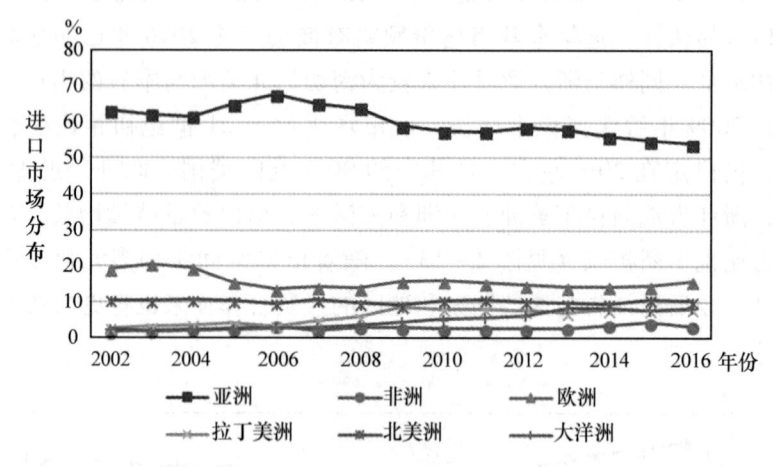

图2-14 2002—2016年浙江省各进口市场占比

资料来源：根据各年度《浙江统计年鉴》整理。

浙江省的经济结构与发达国家具有较强的互补性，长期以来以劳动密集型产品占领欧美发达国家市场，同时对发达国家的高新技术产品存在大量需求，因此外贸市场结构呈现出比较依赖发达国家的特征。过于集中的对外贸易市场结构，提高了省内企业在国际市场上的风险程度，也容易引起与发达国家之间的贸易争端。因此，逐步实现以新兴市场为重点、以周边国家贸易为支撑、发达国家和发展中国家市场合理分布的多元化市场战略是顺应经济发展潮流、规避国际市场风险的必然选择。一方面，东南亚国家、俄罗斯、东欧、中东、非洲、拉美等新兴市场发展迅速，增长潜能巨大，外贸需求强劲，浙江省通过稳步拓展并积极开发与这些地区的经贸合作可以充分发挥比较优势，逐步实现产业转移。另一方面，在传统发达国家市场上，浙江省应着力提高产品技术含量，增加技术和知识密集型产品的出口，建立健全贸易争端解决机制，逐步提高外贸企业在国际分工中的地位。

第三节　浙江商品贸易的竞争力分析

根据比较优势理论，浙江省的贸易竞争力来源于省内丰富的劳动力资源和较高的劳动生产率；根据新贸易理论，浙江省的贸易竞争力来源于由"块状经济"和产业集群带来的规模收益；根据竞争优势理论，浙江省的贸易竞争力来源于由分工专业化带来的低成本优势。为研究浙江省商品贸易的竞争力水平，本节结合 HS 二位编码下十八类商品的进出口数据，计算了浙江省不同类别产品的贸易竞争力指数（TC）和显性比较优势指数（RCA），分析表明浙江省在初级产品进出口贸易方面的竞争力不高，在服装鞋帽等传统优势行业上始终具有较强的竞争力，但在高技术制成品贸易上的比较优势仍有待进一步的提升。

一　贸易竞争力指数（TC）分析

贸易竞争力指数，也称为贸易专业化系数（Trade Special Coefficient，TC），表示一国进出口贸易的差额占进出口总额的比重。其计算公式为：

$$TC = (X_{ij} - M_{ij}) / (X_{ij} + M_{ij})$$

其中，TC 表示贸易竞争力指数，X_{ij} 为 i 国家第 j 种商品的出口额，M_{ij} 为 i 国家第 j 种商品的进口额。竞争力指数取值范围为[−1，1]。当其值接近 0 时，说明比较优势接近平均水平；当大于 0 时，说明比较优势较大，且越接近 1 比较优势越大，竞争力也越强。如果 $TC=1$，意味着该国第 j 种商品只有出口而没有进口；反之，$TC=-1$，则表示 i 是 j 产品的净进口国。TC 又称净出口比率，是分析行业结构竞争力的有力工具，这一指数能够总体上反映出计算对象的比较优势状况。

图 2−15 显示，浙江省 2001—2016 年工业制成品的竞争优势持续上升，从 2001 年的 0.45 增长至 2016 年的 0.71；而初级产品的 TC 则持续下降，且从 2002 年开始，这一指数小于 0，即进口大于出口。按照 HS 二位编码分类来看，第一类至第五类商品（本节定义为初级产品）的竞争力指数相比期初均出现下滑，其中第一类（活动物，

动物产品）和第二类（植物产品）产品的下滑最为明显，分别从 2002 年的 0.78 和 0.2 跌落至 2016 年的 0.16 和 -0.8；第三类（动、植物油、脂及其分解产品，精制的食用油脂，动、植物蜡）和第五类（矿产品）的 TC 则始终低于 -0.7；第四类商品（食品，饮料、酒及醋，烟草、烟草及烟草代用品的制品）近些年来 TC 的变动则相对平稳，且在 2016 年出现回升，总体上具有比较明显的贸易优势（见图 2-16）。

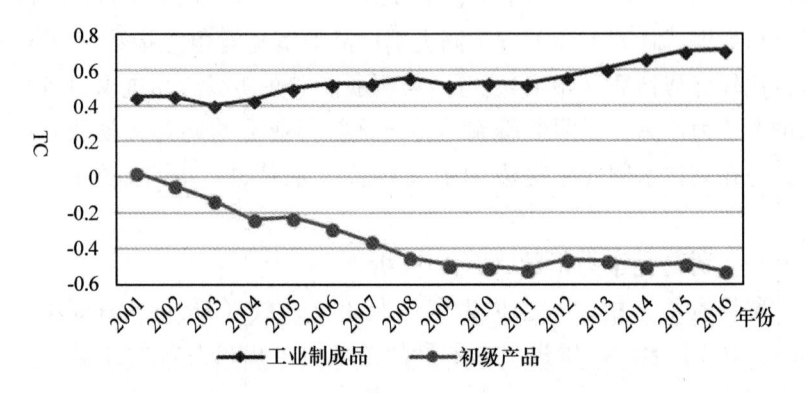

图 2-15 2001—2016 年浙江省工业制成品和初级产品的 TC
资料来源：根据各年度《浙江统计年鉴》整理。

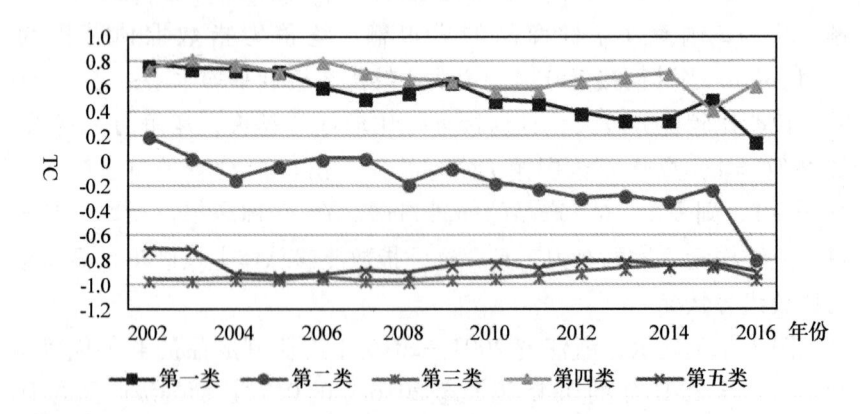

图 2-16 2002—2016 年浙江省初级产品的贸易竞争力指数（TC）
资料来源：根据各年度国研网数据整理。

图 2-17 表明，浙江省第七类至第十二类商品（本节定义为低技术制成品）的贸易竞争力指数变动存在较明显的差异。其中，浙江省在第十一类（纺织原料及纺织制品）和第十二类（鞋、帽、伞、杖、鞭及其零件，已加工的羽毛及其制品等）商品上的 TC 指数始终大于 0.8，特别是第十二类商品的净出口比率几乎在接近 1 的水平上保持稳定；第八类产品（皮革、毛皮及其制品，鞍具及挽具，旅行用品、手提包及类似容器，动物肠线制品）的竞争优势也比较明显；第七类商品（塑料及其制品、橡胶及其制品）2016 年的贸易竞争力指数相比 2002 年出现轻微下降，且总体上其竞争优势并不突出；最后，浙江省的第九类（木、木炭、软木及制品，稻草、秸秆、针茅或其他编结材料制品，篮筐及柳条编结品）和第十类（木浆及其他纤维状纤维素浆，纸、纸板及其制品）商品的贸易竞争力指数均在 2016 年出现大幅度下降，相比 2015 年均下跌 0.77 左右，这与 2016 年浙江省在第九类、第十类产品上出口减半、进口急剧扩张有关。

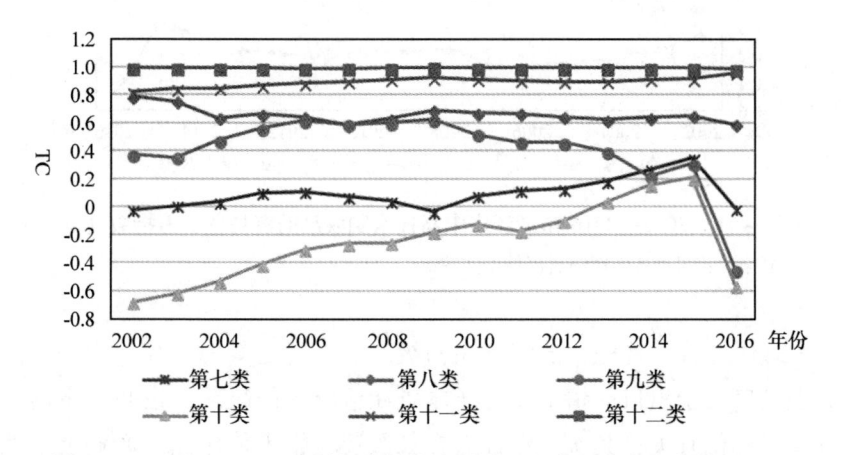

图 2-17 2002—2016 年浙江省低技术制成品的贸易竞争力指数（TC）
资料来源：根据各年度国研网数据整理。

此外，浙江省在第六类和第十六类商品（本节定义为中技术制成品）上的竞争优势也呈现出明显的分化。其中，第十六类（机器、机械器具、电气设备及其零件，录音机、电视图像、声音设备及其零件、附件）产品的 TC 2003 年以后持续增长，但在 2016 年出现回落；

而第六类（化学工业及其相关工业的产品）商品的 TC 除 2015 年略高于 0 外，均呈现出进口大于出口的态势。最后，结合第十七类、第十八类（本节定义为高技术制成品）商品的净出口比率来看，浙江省在这两类产品上的 TC 均比期初有所提升，且近几年来的竞争优势较为明显。其中，第十七类（车辆、航空器、船舶及有关运输设备）产品的 TC 在 2008 年突破 0.9，随后虽出现轻微波动，但在贸易中始终具有较强的竞争优势；第十八类（光学、计量、医疗或外科用仪器及设备、精密仪器及设备，钟表，乐器，上述物品的零件、附件）产品的净出口比率则自 2011 年开始迅速攀升，至 2016 年已超过 0.8，竞争优势显著提高（见图 2-18）。

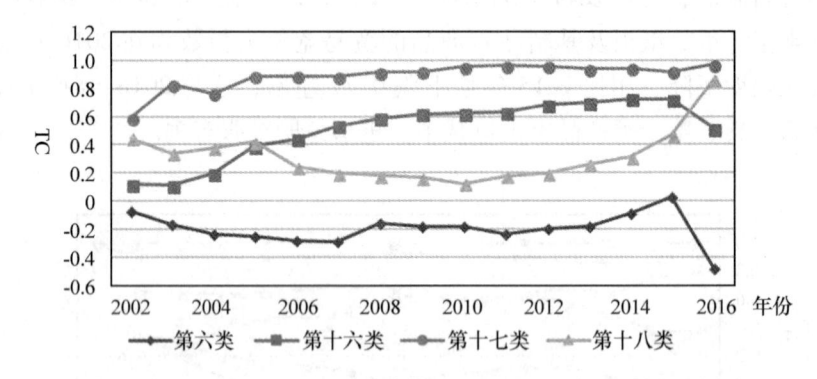

图 2-18　2002—2016 年浙江省中高技术制成品的贸易竞争力指数（TC）
资料来源：根据各年度国研网数据整理。

总体上看，首先，浙江省在初级产品上的竞争力不高，许多商品类别进口大于出口的情形既缘于本省相应资源的缺乏，也与消费需求日益多样化有关；其次，浙江省在如服装鞋帽等传统优势产业上依然具有很强的外贸竞争力，TC 超过 0.8；最后，近年来浙江省的高技术制成品贸易结构明显有所改善，这也与浙江省处在新型工业化成熟阶段的特征相匹配。

二　显性比较优势指数（RCA）分析

显性比较优势指数（Index of Revealed Comparative Advantage,

RCA）又称出口绩效指数，是分析一个国家或地区的某种产品是否具有比较优势时经常使用的一个测度指标。显性比较优势指数的含义是：一个国家某种出口商品占其出口总值的比重与世界范围内该类商品的出口比重之间的比率。如果一国的 RCA＞1，则表示该国此种商品具有显性比较优势；如果其 RCA＜1，则说明该国在这种商品的出口上不具备显性比较优势。其计算公式为：

$$RCA = (X_i/X_t) / (W_i/W_t)$$

其中，X_i 表示一国对商品 i 的出口，X_t 表示该国的总出口；W_i 表示世界对商品 i 的出口，W_t 表示世界总出口。

为考察浙江省在哪些行业上具备出口优势以及其出口优势水平近15年来的变化情况，本节结合 HS 二位编码下的出口商品贸易数据，计算了 2002—2016 年浙江省十八类产品的显性比较优势指数。按照产品类别区分，至 2016 年，浙江省在第一类到第五类产品（本节定义为初级产品）上不具备明显的出口优势，其 RCA 指数均低于 0.8。其中，第一类（活动物，动物产品）、第二类（植物产品）、第四类（食品，饮料、酒及醋，烟草、烟草及烟草代用品的制品）产品的 RCA 指数总体上呈现下降态势；第三类（动、植物油、脂及其分解产品，精制的食用油脂，动、植物蜡）和第五类（矿产品）的比较优势水平相比期初则略有提升（见图 2-19）。

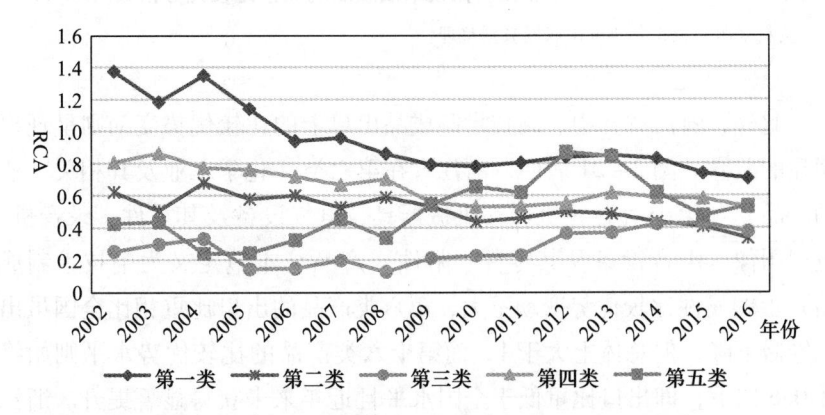

图 2-19 2002—2016 年浙江省初级产品的显性比较优势指数（RCA）
资料来源：根据各年度国研网数据整理。

相比于初级产品，浙江省在第七类到第十二类产品（本节定义为低技术制成品）上的出口优势则较为突出，至2016年，该省这六类产品的RCA指数均大于1。其中，除第十类（木浆及其他纤维状纤维素浆，纸、纸板及其制品）产品期初的RCA指数低于1并在近15年内获得较快增长外，其余五类产品的比较优势波动不大，且均维持在较高的水平上。长期以来，浙江省的劳动密集型产品是实现出口创汇，带动浙江经济增长和外贸发展的主导产品，浙江省在这类产品上的比较优势近年来不断得到巩固和强化（见图2-20）。

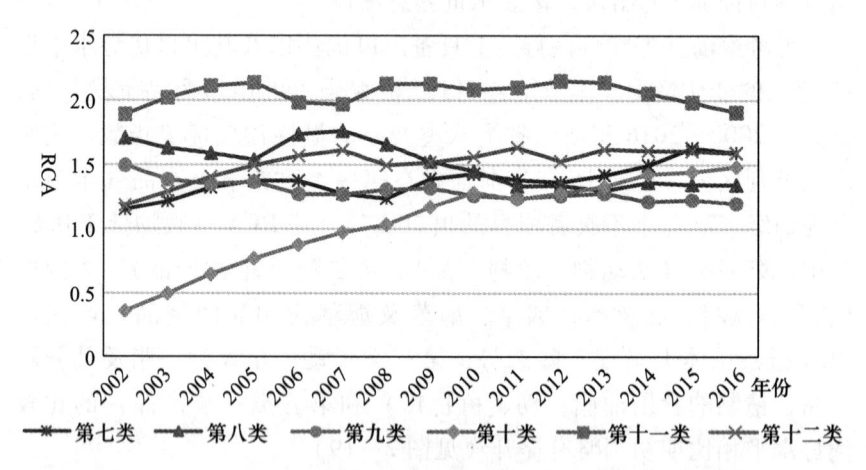

图2-20 2002—2016年浙江省低技术制成品的显性比较优势指数（RCA）
资料来源：根据各年度国研网数据整理。

此外，浙江省在中、高技术制成品出口上的比较优势变动则呈现出明显的差异。图2-21表明，浙江省在第六类（化学工业及其相关工业的产品）和第十六类（机器、机械器具、电气设备及其零件，录音机、电视图像、声音设备及其零件、附件）产品（本节定义为中技术制成品）上的显性比较优势变动不大，第六类产品的出口比重相比全国虽出现轻微下降，但总体上大于1；而第十六类产品的比较优势水平则始终在0.6以下，即出口比重低于全国水平且近年来未获得显著提升。浙江省在第十七类（车辆、航空器、船舶及有关运输设备）、第十八类（光学、计量、医疗或外科用仪器及设备、精密仪器及设备，钟表，乐器，上述物品的零件、附件）产品（本节定义为高技术制成品）上的 RCA 指数波动较大。其中，随着产业结构和贸易结构的优化，浙江省在第十七类产品上逐渐获得贸易优势，其 RCA 相比期初明显上涨；第十八类产品的 RCA 尽管经历了一次明显的增长，但与 2002 年的水平接近，仍低于 0.8，即在该类产品上仍不具备突出的比较优势。

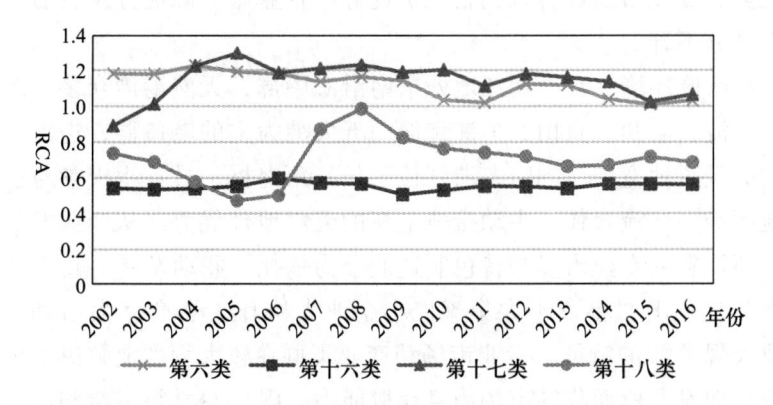

图 2-21　2002—2016 年浙江省中高技术制成品的显性比较优势指数（RCA）
资料来源：根据各年度国研网数据整理。

总体上看，浙江省的外贸竞争力较强。2016 年，浙江省出口依存度为 38.0%，高于全国平均水平 19.4 个百分点，在沿海主要出口省市中仅次于广东（49.7%）和上海（44.1%）。贸易顺差达到 13093 亿元，约相当于全国顺差额的五分之二（39.2%）。2016 年浙江省贸易竞争力指数（TC）为 0.591，远高于全国和沿海主要出口省市。分产品来看，浙江省的贸易优势和竞争力主要集中在劳动密集型的中低技术制成品上，在初级产品上的竞争力不高，在高技术产品上的竞争力有所提升。今后，浙江省应加强对传统优势行业的改造，通过引入新材料、新工艺以巩固本省在劳动密集型产品上的固有优势；同时，不断改善出口商品结构，加强研发创新，提升高新技术产品的贸易竞争力，充分调动这类高附加值产品对出口和增长的带动作用。

三　影响浙江商品出口竞争力的因素

长期以来，浙江省的商品贸易呈现出工业结构以轻工业为主，企业规模结构以中小企业为主，所有制结构以民营经济为主及生产力布局产业集聚度高的特征，即"轻、小、民、集"。从浙江省外贸出口的主要产品来看，服装、皮鞋、领带、小商品、五金等都具有成本低、销量多、市场广的特点，是浙江省贸易竞争力较强的出口品。这些产品的生产加工大多专业化程度较高且价格低廉，这与浙江省的区位优势、专业市场优势、民营经济优势、企业家资源优势及贸易平台建设是分不开的。

从区位环境上看，浙江地处东南沿海中部，天然港湾众多，形成了以宁波、温州、舟山、乍浦和海门五大港为主的港口群，进出口通道便捷且腹地宽广。同时，浙江位于长三角南翼，具备积极参与长三角地区经济交流合作，主动接轨上海的天然地理优势。从产业发展上看，浙江省的专业市场与特色制造业互为依托、联动发展，其"块状经济"呈现出"小资本大集聚、小企业大协作、小产品大市场、小产业大规模"的特征。专业市场和产业集群在较大程度上解决了中小企业初期发展所面临的市场信息获取能力有限、原材料供给和产品销售渠道难以打开及品牌效应微弱的问题。近年来，伴随着互联网和电子商务平台的迅速发展，浙江省的特色产业已形成遍布国内外的产品销售网络，进一步拓展了"块状经济"的发展空间。从所有制结构上看，浙江省的民营经济在促进浙江产业和贸易发展中发挥了重要的作用。改革开放以来，浙江省各级政府解放思想、实事求是，对民营企业的发展给予了众多政策鼓励，做到"不限发展比例，不限发展速度，不限经营方式，不限经营规模"。同时，民营企业具备产权清晰、经营机制灵活、管理和运作高效等优势，能够较快地适应市场变化，从而为打开国际市场提供价格和效率优势。从人文精神和企业家精神上看，改革开放以来，浙江人民在国家资金投入、特殊优惠政策的条件下，坚持自主自强自立，敢想敢闯、敢试敢创，敢为人先、敢冒风险，创造了许多"全国第一"：第一批个体工商户、第一批私营企业、第一批专业市场、第一个股份合作制企业。凭借着"求真务实、诚信和谐、开放图强"的浙江精神，浙江省孕育和培养了大批优秀企业家，由这些先进企业家组成的浙商群体已成为浙江省相当宝贵和极富潜力的优质资源。

2008年国际金融危机爆发以来，复杂多变的国内外形势对转变经济发展方式提出更迫切的要求。为促进中小微企业参与国际贸易，打破轻工业、小商品贸易的成本困局，浙江省积极推进贸易平台建设。2011年，国务院批复开展"浙江省义乌市国际贸易综合改革试点"。6年来，义乌勇当改革促进派和实干家，创新积累了一大批可复制可推广的改革经验，改革红利持续释放。2017年，浙江省政府印发《浙江省义乌市国际贸易综合改革试点三年（2017—2020年）实施计划》，根据该计划，义乌改革试点将力争到2020年，实现市场成交额、进出口总额双倍增，形成比较完善的现代商贸流通体系和全球范围组织贸易的新渠道、新方式，朝着世界小商品之都迈进。同时，浙江省大力支持展会项目，帮助企业扩大和完善销售网络，打造会展经济平台。2018年浙江省商务厅将重点举办和支持展会项目117个，比2017年增加21个，其中自办类货物贸易展会14个，自办类服务贸易展会11个，境外政策性重点展16个，境内政策性重点展11个，其他类重点展54个，商贸流通展会11个。依托平台建设这一有力支撑，浙江省的轻工外贸产品在长时期内保持了较强的竞争力，成为浙江省贸易发展的重要增长点。

　　随着浙江省进入经济结构转型升级的关键时期，传统的产业结构和贸易模式已不能支撑浙江实现从贸易大省到贸易强省的转变。伴随着企业人力成本、融资成本的上升，以及全球经济下行带来的外部需求萎缩，浙江外贸企业的低成本优势逐渐弱化。当前，浙江省的外贸发展面临产业层次低、产品竞争力弱、企业抗风险能力和开拓市场能力不足、民营企业管理方式落后等问题。从出口商品结构和贸易竞争力上看，浙江省的高新技术品出口比重仍然不高且在技术密集型产品上尚不具备突出的竞争力。2016年，浙江省规模以上工业企业在研发（R&D）上的人员及经费投入分别为321845人和9357877万元，均低于广东省（423730人，16762749万元）和江苏省（451885人，16575418万元）。就新产品开发和生产而言，浙江省的新产品项目数量、经费支出和销售收入也均低于广东和江苏，且新产品销售收入中来自出口的比例不足20%。这表明，研发投入不足、技术人员匮乏是浙江省产业结构和贸易结构仍有待改善的重要原因。对于浙江省企业而言，可能存在拓展市场带来的激励大于创新激励的情形，因此相比于其他沿海发达省市，浙江省的研发创新明显不足。从企业管理上看，浙江省的民营企业有相当一部分采用家庭或家族经营方式，以血缘姻亲、地缘乡谊为维系纽带，以非契约的信任和承诺构成协作精神的基础。但随着企业的发展壮大和外部环境的不断变化，家族企业治理方式的弊端逐渐暴露，如不利于人才引入和培养、缺乏科学的管理和评价体系、企业文化发展滞后、规范的企业制度难以形成等。此外，中小型外贸企业受到企业规模和资金条件限制，开拓市场的能力往往有限，且抗风险能力不高。在原材料价格上涨、劳动力成本上升、人民币汇率升值、银行紧缩信贷的背景下，中小企业的经营和出口成本不断上涨且融资难度增加。

综合以上分析可以看出，浙江省具备深厚的经济基础，信息技术和电子商务的迅猛发展也给浙江省贸易结构转型升级带来了空前的机遇。浙江省出口价格优势的日渐饱和要求外贸企业加快生产能力的提升和企业结构的变革。未来，浙江省在劳动密集型产品上的优势将逐渐弱化，必须培育新的外贸增长点，形成以技术、品牌、质量、服务为核心的综合竞争优势。

第四节　商品贸易发展的浙江案例
——万事利集团

万事利集团作为浙江省传统优势行业的代表性企业和领军品牌，从早期的以代工生产和服务于国内市场为主逐渐成长为兼具设计、加工、渠道能力的国际品牌，是加工贸易企业转型升级的典范。本节以万事利集团作为研究浙江省商品贸易发展的案例，考察了该企业的发展历程与现状，分阶段地研究了其企业能力和贸易方式的特征，并在多重嵌入 GVC 模型下分析了万事利集团转型升级的路径演化。案例研究表明，伴随着价值链环节的多重嵌入和更高层次嵌入，万事利集团已基本完成从代工生产向代工研发及自主品牌企业的转变，其企业能力的提升和贸易方式的演进对于我国代工企业的价值链延展具有较强的借鉴意义。

一　万事利集团的发展历程与现状

浙江万事利集团有限公司（以下简称万事利）于1975年创立于杭州筧桥，以丝绸面料起家。其从20世纪80年代中期开始生产真丝服装并逐步进入国际市场。1993年万事利联合生产、金融、科研等31家单位组成浙江万事利轻纺工贸集团，向市场推出新开发的高技术水平、高附加值产品。1999年万事利商标被国家工商总局认定为中国驰名商标，是国内丝绸行业第一个驰名商标。万事利的丝绸产品出口美国、日本、意大利等国家，出口值达2亿多元，成为全国的外贸出口先进单位。2000年9月，万事利成为中国丝绸界的"赴美大使"，创始人沈爱琴随同江泽民同志访问美国，参加"中华文化美国行"系列活动。2001年5月，受国家经贸委外经司委托，万事利成为APEC上海会议300套女式真丝睡袍纪念品的设计、制作者。同年10月，与会的21个国家和地区的元首政要身着万事利定制的唐装集体亮相，在全世界掀起了一股"唐装风"。2006年年底，中国品牌研究院发布其评估的中国最有价值商标，万事利以6.65亿元商标评估价成为丝绸行业第一名。2008年全国工商联正式公布了全国上规模民营企业500强名单，万事利集团位列第218位。2009年，万事利入围中国大企业集团竞争力500强，并入围2008—2009年中国纺织服装行业竞争力10强。

万事利挖掘、传承中国丝绸文化，跳出丝绸做丝绸，实现了丝绸从"面料"到"材料"再到"载体"的华丽转身，形成了"文化丝绸、健康丝绸、艺术丝绸"的产品格局，走出了一条"传统丝绸+移动互联+文化创意+高科技=丝绸经典产业"的转型升级"新丝路"，成功实现了从"产品制造"到"文化创造"的第一次转型升级。近几年，万事利全力推进品牌国际化战略，通过收购法国百年丝绸名企，聘请爱马仕纺织控股集团原CEO等举措，正式吹响了从"文化创造"到"品牌塑造"二次转型升级的号角。2016年，万事利抓住G20峰会机遇，为峰会提供高品质的礼品和丝绸艺术品，展现了其先进的设计理念和精湛的生产工艺，并先后与王星记扇业、中国邮政、华侨基金、中国石油等结成战略联盟，开启产业融合新模式，开发新产品逾 1200 个，并实现销售、利润 50% 以上的双增长。

在不断将集团主营的丝绸服装业务做大做强的同时，万事利积极拓展产业和投资范围，形成了以丝绸、纺织和服装为主，生物科技、商城贸易、资本投资并举的四大产业群，逐步成为国家大型一档企业。杭州万事利生物科技股份有限公司创立于 2003 年，由集团控股，集科研开发、水产养殖、海洋饲料生产于一体，拥有国内一流生产设备，技术达到国内领先水平，下辖万事利科技园。

在文化产业和商城贸易方面，2002 年，万事利联合杭州市新闻出版中心、祥符镇庆隆村经济合作社投资组建杭州文化商城。杭州文化商城是目前浙江省规模最大的集图书报刊、电子出版物、音像制品、字画、工艺美术品、计算机软硬件批发、零售于一体的综合性文化商城。此外，万事利控股投资桐乡南方家园装潢五金材料市场、德清南方家园家具广场、青岛胶州湾南方家园综合市场等多个专业市场，进一步拓展了产业范围。在金融与资本投资方面，万事利参股投资上海沃施园艺股份有限公司、杭州长堤股权投资合伙企业、深圳天图投资管理股份有限公司、浙江华睿如山创业投资有限公司等九家企业，为扩大企业知名度和影响力、合理布局集团产业和未来进入资本市场打下基础。

二 万事利企业能力及贸易方式升级的阶段分析

自 1975 年成立以来，万事利以丝绸、纺织和服装为主业，凭借高效的技术改革、有力的品牌战略和进取的企业家精神，从一家只有 17 台织机和 22 个工人的小工厂发展成为如今国内丝绸行业领先品牌和知名出口供应商，经历了从产品制造到文化创造，再到品牌塑造的转型升级。与企业生产能力的提升相对应，万事利在产品出口方面，其贸易方式也经历了从代工生产到代工研发，再到自主品牌阶段的转变。万事利的出口加工贸易既消化了企业的过剩产能，又助推其较早进入全球市场，取得国际化先机，因而是其产业发展和创收的重要方面。

代工生产（OEM）阶段（1992—1997 年）：在经历了企业的初创期后，1992 年万事利投资 2 亿巨资，开展以高起点、上档次、大投入为目标的技术改革。从日本引进了当时具有世界先进水平的 108 台喷水织机，又从德国、瑞士、意大利引进真丝绸印花生产线和 8 台德国、韩国的全计算机控制的针织大圈机。同时，公司还添置了微机，运用计算机进行花色花样的设计开发，系统提升印花和印染工艺水平，将生产重心从"面料织造"转向"面料后处理"，生产能力达到同行业领先水平。

由于相比于国内同类企业万事利的前期积累相对充分，生产技术和机械设备水平较高，这一阶段万事利开始承接国外代工生产（Original Equipment Manufacturer，OEM）订单，专注于制造环节的生产加工。相比于 20 世纪 80 年代以半成品坯绸出口为主的贸易方式，代工生产的优势在于可以使企业规模迅速扩大而不需建立产品销售渠道和售后服务，同时减轻了企业的研发压力，这在一定程度上为万事利打开了国际市场。但随着 OEM 出口附加值低，生产成本易受原料价格波动的影响等弊端逐渐暴露，代工生产模式下万事利的盈利能力有限，生产和贸易方式亟待转型升级。

代工研发（ODM）阶段（1998—2008 年）：1997 年之后，万事利开始着力提升企业研发设计能力。一方面，在企业内部成立花样设计、服装设计、面料设计、丝绸文化创意产品设计四个设计中心；另一方面，积极寻求外部设计力量，与中国美术学院、浙江理工大学等高等院校建立长期合作关系。此外，万事利通过延展丝绸产业链，拓宽了丝绸的功能属性，并逐渐承接大型会议及活动的服装和礼品设计生产，如设计 2001 年 APEC 会议唐装，成为 2008 年北京奥运会"青花瓷"系列礼服特许生产商等。

正是基于对万事利生产设计能力的信任，这一阶段一些外国厂商开始与万事利签订代工设计（Original Design Manufacturer，ODM）订单。相比于先前的代工生产，代工设计既提升了品牌的创新能力和知名度，也提高了企业的盈利能力。随着万事利国际市场开放的不断推进，其产品的异质性日益凸显并逐步销往欧洲、美洲、亚洲等 20 多个国家和地区，年出口交货值近亿元，其中有三分之一由企业自行研发，70% 打的是"中国万事利"的品牌，并在 1998 年荣获对外经济贸易合作部授予的"出口创汇先进企业"称号。

自主品牌（OBM）阶段（2009年至今）：尽管从出口半成品坯绸，到代工生产，再到代工设计，万事利的盈利能力得到巨大提升，贸易结构明显改善，但面对国际市场对丝绸印花织物的巨大需求，万事利仍积极致力于提升企业的生产能力和生产效率。2013年，万事利在杭州经济技术开发区丝绸文化产业园投资，建设年产900万平方米无污水丝绸数码印花织物技术改造项目。该项目通过数码喷墨印花技术与计算机辅助设计技术，将大幅提高丝绸产品的附加值，最大限度地满足国内和国际市场消费者对产品美观度的要求。此外，这一技术创新极大地降低了生产能耗，每万元产值综合能耗只有传统印花的1/10，进而实现了生产效率和社会效益的双重提升。

为进一步打开国际市场，强化万事利的品牌形象，万事利一方面以生产方式和技术水平革新为内核，另一方面积极寻求与国际品牌的战略合作。2013年，万事利集团与法国里昂一家有着百年历史、专为众多世界大牌生产丝巾的丝绸企业——MARC ROZIER（玛可·罗尼）签订了战略合作协议。根据协议内容，这家世界级丝绸企业将为万事利集团提供高品质丝绸产品"代工"服务，"中国丝绸法国制造"已然在万事利成为现实。同时，万事利还将推出"法国制造"高端丝巾品牌，新品牌的原料采购、设计、织造、染色等全部生产过程均在法国本土完成，这既保证了产品的高品质，也便于企业扎根国际市场，增加品牌辨识度和影响力。

三　多重嵌入GVC视角下万事利升级的路径分析

在国际产业分工背景下，依靠低成本优势的本土企业大部分处在产业链中的组装、制造等低端环节，其生产模式以代工生产最为常见，且代工产品多为附加值低的劳动密集型产品。但在生产成本持续上升和贸易摩擦日趋频繁的环境下，依靠低成本优势的部分代工生产企业已经倒闭，部分开始向成本更低的国家或地区转移，但也有部分企业逐步将发展战略定位于通过自主研发创新，升级成为代工设计厂商（Original Design Manufacturer，ODM），然后进一步向自主品牌厂商（Original Brand Manufacturer，OBM）延伸，最终成为国际品牌厂商（International Brand Manufacturer，IBM）。正是在内外条件的共同作用下，代工企业通过不断地组织学习促使企业能力提高，产生寻求新的价值链环节嵌入的需求，并出现同时嵌入多类型、多数量价值链的状态。如果这一演化顺利展开，那么最终代工企业的企业能力将升级到最高层次，并具备国际化运营能力以及全球价值链（Global Value Chain，GVC）管控能力。由此，代工企业逐步成长为具有国际竞争力的国际化企业，可以与原有的国际客户在全球市场上进行竞争。余建平、胡峰（2014）对这一多重嵌入模式做出了探索性研究（见图2－22）。

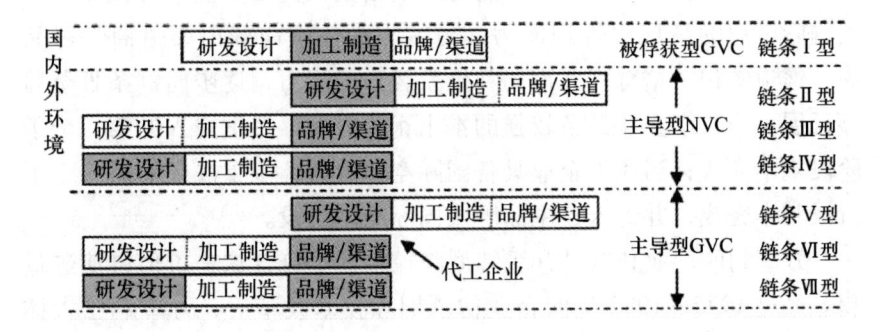

图2-22 价值链的多重嵌入模型

注：灰底部分表示代工企业所承担的业务。

资料来源：引自余建平、胡峰《多重嵌入：中国代工企业转型升级的新思路———一种共演与学习的视角》，《社会科学战线》2014年第9期。

余建平、胡峰（2014）的模型对价值链进行了简化处理，假设一条价值链只有三个环节，即研发设计、加工制造和品牌/渠道，代工关系主体包含代工企业、国际客户和国内渠道商。在演化的初始阶段，代工企业从事链条Ⅰ型的加工制造和链条Ⅱ型的研发设计。链条Ⅰ型的嵌入状态表示代工企业仅负责国际客户订单的加工制造环节，此时由于前期大量专用性[①]资产的投入，代工企业在该阶段被"锁定"在一种"俘获"与"被俘获"的关系中，虽然国际客户数量的

[①] 代工能力专用性来源于国际客户对于代工企业的技术、设备、质量以及流程等能力要求存在特殊限定和个别差异，进而使得代工能力只能运用在特定的代工关系中（俞荣建，2010）。

增加（即多重嵌入同级别链条）减少了代工企业的风险，但风险—收益的不对称性没有根本改变；在链条Ⅱ型中，代工企业承担了国内客户的研发设计环节，拥有了比在链条Ⅰ型中更大的话语权，也能获得更合理的利润回报和更多的关系租金。从链条Ⅰ型到链条Ⅱ型的演进实现了从被俘获型的全球价值链（GVC）向主导型国内价值链（NVC）的升级。实现这一转变要求代工企业产量达到一定规模，并对国内市场有较高的了解和把控能力，同时需要协调好与原有国际客户的关系。

在不断强化现有研发设计能力的基础上，代工企业一方面充分吸收国际客户的高层次管理能力，另一方面注重向国内渠道商学习品牌、渠道知识，培育打开市场和维系客户的能力，逐步向链条Ⅲ至Ⅶ型延展。当代工企业具备较强的本土竞争力后，多重嵌入的第一个子阶段基本完成；当代工企业具备国际竞争力后，多重嵌入的第二个子阶段基本完成，并进入自主品牌及国际品牌阶段。

万事利的产业和贸易升级转型路径也基本符合这一价值链演进过程。经过1975—1992年的企业初创期和技术改革后，万事利已大体具备承接国外订单的生产制造能力，从自产自销发展至代工生产，且不断提升针对国内市场的研发设计能力。随着万事利从产品设计（1992—1997年）到功能设计（1998—2008年）的设计驱动型转变完成，其代工能力专有性[①]持续增强，1998年后，万事利已基本到达链条Ⅴ型，即能够承接国外代工研发订单，企业与国际客户的议价能力上升、利润空间增加。但国内市场方面仍呈现以经销商为主并与自营相结合的局面，同时企业积极打造系统的销售和服务网络。2009年以来，万事利开始为产品注入文化内涵，逐步从传统制造业向制造服务业和文化创意产业转变，价值定位和市场定位进一步升级，逐步向链条Ⅵ、Ⅶ型嵌入。2013年，万事利与法国里昂的丝绸企业MARC ROZIER签订了战略合作协议，由这家世界级丝绸企业为万事利提供高品质丝绸产品生产服务，即基本完成了从以自产自销和代工生产为

---

① 代工能力专有性体现在代工企业间不同的生产能力稀缺性和不可模仿性，即代工能力存在差异（俞荣建，2010）。

主的代工企业向具有研发和渠道能力并将制造环节外包的自主品牌的转变。

表2-2以上述的理论模型为基础,进一步探究了万事利在不同发展阶段的企业能力与贸易方式的匹配情况。目前,万事利的多元化丝绸产品从设计到生产、销售已构成了相对完整的产业链,并形成了清晰的三大业务板块:OEM板块以服装、丝绸被面面料为主,承接国际一线品牌的贴牌业务;ODM板块以高端女装和丝绸礼品礼服为主,以强大的科研技术人员和设计师团队为支撑,承接国外代工研发订单;OBM板块以打造艺术品、装饰品、丝绸产品高端零售店为主,注重培育万事利的国际品牌形象。

表2-2　　　　万事利企业能力及贸易方式升级的演化机制

贸易方式	价值链嵌入	企业能力	市场定位	创新形式	向下一阶段的演进动力
OEM（1992—1997年）	链条Ⅰ、Ⅱ型	高品质面料后处理的制造能力;针对国内市场的研发设计能力	以服装、丝绸被面面料为主	产品设计创新	获取更多利润分成;提高代工能力专有性
ODM（1998—2008年）	链条Ⅲ—Ⅴ型	国际客户要求的研发及制造水准;构筑国内销售网络	以高端女装和丝绸礼品礼服为主	功能设计创新	前期能力积累;国内市场饱和;企业家进取心
OBM（2009年至今）	链条Ⅵ、Ⅶ型	与国际品牌达成战略合作;建立电商营销平台	以打造艺术品、装饰品、丝绸产品高端零售店为主	文化设计创新	克服国际市场文化冲突,打造国际品牌（IBM）

资料来源:笔者根据相关资料归纳整理。

四　万事利经验对我国加工贸易价值链提升的启示

在全球化背景下,研发—生产—营销这个原本一体化的企业基本活动流程的分离,是发达国家企业组织结构调整中出现的最重要的现象,同时也带动了产业转移和国际分工格局的变迁。国内代工企业以加工贸易的方式积极参与全球价值链是我国迅速融入全球生产网络、提升产品内分工地位的重要途径。改革开放后,我国鼓励、引导并大力发展加工贸易，加工贸易实现了从无到有、从小到大、超常规、高速度、跨越式的发展。加工贸易作为我国对外贸易和开放型经济的重要组成部分，对于推动产业升级、稳定就业发挥了重要作用。当前，全球产业竞争格局深度调整，加工贸易承接国际产业转移放慢，产业和订单转出加快，企业生产成本上升，传统竞争优势逐渐削弱。2004年，中国制造业劳动力报酬超过了印度和印度尼西亚，2008年超过墨西哥和菲律宾，部分轻工行业的代工企业，尤其是一些台资企业和港资企业逐渐离开内地转向印度和越南。另外，我国加工贸易自主创新能力相对匮乏，并由此引发了全球价值链的低端锁定。本土代工企业对跨国公司的过度依赖使其缺乏可持续发展的能力，难以形成严格的质量控制、建立广泛的品牌渠道并打造优质的客户服务。提升经营主体的实力，实现从加工组装企业向技术、品牌、营销型企业的转变，既是提高企业盈利能力和市场地位的重要途径，也是促进我国加工贸易转型升级的重要方面。

万事利作为浙江省纺织服装行业的代表性企业，从1975年只有十几张织机的笕桥绸厂成长为如今以丝绸产业为主，辅以生物科技、资产经营、金融管理等产业的现代化企业集团，是我国代工贸易企业成功转型升级的重要范例。万事利的发展历程和卓越成就表明，代工企业可以通过突破技术创新约束、渠道市场约束、文化差异约束进而实现企业盈利能力和国内外市场竞争力的提升，并最终打破全球价值链的低端锁定，向"微笑曲线"的两端延展。

技术约束是我国加工贸易企业延展价值链面临的首要困难。一方面，以跨国公司为代表的全球供应链运营商掌握着产业的核心技术，并以专利和技术标准作为垄断市场的重要手段。另一方面，国内大量代工企业，特别是轻工行业的中小企业仍然在走生产环节拼成本、贸易环节拼价格的发展路子，同质竞争的局面使得代工企业在定价方面经常处于劣势。在参与全球价值链过程中，应重点培育一批具有核心技术和持续创新能力的企业，加强工业园区和产业集群内企业的技术关联，改善信用体系、知识产权制度等技术发展环境，推动产学研合作，形成区域创新体系。在企业内部，应当充分重视研发创新对于长期发展的重要性。处于OEM阶段的厂商常见的问题是客户转单风险大、代工能力专有性不高。因此,实现从代工生产到代工设计的升级转型要求企业积极增强自主研发意识,提升知识的获取、内化和创新能力。基于资金与人才限制,中小代工企业可通过寻求同行企业合作、科研院所等外部力量逐步提升研发能力。

与强调产业发展的技术根植性相对应,延展企业价值链还要求企业突破渠道和市场约束,增强市场根植性,打造国际名牌。品牌是一个企业技术能力、管理水平和文化层次乃至整体素质的综合体现,从一定意义上说,品牌就是效益,就是竞争力,就是附加值(习近平,2005)。针对代工企业存在被发包方中止订单的现实威胁,可以适当对国内优秀的、具有自主知识产权的品牌实行不违背国际惯例的倾斜政策,同时支持有实力的代工企业积极进行以延展价值链为目标的跨国兼并,掌握国外企业的技术、营销网络、品牌等,通过海外收购等方式推动国内企业扩大生产和销售规模。从自主品牌形成的市场基础来看,开拓海外市场可以考虑从发展中国家入手,避开与既有强势品牌在发达国家的正面较量。不管是代工生产企业还是代工设计企业,其进入价值链顶端都要求具有以自主品牌打开国际市场的能力。但不同的市场环境意味着文化习惯、需求结构可能发生变化,因此本土企业可通过建立经销商网络与自营相结合的渠道方式逐步开拓国际市场,依靠当地代理商和分销商了解市场喜好、学习品牌渠道知识、提升品牌辨识度和可信度,尽快实现从无牌贴牌到有牌再到全国乃至世界名牌的转变,逐步提高在全球市场的占有率和知名度。

此外,实现代工企业价值链环节的有序转移、推进我国加工贸易转型升级还要求统筹区域协调发展。我国的加工贸易主要集中在广东、江苏、山东、上海、浙江等几个沿海省市,广大中西部地区所占的比例较低,地域发展明显不平衡。与东部沿海地区劳动力和原材料价格持续上涨相比,我国广大中西部地区资源丰富、劳动力充裕且成本较低。随着中西部经济、社会的发展和基础设施的改善,沿海省市可以适当把产业价值链中的加工制造环节向外转移,因地制宜地在中西部地区发展加工贸易。鼓励沿海地区与内陆沿边地区共建产业合作园区,按照优势互补、共同出资、联合开发、利益共享的原则,开展产业对接、人才交流培训等方面的合作。稳妥推进国内外企业将整机生产、零部件、原材料配套和研发结算环节向内陆沿边地区转移，形成产业集群。

第五节　小结

　　改革开放以来，浙江省的商品贸易取得了长足发展。在既缺乏大规模的工业化基础，又面临着资源不足和交通条件落后的背景下，浙江省经过 40 年的快速增长已成为全国经济和贸易大省，这一令人瞩目的发展成就也被一些学者概括为"浙江经验"。总体上看，浙江省的商品贸易发展历程与我国外贸发展历程大致吻合。20 世纪 90 年代以前，浙江省的商品经济被限定在较小的地域和产业范围内，呈现出规模小、水平低的特征，对外贸易仍处于起步阶段。此后随着外贸体制改革的不断深化，浙江省的对外贸易进入快速发展时期，并在劳动密集型产品上逐步确立了出口优势，出口成为拉动浙江经济增长的重要力量。加入 WTO 后，浙江省进入国际开放的新阶段，结合省内的"块状经济"和产业集群优势，浙江省的商品贸易在规模和质量上获得显著提升，外贸依存度和进出口增长率均显著高于全国平均水平。纵观改革开放后浙江省外贸发展历程，浙江省商品贸易呈现出外贸总量规模化、外贸结构合理化，以"块状经济"和专业市场为依托、以顺应比较优势为路径、以贸易制度创新为先导的基本特征。

　　21 世纪以来，随着产业结构的转型升级，浙江省进出口贸易的商品结构也呈现日渐优化的态势，出口中初级产品的比重不断下降，工业制成品比重逐年增长，但高新技术产品的出口份额增长相对缓慢。就贸易方式而言，浙江省呈现出一般贸易占主体、加工贸易比重较低的特征，贸易方式结构相对合理，但加工贸易所涉产品质量有待提升。在贸易主体方面，浙江省通过实施外贸主体多元化战略，进出口企业的构成发生了明显变化，由早期以国有企业和三资企业为主演变成如今由私营企业占主导，三资企业、国有企业和集体企业共同开拓国际市场的格局。在外贸空间结构方面，随着浙江省与周边国家、地区和其他贸易伙伴的区域经济合作蓬勃发展，其市场多元化水平不断改善，在洲际和国别出口上均呈现分散化的态势。

为进一步研究浙江省商品贸易的竞争力，本章第三节使用贸易竞争力指数（TC）和显性比较优势指数（RCA）对 HS 二位编码下浙江省十八类进出口商品的竞争力进行测算，并探究了浙江省贸易优势的来源与存在的不足。分析表明，浙江省在初级产品进出口方面的竞争力不高，在服装鞋帽等传统优势行业上具备明显的贸易优势，且近年来在高技术制成品上的贸易竞争力有所提升，但外贸结构仍存在优化空间，高新产品的出口竞争力有待进一步提高。浙江省的贸易优势主要来源于区位优势、专业市场优势、民营经济优势、企业家精神及贸易平台支撑，但在要素成本上升、融资难度增加的背景下，仍面临着价格优势饱和、研发投入不足、企业生产能力有限且管理方式落后的问题。

本章第四节以浙江省纺织服装业领军品牌万事利为例，考察了该企业的发展历程与现状，分阶段地研究了其企业能力和贸易方式的特征，并在多重嵌入 GVC 模型下分析了万事利转型升级的路径演化。案例研究表明，伴随着价值链环节的多重嵌入和更高层次嵌入，万事利已基本完成从代工生产向代工研发及自主品牌企业的转变，其设计研发、生产制造和品牌渠道能力均获得巨大提升，对于我国加工贸易企业的转型升级具有较强的借鉴意义。

自改革开放以来，浙江省在外贸发展上取得了辉煌成就，贸易总量不断增长，全省对外贸易连续跨过三个千亿美元台阶，出口占全国的比重达到 12.7%。同时，浙江省贸易结构和产业结构不断优化，在劳动密集型产业上具备明显的比较优势。2018 年 5 月，浙江省召开全省对外开放大会，在总结过去经验和成就的基础上，浙江省省委书记车俊对今后对外开放工作做出进一步部署。会后，省政府发布了"1+1+5"的对外开放系列政策[①]。其中，《浙江省加快培育外贸竞争新优势行动计划（2018—2020 年）》指出，2018—2020 年，力争全省外贸出口增速与全国同步，出口总额占全国总量的八分之一左

[①] "1+1+5" 的对外开放系列政策具体包括《中共浙江省委、浙江省人民政府关于以"一带一路"建设为统领，构建全面开放新格局的意见》《浙江省打造"一带一路"枢纽行动计划》，以及促进外资增长、培育外贸竞争新优势、推进工业和信息化全球精准合作、提升人才国际化水平、加强境外安全保障 5 个配套政策。

右，稳居全国第三。到 2020 年，全省外贸结构进一步优化，机电、高新技术和自主品牌产品出口额占全省出口总额的比例分别达到 50%、10% 和 10%；外贸发展动能加快转换，新型贸易方式走在全国前列；外贸发展的质量和效益进一步提升，贸易大省的地位更加巩固，开放强省的建设取得积极进展。

为加快开放强省建设，应积极转变外贸增长方式，实现从要素驱动向创新驱动转变，从注重规模速度到注重质量效益转变，最终形成以技术、品牌、质量、服务为核心的综合竞争优势。2017 年，浙江省商务厅出台支持传统制造业改造提升的意见，通过实施"万企贸易成长计划"、"外贸小微企业成长三年行动计划"、"品质浙货行销天下"工程、商务系统"最多跑一次"改革等多项举措为浙江外贸企业打造良好的发展环境。在政府的全力支持和引导下，省内企业应更加主动地参与到这一轮产业和贸易结构改革中来。一方面，外贸企业应积极寻求金融机构和出口信保的支持，增加企业研发投入，提高产品附加值，降低出口风险。对于那些具有一定研发基础的企业而言，应着力推进产品的工艺和功能的改进，提升产品科技含量，延伸企业价值链，通过创新和差异化来培育企业在高新技术产品上的贸易竞争力；对于那些融资和研发能力相当有限的小微企业来说，要注重产品设计、外观、服务上的改进，提升产品的档次和质量，巩固其在原有优势产品上的贸易竞争力。另一方面，省内外贸企业应充分借助浙江省电商平台的先发优势，设立国际营销网络，实现线上线下融合发展；充分借助本省和省外的展会平台，发挥展会在商品营销、扩大产业内贸易规模、优化资源配置等方面的作用。要进一步提升企业的品牌和渠道能力，积极参与"浙江出口名牌"申报，不断拓宽外贸企业的国内国际市场，逐步实现从加工商向渠道商、品牌商、系统集成商的转变。

第三章　浙江服务贸易的发展

"我们把世界经济比作人的肌体，那么贸易和投资就是血液。如果气滞血瘀，难畅其流，世界经济就无法健康发展。"国家主席习近平如此形容贸易对世界经济的重要性。

20世纪70年代以来，随着全球经济的不断发展、国际分工的不断深化，产业结构调整升级，从第一产业和第二产业逐步向第三产业过渡。服务贸易作为一种后兴起的贸易形式，其行业范围覆盖广泛、体量庞大，存在巨大的发展潜力。在科学技术迅猛前进的助推下，当今国际服务贸易的增长速度已经远远超过商品贸易的增长速度，成为世界经济新的发展引擎，在世界经济发展中具有重要地位。在2018年5月9日的浙江省对外开放大会上，浙江省省委书记车俊特别讲道："要把服务贸易放在突出位置，做大做强外贸新增长点。"服务贸易的发展，不仅代表了服务贸易国际化的水平，也是产业结构升级的重要衡量指标。

本章将考察浙江省服务贸易。第一节简述浙江省服务贸易的发展特征，并在第二、第三节对浙江省服务贸易的结构与竞争力进行分析，第四节通过浙大网新集团聚焦浙江服务贸易在新兴服务贸易领域中的发展，最后对本章进行总结。

第一节　浙江服务贸易的发展与特征

改革开放以来，随着中国服务贸易对外开放，浙江省的国际服务贸易也顺势前进，成为拉动全省经济发展的重要力量。依托于先进省内制造业、商品市场和货物贸易的基础，浙江省充分发挥已有的现代物流、交通运输、建筑业与其他服务业等优势，使浙江省的国际服务贸易呈现出旺盛的生命力。

在2001年中国加入WTO的背景下，2003年7月浙江省委提出了指引浙江发展的"八八战略"，随着浙江省进入开放深化期，其服务贸易进入了一个高速发展的阶段。而面对2008年金融危机带来的全球经济遇冷，浙江省积极推进开放转型，从偏重数量、偏重速度，向着重视质量增长、重视稳定增长方向进行转变升级，更使得浙江省的对外开放进入了崭新阶段。主要有以下表现。

一 服务贸易增速快，整体上处于贸易顺差状态

作为中国经济比较发达的沿海省份，浙江具备独特的产业优势和区位优势，服务贸易进出口总额从2002年的14.4亿美元，增加至2016年的477.7亿美元（折合人民币3172.8亿元），15年间完成了32.2倍的增长；出口额从6.8亿美元增加到312.2亿美元（折合人民币2073.6亿元），增长了44.9倍；进口额从7.6亿美元增加到165.5亿美元（折合人民币1099.2亿元），增长了20.8倍（见图3-1）。

在参与国际服务贸易市场程度加深的同时，浙江省服务贸易在国际市场的竞争力也崭露头角。2002年浙江省服务贸易逆差为-0.8亿美元，从2004年开始呈现顺差，并逐年拉大，由2004年的9.8亿美元扩大到2016年的146.7亿美元，增长了14倍，成为中国在服务贸易逆差逐年拉大的情况下少数几个实现服务贸易顺差的省份之一。

从服务贸易数据来看，浙江省的国际服务贸易一直在稳步攀升。与进口额增速相比，出口额的增速更快，据此服务贸易顺差得以不断扩大。2008年金融危机后市场普遍遇冷，贸易额急剧下降，增速放缓，这也使得起步阶段的浙江省国际服务贸易发展遭受重创。面对复杂的国际环境，浙江省服务贸易坚持实现平稳增长，并力争在新兴服务贸易领域中寻求新的突破。

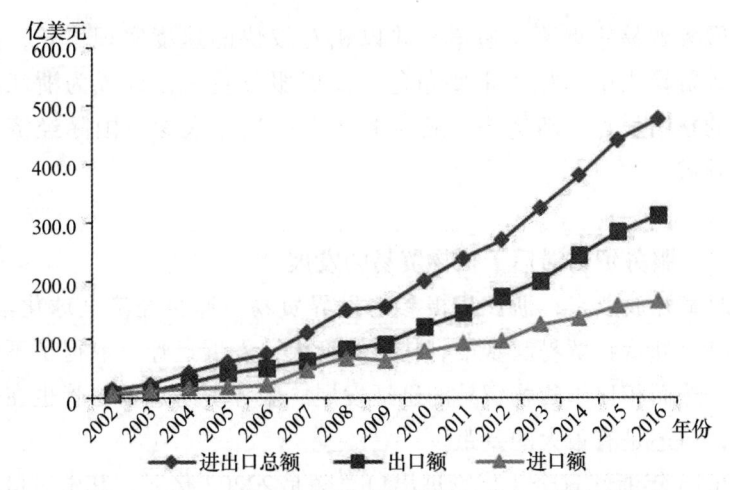

图 3-1　2002—2016 年浙江省服务贸易进出口额变化趋势

资料来源：根据各年度《浙江省国际服务贸易发展报告》及浙江省商务厅数据整理而得。

二　服务贸易总量占全国服务贸易比重逐年攀升

2002 年，浙江省服务贸易进出口总额为 14.4 亿美元，仅占全国服务贸易的 1.68%，然而到 2016 年已达到 7.39%，相较于 2002 年提高 5.71 个百分点。出口额增长势头更为迅猛，占比从 2002 年的 1.73% 增至 2016 年的 14.18%，提高了 12.45 个百分点（见图 3-2）。浙江省服务贸易毫无疑问跻身全国服务贸易的第一方阵，占

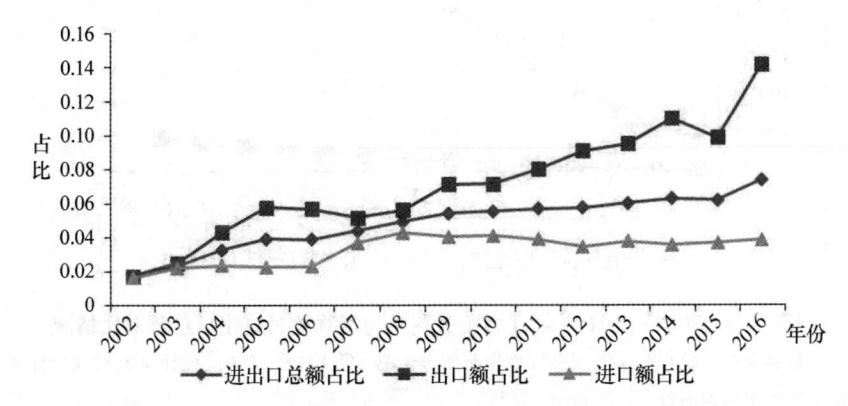

图 3-2　2002—2016 年浙江省服务贸易占全国服务贸易的比重

资料来源：根据各年度《浙江省国际服务贸易发展报告》《中国统计年鉴》及浙江省商务厅数据整理而得。

全国服务贸易比重逐年递增，并以相对较快的速度实现增长，在全国服务贸易当中承担了重要角色。发展服务贸易已经成为浙江对外经济的新增长点、新优势，成为浙江进一步深入参与国际经济合作的新领域。

三　服务贸易滞后于货物贸易的发展

改革开放以来，浙江积极参与世界贸易，迎接经济全球化浪潮，尤其是对外货物贸易起步早、扶持力度大、发展迅速，取得了不俗的成绩。然而相比于货物贸易的迅猛发展，服务贸易总量尽管也在节节攀升，但还是有很大的差距。

2016年浙江省全年货物进出口总额是22202亿元，其中出口总额17666亿元，而全年服务贸易进出口总额为3173亿元，其中出口额为2074亿元。两相比较，服务贸易进出口总额仅为货物贸易的七分之一，服务贸易出口额更仅约为货物贸易的九分之一（见图3-3）。

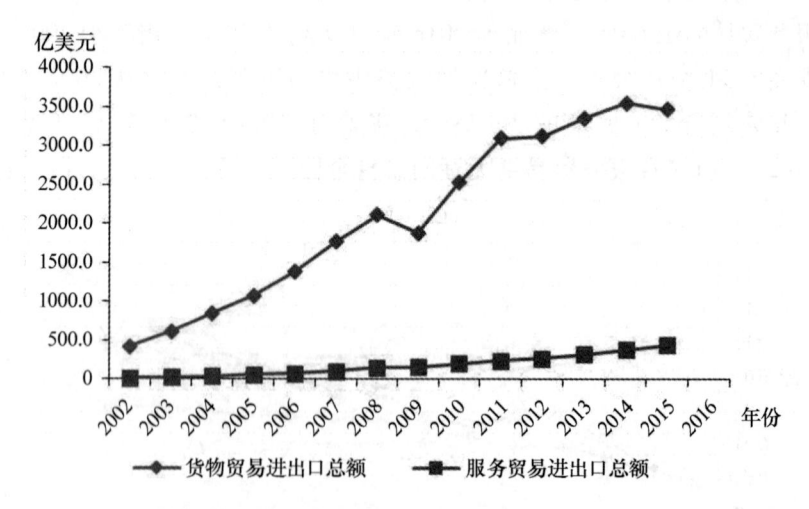

图3-3　2002—2016年浙江省服务贸易与货物贸易进出口总额对比情况
资料来源：根据各年度《浙江省国际服务贸易发展报告》《中国统计年鉴》及浙江省商务厅数据整理而得。

发展服务贸易是现代服务业发展的迫切要求，也是国际贸易新发展的一个必然结果。尽管货物贸易的发展为服务贸易提供了重要的平台，但巨大的差距仍意味着浙江省的产业结构升级任重道远。幸运的是，服务贸易进出口额占比正在逐年提高，服务贸易的增长速度较货物贸易增速也更快，与货物贸易的差距在进一步缩小，服务贸易正以良好势头加速发展。

四　协同发展，构筑平台，深挖巨大潜力

浙江省区位优势明显，地处东南沿海，是长江三角洲的重要组成部分。2008 年 9 月，国务院发布了《关于进一步推进长江三角洲地区改革开放和经济社会发展的指导意见》，明确了以上海为龙头、江苏与浙江为两翼的长三角地区把大力发展现代服务业和服务贸易作为提高对外开放水平的重要内容。可以预期的是，长三角的产业集群优势将进一步发挥其作用，促进服务贸易水准提升与产业结构迭代。

浙江省内发展均衡，民营经济活跃，各市在长期发展中积累了大量的产业特色和亮点，这为服务贸易的发展打下了坚实的基础，浙商文化的传统也为服务贸易的新发展提供了一片广袤的土壤。2011 年，国务院先后批复了《浙江海洋经济发展示范区规划》《义乌国际贸易综合改革试点》国家级战略，批准设立浙江舟山群岛新区。2012 年国务院又批准实施《浙江省温州市金融综合改革试验区总体方案》，从政策上为"浙江服务"品牌的发展提供了重大契机。

2015 年，为推进产业集聚、提升产业规模、加快人才培养，浙江省创建服务贸易发展基地，以省货物贸易和服务贸易协调发展基地、省文化出口基地、省离岸服务外包综合园区、省离岸服务外包特色园区与省在岸服务外包示范园区五类基地为先导，积极促成服务贸易产业集聚，促进服务贸易加速发展。据浙江省国民经济和社会发展统计公报，浙江省 2017 年全年服务贸易进出口额 3663 亿元，比上年增长 15.5%，服务贸易进出口额占货物和服务贸易总额的 12.5%。其中，出口 2429 亿元，增长 17.1%；进口 1234 亿元，增长 12.3%。

2016 年 8 月，杭州市政府印发了杭州市服务贸易创新发展试点实施方案，重点围绕信息服务贸易、文化服务贸易、旅游服务贸易、跨境电子商务服务贸易、教育服务贸易、金融保险服务贸易六大方面实现突破。力争在两年试点期内，杭州服务贸易增速达到15%以上，到2017年，全市服务贸易进出口总额达到230亿美元，其中服务贸易出口总额达到110亿美元。到2020年，全市服务贸易进出口总额突破280亿美元，其中服务贸易出口总额突破135亿美元；服务贸易占对外贸易的比重逐年提高，服务贸易产品结构日趋优化，高技术、高附加值、高文化内涵的服务贸易新业态比重逐年提高；服务贸易国际市场布局逐步均衡，对"一带一路"沿线国家和地区的服务贸易额明显提升。据杭州市国民经济和社会发展统计公报，杭州市2017年全年服务进出口总额1619亿元，增长15.7%，占货物和服务贸易进出口的比重为24.1%，其中出口1088亿元，增长15%；进口531亿元，增长17%。初步完成计划，为服务贸易创新发展试点的两年之约交上了满意的期中答卷。

第二节　浙江服务贸易的结构分析

在当前制造业全球转移日趋稳定、服务业国际转移速度加快的大背景下，国际服务贸易正走向高级化。随着现代服务贸易的崛起，服务贸易结构是否合理已成为评价服务产业发展水平的重要指标，也在相当程度上影响了服务业整体的资源配置格局。知识、技术等密集型的高附加值服务的比重，相较于劳动密集型的服务，更能满足服务贸易长足发展的需求，因而成为服务贸易出口的必争之地。促进服务贸易又好又快发展，不仅需要快而稳健的增长速度，更需要合理的增长结构。习近平主席在2015年G20峰会上就提出"以服务业为重点放宽外资准入领域"，这也是我国下一步结构性改革面临的重大任务之一。

一　浙江省进出口贸易的行业结构分析

服务贸易覆盖行业广泛，各行业之间差异很大。近年来全球国际服务贸易的结构都在逐渐向新兴国际服务贸易部门转变。一个产业的兴起，首先要广泛吸收该行业优势地区的先进经验，在这个阶段需要扩大进口，净进口随之增大，之后随着自身实力的慢慢提升，差距逐渐缩小，进口额也随之缩小。当产业发展起来，其产业优势逐渐形成，该地区自身便具备出口能力，出口额会慢慢上升，直至超过进口额，产生顺差。浙江国际服务贸易在保持传统领域优势、确保平稳快速增长的同时，大力发展新兴国际服务贸易产业，尤其在知识、技术密集型服务领域，为改善浙江省服务贸易产业结构、提升服务贸易竞争力，经历了从进口到出口、从逆差到顺差的过渡。

（一）浙江省服务贸易的出口行业结构分析

浙江省服务贸易的三大传统支柱行业是国际旅游、国际运输与国际建筑工程服务，这三个行业由于前期的基础在全国范围内积累了一定的比较优势。长期以来，传统服务贸易行业的出口一直保持平稳增长，它们也共同构成了浙江省服务贸易顺差的主要来源。早在2006年时，三大传统支柱行业占整体服务贸易出口的93.8%，留给其他行业的服务贸易的空间微乎其微（见表3-1和图3-4）。浙江在巩固发展传统服务贸易的同时，加快发展与新一代信息技术、高端装备制造、新能源、新材料等战略新兴产业相配套的服务贸易，以承接服务外包、对外文化贸易、国际物流运输、软件技术出口为抓手，加大力度推进经济转型升级。

近年来，浙江省新兴服务贸易行业实现了快速发展。在浙江，以计算机和信息技术服务为主的国际服务外包和以影视动漫为主的对外文化贸易，成为对外经济发展引人注目的新增长点。至2012年，三大传统支柱行业的出口占比已降至69.8%，其中旅游出口占比从2006年的41%稳步下降到2012年的29.7%，建筑安装和劳务承包从39.2%稳步下降到21.4%，但是运输出口比重从2006年的13.6%上升到2008年的22.6%之后，受2008年国际金融危机之后的货物贸易出口增速放缓的影响，2009年跌到了11.3%的低谷，随后逐渐恢复，至2012年运输的出口比重仍保持在18.7%。新兴产业中的计算机和信息服务国际服务外包业务出口已超越运输服务，以21.3%的比重在浙江省所有出口服务贸易行业中排名第三（见表3-1、图3-4和图3-5）。通信服务、保险服务、医疗保健和社会服务等新兴服务贸易的出口比重也在逐步攀升，新兴领域的增速明显快于传统领域，实现了服务贸易出口行业结构的整体优化。至2016年，新兴领域进出

表 3-1　　2006—2012 年浙江服务贸易出口行业结构变化　　单位:%

年份	2006	2007	2008	2009	2010	2011	2012
总值	100.0	100.0	100.0	100.0	100.0	100.0	100.0
运输	13.6	16.2	22.6	11.3	19.1	18.9	18.7
保险	0.2	0.1	0.2	0.1	0.1	0.1	0.1
旅游	41.0	43.0	36.6	35.1	32.3	31.1	29.7
金融服务	0.0	0.0	0.0	0.0	0.0	0.0	0.0
通信、邮电	0.0	0.0	0.0	0.1	0.1	0.1	0.1
建筑安装和劳务承包	39.2	33.1	25.3	31.4	23.9	20.0	21.4
计算机和信息服务	1.7	2.9	2.6	13.4	14.8	17.8	21.3
专有权利使用费和特许费	0.2	0.4	0.3	0.0	0.1	0.0	—
咨询	1.3	2.2	2.6	2.5	2.1	0.9	—
教育医疗保健	0.2	0.2	0.2	0.2	0.3	0.1	2.2
广告宣传	0.1	0.0	0.1	0.1	0.4	0.7	—
电影音像	0.0	0.2	0.1	0.1	0.0	—	—
其他商务服务	2.6	1.6	9.4	5.6	6.7	9.7	5.5

注：2011 年、2012 年统计分类有所变化。

资料来源：根据各年度《浙江省国际服务贸易发展报告》整理而得。

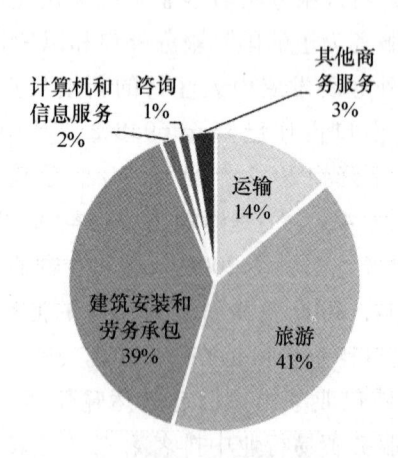

图 3-4　2006 年浙江服务贸易出口行业结构

注：图中所示数据经四舍五入。

资料来源：根据 2006 年《浙江省国际服务贸易发展报告》整理而得。

口占比突破40%大关,离岸服务外包出口比重超过25%,跃居浙江省第一大出口行业,保险、教育、文化等新兴领域年增幅也均在30%以上。传统支柱行业在浙江省出口服务贸易中所占的比例逐年下降,其主导地位也逐渐产生了被新兴产业替代的趋势。

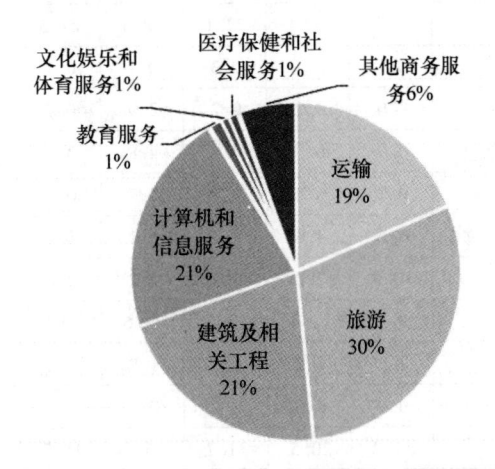

图 3-5 2012 年浙江服务贸易出口行业结构

注:图中所示数据经四舍五入。

资料来源:根据2012年《浙江省国际服务贸易发展报告》整理而得。

(二)浙江省服务贸易的进口行业结构分析

服务贸易的进口行业结构较出口而言更富变化,其结构波动变化较大而品类繁杂。从2006年的情况看,其他商务服务和运输服务占较大份额,这与浙江省货物贸易的高速增长紧密相关。旅游、咨询、专利使用费和特许费也占有一定比重。2006—2012年,传统服务贸易行业中运输服务的进口从34.7%下降到16.7%,但旅游行业进口幅度却大大增加,从2.7%急剧攀升到60.3%,成为进口比重最大的行业部门。而新兴领域产业进口,如咨询、专有权利使用费和特许费、教育医疗保健、广告宣传等的比重则有所下降(见表3-2、图3-6和图3-7)。

表3-2　　　　2006—2012年浙江服务贸易进口行业结构变化　　　　单位:%

年份	2006	2007	2008	2009	2010	2011	2012
总值	100.0	100.0	100.0	100.0	100.0	100.0	100.0
运输	34.7	23.7	17.9	11.2	20.1	15.2	16.7
保险	0.3	0.1	0.1	0.1	0.1	0.1	0.1
旅游	2.7	28.4	22.1	28.4	27.5	44.1	60.3
金融服务	0.1	0.1	0.3	0.1	0.1	0.2	0.1
通信、邮电	0.0	0.2	0.2	2.9	0.7	0.2	0.1
建筑安装和劳务承包	0.9	0.3	0.6	4.8	3.1	0.1	1.9
计算机和信息服务	0.7	0.4	0.4	0.7	0.4	0.4	0.5
专有权利使用费和特许费	6.6	4.4	3.7	6.1	5.1	4.1	—
咨询	10.9	7.8	8.5	5.2	2.8	1.6	—
教育医疗保健	9.2	12.7	13.3	22.6	20.9	0.3	4.5
广告宣传	2.5	1.5	1.5	1.9	2.3	1.8	—
电影音像	0.1	0.0	0.1	0.1	0.2	—	—
其他商务服务	31.2	20.5	31.2	15.9	16.7	31.4	2.4

资料来源：根据各年度《浙江省国际服务贸易发展报告》整理而得。

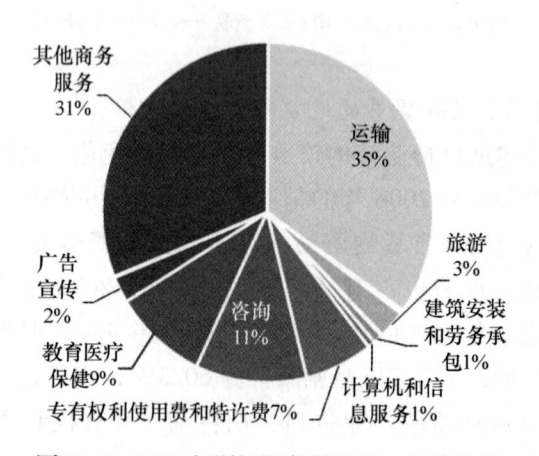

图3-6　2006年浙江服务贸易进口行业结构

注：图中所示数据经四舍五入。

资料来源：根据2006年《浙江省国际服务贸易发展报告》整理而得。

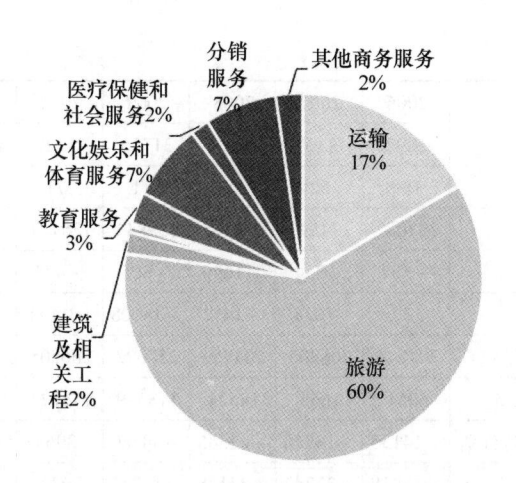

图 3-7　2012 年浙江服务贸易进口行业结构

注：图中所示数据经四舍五入。

资料来源：根据 2012 年《浙江省国际服务贸易发展报告》整理而得。

（三）浙江省服务贸易进出口差额的行业结构分析

从整体来看，服务贸易进出口的变化以差额形式反映出来，浙江省服务贸易顺差不断扩大的方向总体不变，但这种顺差的构成却在悄悄发生变化。2006 年的顺差中，旅游业和建筑服务业占了绝大部分，作为传统支柱之一的运输服务业尚为逆差。而从 2008 年运输服务业第一次出现顺差开始，至 2012 年运输服务贸易的顺差已高达 161567 万美元。建筑服务业的顺差稳步上升，至 2012 年已上升到 352644 万美元。传统行业中旅游行业顺差逐年缩小，到 2012 年已出现逆差。新兴服务贸易领域中，计算机和信息服务增势迅猛，至 2012 年顺差达到 365278 万美元，已成为顺差的首要构成部门，通信、邮电行业也经历了从扩大逆差到逐渐顺差的过程，金融和教育医疗保健等尚在逆差阶段（见表 3-3）。

表 3-3　2006—2012 年浙江服务贸易进出口差额行业结构变化

单位：万美元

年份	2006	2007	2008	2009	2010	2011	2012
总值	291112	150108	147722	273472	426464	530361	766079

续表

年份	2006	2007	2008	2009	2010	2011	2012
运输	-8920	-11518	65164	31736	74129	135026	161567
保险	189	52	1284	411	271	-445	316
旅游	207082	134593	152175	139843	175727	44855	-68665
金融服务	-307	-334	-1699	-805	-823	-1513	-1129
通信、邮电	137	-624	-1412	-18028	-4402	-936	826
建筑安装和劳务承包	201816	206903	204969	257092	266805	290170	352644
计算机和信息服务	6951	1666	18524	118549	176023	255377	365278
专有权利使用费和特许费	-14133	-18816	-22565	-38760	-39642	-37072	—
咨询	-18418	-23243	-23138	-10732	3934	-1504	—
教育医疗保健	-20036	-59651	-88533	-143606	-161755	-1082	-5981
广告宣传	-5306	-6843	-9446	-10959	-12369	-7213	—
电影音像	-13	993	102	-25	-1338	—	—
其他商务服务	-57930	-88050	-134703	-51244	-50099	-150197	42422

资料来源：根据各年度《浙江省国际服务贸易发展报告》整理而得。

从进出口差额分析来看，宁波—舟山港口的建设发展壮大了浙江省的国际物流产业，提升了浙江省运输服务贸易的实力。计算机和信息服务外包等新兴服务贸易行业已成为浙江服务贸易的新增长点，其发展潜力大、增长速度快。而随着浙江省经济的发展和人民生活水平的提高，国外旅游越来越普遍，从而导致国际旅游进口大幅上升。

二 浙江省进出口贸易的方式结构分析

《服务贸易总协定》（GATS）中规定了国际服务贸易具体包括跨境交付、境外消费、商业存在和自然人流动四种方式。

跨境交付指从一方境内向另一方境内提供服务，其中的"跨境"是指"服务"过境，通过电信、邮电、计算机联网等实现，至于人员和物资在现代科技环境下则一般无须过境。例如，国际金融中的电子清算与支付、国际电信服务、信息咨询服务、卫星影视服务等。跨境交付的附加值往往较高，市场空间大，也因此成为政策倾向服务领域。2016年，浙江省离岸服务外包出口比重已超过25%，成为省内第一大出口行业，发展十分迅速。但保险、金融、教育、文化等行业的增长空间还亟待挖掘开发，距离完成高水准输出还有较大差距。

境外消费指在一方境内向另一方的服务消费者提供服务。随着近年来旅游业和教育产业的发展，境外消费已成为浙江省服务贸易的重要组成部分，常驻外国人消费领域的主要代表有义乌小商品商贸城、柯桥轻纺城等，经不完全统计，2016年常驻外国人消费达14亿元。

商业存在指一方的服务提供者通过在另一方境内的商业实体提供服务，它是四种服务提供方式中最主要的方式，也是服务贸易活动中最主要的形式。它主要涉及市场准入和直接投资，即允许一方的服务提供商在另一方境内投资设立机构并提供服务，包括投资设立合资、合作和独资企业等。据浙江省商务厅数据，2014年浙江省服务业利用外资新批项目1053个，合同外资145.3亿美元，实际外资97.9亿美元，实际外资同比增长24.3%，占总数的62%，产业中尤以房地产与现代服务业增长迅速。经审批和核准的服务业境外投资企业共计58家，占境外投资企业总数的10.05%，投资总额119325.2万美元，占境外投资总额的18.54%，主要涉及租赁和商务服务业、居民服务业以及文化、体育和娱乐业等行业，覆盖20个国家和地区。

自然人流动指一方的服务提供者通过自然人的实体在另一方境内的商业现场提供服务，进口方允许个人入境来本国提供服务，此种贸易方式规模较小，总体占比较低。

三 浙江省进出口贸易的市场结构分析

自加入WTO以来，浙江省不断拓展海外市场，不仅力争在海外区域上持续拓荒，更着力在国际市场上抢占份额寻求发展，提升浙江服务贸易在海外市场的影响力。至2014年，浙江省服务贸易出口市场遍布五大洲180多个国家和地区。从大洲分布看，亚洲为最主要市场，出口额达163.37亿美元，市场份额占66.87%，主要领域为运输服务、旅游服务、工程承包、服务外包、文化服务、金融服务、通讯服务等；其次为欧洲和美洲，出口额分别达33.25亿美元和32.69亿美元，分别占13.61%和13.38%，主要领域为运输服务、旅游服务、教育服务、服务外包、文化服务、通信服务等；非洲和大洋洲则是服务贸易出口新兴市场，出口额达11.05亿美元和3.97亿美元，分别占4.52%和1.62%，主要领域为工程承包、运输服务等。从国别和地区看，2014年出口至中国香港的服务贸易达到48.86亿美元，占全省出口总额的20%，为浙江省服务贸易出口第一大市场；其他市场以亚洲和欧洲为主，新加坡是除中国香港以外的最大出口市场，出口额达36.65亿美元，占全省总额的15%，其次为美国和日本，出口额分别为30.47亿美元和24.77亿美元，分别占全省总额的12.47%和10.14%。第五至第十大市场分别为韩国、英国、中国台湾、阿尔及利亚、德国和柬埔寨。

2016年，海外市场进一步趋于多元化，新兴市场得到大力拓展，服务贸易出口市场遍布五大洲200多个国家和地区。亚洲仍为最主要进出口市场，占50.2%；其中，中国香港、日本、新加坡占到亚洲市场的83%，主要进出口内容为旅游服务和服务外包等。美洲市场占进出口总额的23.9%，其中美国、加拿大占美洲市场的97%，主要进出口内容为旅游服务、教育服务和文化服务等。大洋洲是服务贸易新兴市场，占进出口总额的6%，主要进出口内容为旅游服务和教育服务等。"一带一路"国家和地区增长迅速，占全省进出口总额的9.5%；其中新加坡占43.2%，缅甸占16.2%。具体来看，"一带一路"沿线市场占全省服务外包离岸执行额的15%，占全省文化服务出口总额的34%。

四　浙江省进出口贸易的区域结构分析

从增加值上看，总体来说，浙江省11市发展均衡，服务业增速基本一致，且均已超越浙江地区生产总值的较快增速发展。从2007—2012年各省服务业增加值的比例来看，浙江省进出口贸易的区域结构基本无变化：以杭州、宁波为龙头领跑全省，衢州、丽水、舟山、湖州处于下游追赶梯队（见图3-8和图3-9）。

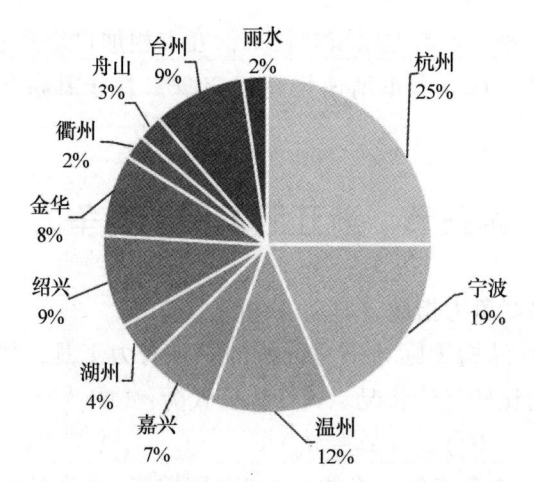

图 3-8　2007 年浙江省 11 市服务贸易增加值比例

资料来源：根据 2007 年《浙江省国际服务贸易发展报告》整理而得。

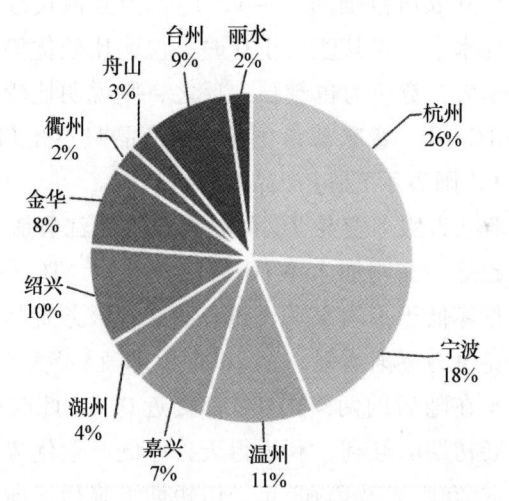

图 3-9　2012 年浙江省 11 市服务贸易增加值比例

资料来源：根据 2012 年《浙江省国际服务贸易发展报告》整理而得。

从总量上看，各市在全省服务贸易中所占的比重也基本保持稳定，2014 年基本与 2013 年相同。杭州仍然保持最大份额，为 39.84%，宁波、温州分别为 20.78%、10.64%，这三个市占比均超过 10%，合计占全省总额的 71.26%；金华、嘉兴、绍兴市占比分别为 6.42%、5.74%、4.73%，合计占总额的 16.89%；湖州、舟山、台州、衢州、丽水等市占比相对较小，五市相加占全省总额12.3%，但从增幅上看，这五个市增速均超过20%，快于其余各市，差距正在逐步缩小。

第三节　浙江服务贸易竞争力

一　贸易竞争力指数（TC）分析

TC 是行业结构国际竞争力分析的一种有力工具，能够总体反映出计算对象的比较优势状况。其计算公式为：

$TC = (X_{ij} - M_{ij}) / (X_{ij} + M_{ij})$

其中，TC 表示竞争力指数，X_{ij} 为 i 国家第 j 种商品的出口额，M_{ij} 为 i 国家第 j 种商品的进口额。TC 表示一国进出口贸易的差额占进出口总额的比重，其取值范围为 [-1, 1]。当其值接近0时，说明比较优势接近平均水平；当其值大于0时，说明比较优势较大，且越接近1比较优势越大，竞争力也越强。反之，则说明比较优势小，竞争力也小。如果 TC = 1，意味着该国第 j 种商品只有出口而没有进口；反之，TC = -1，则表示 i 是 j 产品的净进口国。

通过计算浙江省服务贸易 TC 可以看出，浙江省服务贸易的竞争力整体呈上升趋势。在刚加入 WTO 后的两年中，TC 小于0，比较优势虽然接近但整体低于平均水平。随着浙江省服务贸易的发展，浙江省服务贸易的竞争力逐渐增强，至2004年 TC 已经大于0，比较优势已经较大，甚至在随后的两年内 TC 都接近0.4，此时的浙江省服务贸易汲取了发展初期的红利，利用得天独厚的产业优势与区位优势飞速向前发展。在2007年及2008年经历短期下降后，浙江省服务贸易的 TC 稳步上升，至2016年 TC 达到0.31。这说明浙江省服务贸易从整体来看仍具备超出平均水准一定程度的比较优势，竞争力较强（见图3-10）。

具体到各行业 TC，可以看出传统服务行业中：运输服务的比较优势从低于平均水准的 -0.06 增加到高于平均水准；旅游服务从 TC 接近1的高竞争力逐渐降低，至2012年已低于平均水准；建筑服务一直保持高竞争力，TC 一直在0.9附近徘徊。新兴产业中计算机和信

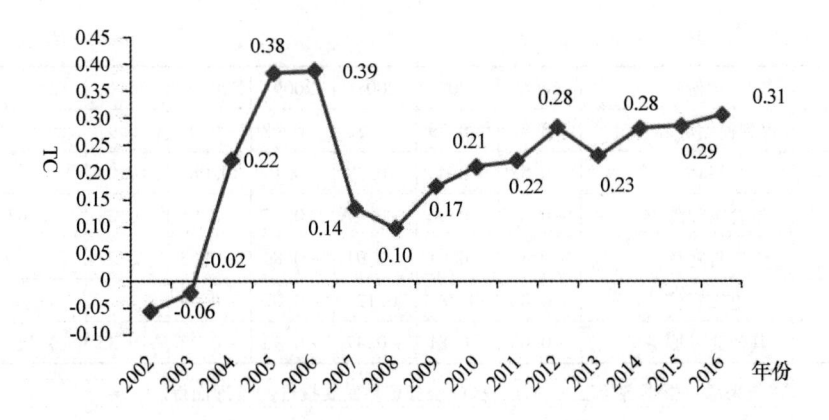

图 3-10　2002—2016 年浙江省 TC 变化趋势

资料来源：根据各年度《浙江省国际服务贸易发展报告》整理而得。

息服务处于优势地位，TC 从 0.67 逐年增加至 0.98；咨询业务的 TC 从 2006 年的 -0.58 提升到 2011 年的 -0.05，2010 年 TC 甚至大于 0，说明咨询业务的竞争力从远低于平均水准有很大提升；保险服务时高时低，但总体高于平均水准；专有权利使用费和特许费仍基本维持在净进口水平；其他许多新兴行业的 TC 在起伏中上升，尽管仍低于平均水准，但也在逐年缩小差距（见表 3-4）。

表 3-4　　　2006—2012 年浙江服务贸易各行业 TC

年份	2006	2007	2008	2009	2010	2011	2012
总值	0.39	0.14	0.10	0.18	0.21	0.22	0.28
运输	-0.06	-0.05	0.21	0.18	0.19	0.32	0.33
保险	0.13	0.04	0.46	0.24	0.11	-0.21	0.10
旅游	0.94	0.33	0.34	0.28	0.29	0.05	-0.06
金融服务	-0.96	-0.86	-0.69	-0.82	-0.67	-0.76	-0.79
通信、邮电	0.42	-0.56	-0.73	-0.94	-0.74	-0.32	0.25
建筑安装和劳务承包	0.98	0.99	0.96	0.81	0.85	0.99	0.90
计算机和信息服务	0.67	0.08	0.76	0.93	0.96	0.97	0.98

续表

年份	2006	2007	2008	2009	2010	2011	2012
专有权利使用费和特许费	-0.88	-0.79	-0.82	-0.98	-0.97	-0.97	—
咨询	-0.58	-0.45	-0.29	-0.19	0.08	-0.05	—
教育医疗保健	-0.89	-0.96	-0.97	-0.97	-0.96	-0.28	-0.07
广告宣传	-0.85	-0.91	-0.91	-0.84	-0.53	-0.27	—
电影音像	-0.05	0.78	0.12	-0.02	-0.59	—	—
其他商务服务	-0.68	-0.81	-0.47	-0.33	-0.23	-0.35	0.36

资料来源：根据各年度《浙江省国际服务贸易发展报告》整理而得。

随着近五年来产业结构的不断优化，新兴产业的 TC 逐年攀升，国际服务竞争力不断提高。计算机和信息服务的竞争优势更是逐年拉大，已成为浙江省最具代表性的服务产业。而人民生活水平的提高也使得旅游服务的 TC 持续走低，其竞争力在一定时期内仍保持在低于平均水准的程度。尽管浙江省的服务贸易总体占优，但具体到行业分析形势却不容乐观，仅仅依靠传统优势产业的高竞争力构筑成的竞争优势，难以占领高附加值的国际市场，更难以应对日新月异的国际服务市场环境。不容忽视的是，在许多知识、技术密集型的新兴产业领域，浙江省服务贸易的竞争力仍然偏弱，金融、保险等短板行业的比较优势远远低于平均水准。

二 显性比较优势指数（RCA）分析

RCA 通过某一产业在其国出口中所占的份额与世界贸易中该产业占世界贸易总额的份额之比来表示，剔除了国家总量波动和世界总量波动的影响，可以较好地反映一个国家某一产业的出口与世界平均出口水平比较来看的相对优势。其计算公式为：

$$RCA = (X_i/X_t) / (W_i/W_t)$$

其中，X_i 表示一国对商品 i 的出口，X_t 表示该国的总出口；W_i 表示世界对商品 i 的出口，W_t 表示世界总出口。

一般认为，一国 RCA 大于 2.5，则表明该国该产业具有极强的国际竞争力；RCA 介于 2.5—1.25，表明该国该产业具有很强的国际竞争力；RCA 介于 1.25—0.8，则认为该国该产业具有较强的国际竞争力；RCA 小于 0.8，则表明该国该产业的国际竞争力较弱。

为度量浙江省服务贸易各行业在全国范围内的竞争力，此处 X_i 表示浙江省对 i 产业的服务贸易出口，X_t 表示浙江省服务贸易总出口；W_i 表示中国对 i 产业的服务贸易出口，W_t 表示中国服务贸易总出口。计算 2006—2012 年 RCA，得到表 3-5。

表 3-5　　2006—2012 年浙江服务贸易各行业 RCA

年份	2006	2007	2008	2009	2010	2011	2012
运输	0.59	0.63	0.86	0.61	0.96	1.07	0.92
保险	0.33	0.14	0.22	0.08	0.10	0.07	0.06
旅游	1.11	1.41	1.31	1.14	1.20	1.05	1.13
金融服务	0.00	0.00	0.00	0.00	0.00	0.00	0.00
通信、邮电	0.00	0.00	0.00	0.11	0.14	0.13	0.11
建筑安装和劳务承包	13.07	7.52	3.56	4.24	2.81	2.78	3.32
计算机和信息服务	0.53	0.81	0.60	2.63	2.69	2.97	2.81
专有权利使用费和特许费	1.00	1.33	0.75	0.00	0.20	0.00	—
咨询	0.15	0.23	0.21	0.17	0.16	0.06	—
广告宣传	0.06	0.00	0.07	0.06	0.24	0.35	—
电影音像	0.00	0.67	0.33	1.00	0.00	—	—
其他商务服务	0.12	0.07	0.53	0.29	0.32	0.49	0.37

资料来源：根据各年度《浙江省国际服务贸易发展报告》《中国服务贸易发展报告》整理而得。

表 3-5 中，大于 2.5 的 RCA，代表在全国范围内竞争力极强；小于 0.8 的 RCA，代表在全国范围内竞争力较弱。综览表 3-5 可以看出，尽管在某些行业具备超强优势，浙江省的弱势产业还占据大半江山。浙江省的建筑安装和劳务承包一直以来在全国范围内拥有极强的出口竞争力，随着科学技术的发展和政策的倾斜，计算机和信息服务后来居上，也发展出了极强的出口竞争力。传统服务贸易支柱的运输与旅游服务业在全国范围内的竞争力也较强，处于优势地位。然

而，浙江省的出口竞争力占优行业多为劳动密集型或资源密集型产业，其他产业的竞争力则还处于发展阶段，较全国数据而言竞争力较弱，其中大部分为新兴产业，这表示浙江省在大力发展新兴产业领域、提高知识技术密集型产业竞争力方面尚有很长的路要走，个别领域如金融服务，其RCA常年为0，说明该产业的短板情况在2006—2012年尚未得到较好改善。

三 影响浙江省服务贸易竞争力的因素分析

通过观察浙江省服务贸易竞争力指标，我们可以看出浙江省服务贸易尽管一直在高速发展，但在产业结构上存在明显的不均衡。竞争优势难以脱离传统行业，而在新兴产业，尤其是知识、技术密集型产业方面，尚存在较大的进步空间。近年来随着浙江省整体布局统筹规划，计算机和信息服务也发展出一定优势，并逐渐以单一技术外包促进多元自主创新，走出了一条高技术含量的发展之路。

从传统浙江省服务贸易三大支柱——国际旅游、国际运输与国际建筑工程服务三类产业可以看出，传统的浙江省服务贸易主要依赖地缘优势与前期积累等基本生产要素。发展服务贸易离不开对传统优势行业的振兴。利用宁波舟山等港口的天然优势，服务好蓬勃发展的货物贸易，提升国内船运公司的国际竞争力；结合生态文明建设、文化艺术发展，深入挖掘中华历史文化与自然风光，打造更具魅力的浙江城市、浙江乡村；拓展建设承包工程上下游产业链，沿高附加值方向开辟更多如建设监理、建筑设计等服务输出路线。促进传统服务贸易的转型升级，焕发崭新生机。

然而，服务贸易的传统优势产业无论在技术含量、利润空间还是发展前景上，都落后于高精尖知识、技术密集型的新兴产业。在新兴产业中，计算机和信息服务行业已经呈现出较好的发展势头，具备了初步的竞争优势。文化产业的个别领域如动漫影视等，也取得了一部分成绩。但在金融、咨询等服务行业，还是存在严重的服务贸易逆差，本土企业的发展进展甚微。相较于传统产业的优势局面，稍逊一筹的新兴产业更应紧跟"一带一路"倡议的推进，抓紧扩大开放的机遇，拓展服务出口业务。

不同于商品贸易，服务贸易对人力资源有着更大的依赖，人力资源的比较优势一定程度上能够决定服务贸易的行业结构。因此，想在新常态下实现产业升级、贸易转型，需要依靠高素质人才的充足储备。重视知识、重视人才，培养各行各业的领军人物，才能孵化出各行各业的领军企业，才能培育出更多产业的竞争优势。

第四节 服务贸易发展的浙江案例
——以软件外包浙大网新为例

随着信息化技术的飞速发展，其在更广泛领域的应用为软件产业的发展带来了更多机遇，软件外包服务也焕发了勃勃生机。改革开放以来，20世纪80年代初中国软件行业开始起步，90年代后迎来高速发展，软件市场在30年间迅速扩张。2001年中国加入WTO之后，软件服务贸易进一步开放，中国市场成为国际市场中不可或缺的重要组成部分。2016年全国软件和信息技术服务业实现软件业务收入48511亿元，同比增长14.9%。2006—2016年，软件和信息技术服务出口比例无较大变化，但产业总额扩容十倍，从4800亿元增加到48511亿元。软件和信息技术服务占电子信息产业的比重也涨了两倍，从2006年的10.2%上涨到2016年的28.7%，中国软件业务快速平稳发展（见表3-6）。

表3-6　2006—2016年中国软件和信息技术服务业规模及比重一览　单位：亿元（出口为亿美元），%

年度	软件和信息技术服务业	电子信息产业	占比	软件出口和服务外包	电子信息产业出口	占比
2006	4800	47500	10.2	60.6	3640	1.7
2007	5834	56000	10.4	102.4	4595	2.2
2008	7573	58826	12.9	142.0	5218	2.7
2009	9970	60818	15.6	185.0	4757	3.9
2010	13364	78000	18.0	267.0	5912	4.5

续表

年度	软件和信息技术服务业	电子信息产业	占比	软件出口和服务外包	电子信息产业出口	占比
2011	18849	93766	20.1	304.0	6612	5.6
2012	24794	109838	22.7	368.0	6980	5.3
2013	30587	123789	24.7	469.0	7807	6.1
2014	37235	140223	26.6	545.0	7897	6.9
2015	42848	154567	28.0	495.0	7811	7.0
2016	48511	171000	28.7	519.0	7729	6.7

资料来源：工业和信息化部。

随着云计算、大数据、移动互联等新技术、新业态、新模式的迅速兴起，中国软件产业正加快向网络化、服务化方向发展。离岸服务外包日益成为我国促进服务出口的重要力量，对优化外贸结构、推动产业向价值链高端延伸发挥了重要作用。2016年，中国离岸服务外包规模约占全球市场的33%，稳居世界第二，离岸外包执行额占全国服务出口总额的四分之一。

一 浙大网新的发展历程——微观角度的浙江经验

浙大网新科技股份有限公司（上交所，证券代码600797）是一家以浙江大学综合应用学科为依托的信息技术咨询和服务集团，以"技术洞见，扎根行业"为战略定位，着重深耕基于云的大健康、大交通、大金融三大行业。浙大网新成立于2001年，创始人是浙江大学原校长潘云鹤院士。

（一）聚焦网络创新应用，开拓IT外包服务国际市场

2002年年初，浙大网新经历了首次资产重组后，提出了专注于网络创新应用，并发展成为网络创新应用领导者的战略目标。2002年10月，浙大网新"网络创新应用"战略在深圳第四届中国国际高新技术成果交易会上正式发布。网新以其"软硬兼施"的"易"系列自有品牌产品与强大的应用软件事业群第一次在业内高调亮相，"网络创新应用"战略与实践引起了业内外的广泛关注。

2003年，作为中国主要的软件外包商之一，浙大网新率先进入中国软件欧美出口工程试点企业名单，并作为全球最大的金融服务集团美国道富公司的信息技术服务提供商，承担了道富公司一系列软件开发项目，如股票交易执行系统、证券交易撮合系统、债券投资组合诊断分析系统等，在开发面向国际市场的金融证券的核心业务信息系统取得了良好的业绩。2003年9月，网新科技在上海证交所、道富公司在美国纽约证交所同时发布公告，宣告道富公司与网新旗下子公司签订全面技术服务协议，以信息技术推动全球金融业务的发展。浙大网新通过"Build and Transfer"的合作模式，成功帮助道富银行建立并壮大了其在杭州的分部，使其成为道富银行在波士顿本部之外最大的分部，提供ITO及BPO服务。

> 从一个小型离岸研发机构发展成为如今我们在中国的成熟的技术中心，（恒天软件）为我们完成了100余个遗留系统再工程项目，其高效的生产力带给我们的好处已经远远超越了人力成本的节约。
>
> ——道富执行副总裁兼首席技术官

与道富银行的合作成为浙大网新规模化外包服务的重要契机，在合作过程中，浙大网新不仅积累了宝贵的高端金融外包服务的经验，成为中国领先的金融服务ITO供应商，同时也借由道富银行的客户推荐，一步步打开了欧美外包市场。

浙大网新全面开花，在对日合作上也不遑多让。日本著名的《产经新闻》统计数据表明，网新喜思2002年在对日软件出口的中国大陆公司中，排名第四。浙大网新软件外包业务在日本市场起步早、起点高，成功地为富士电机、NEC等一批大型企业提供了服务，在此基础上，浙大网新还与全球500强企业——日本富士电机系统株式会社分别在东京、杭州两地成立两家合资公司，从软件工程的上游就开始合作，围绕软件开发、制造、售后服务等方面展开紧密协作，全面开拓日本市场。

2004年，经过二次资产重组，浙大网新进一步剥离非主营业务，把公司的资源集中到IT服务领域，并对公司的业务进行新的界定。重组、充实之后的浙大网新形成了分销集成、应用软件、自有品牌产品三大基本业务及软件出口、机电工程、移动数据等以IT外包服务为重点的三大新增业务。整合公司内部资源，全力出击IT应用外包服务领域。公司也不负众望取得了不俗成绩：2004年"中国电子政务IT百强榜"名列第八；2005年入选电子信息百强企业及中国最具竞争力上市公司百强企业等。在行业中初露峥嵘。

（二）强强联手造就全球合作，产业聚集培育后继人才

浙大网新不但在专业领域不断突破，谨遵校训求是创新，更注重可持续发展，体现出了纵深长远的战略眼光。其战略着力并不仅限于客户，更善于团结合作伙伴，强强联手，勠力合作。同时，通谋全局，居安思危，在人才储备和梯队培养建设中未雨绸缪。

2006年1月，浙大网新与微软缔结全球战略合作伙伴关系。2007年3月8日，浙大网新公司总裁史烈与微软公司资深副总裁、大中华区首席执行官陈永正在杭州签署全球战略合作伙伴谅解备忘录，浙大网新成为继浪潮、中软、神州数码、创智之后微软在中国的第5家全球战略合作伙伴。根据备忘录，微软将为浙大网新软件架构师、开发人员、解决方案销售及支持团队提供各种培训；微软将与浙大网新联合制订市场投放战略及执行计划；为浙大网新全面利用.net平台的功能进行应用设计及架构开发提供支持；帮助浙大网新发展软件服务及外包业务。微软对浙大网新制订培训计划，有针对性地培养软件人才，提升浙大网新的研发实力及其团队的商务谈判能力，同时与浙大网新联手投放更多资源开发新的市场与应用。尽管随着中国高等教育的进一步发展，本科、研究生每年毕业人数快速增长，但这些软件工程师的相关经验和能力尚有待长期实践来培养，而微软作为一家走在计算机行列前沿的灯塔级公司，无疑将给浙大网新带来极大帮助。此外，二者还联手布局移动行业，瞄准中国这一全球最大移动市场，以期将中国市场的解决方案全球化，以此山之石攻全球之玉。

不仅是微软，以及之前提到的道富银行与富士电机，浙大网新以云服务、人工智能云平台作为技术支撑，从自己最擅长的大交通、大金融、大健康三大行业着手，集结了产业链上不同特长的合作伙伴、

企业，资源互通、产学互融、优势互补、共生共荣，锻造基于行业优势的强壮生态圈。在全方位的战略合作模式下，网新与重要合资合作伙伴互为客户、互为合作伙伴、互为供应商，携手开拓市场；并与生态圈内其他企业一起，融合创新要素，不断聚合、聚焦、聚变，实现多方的业务发展与利益增长（见图 3-11）。

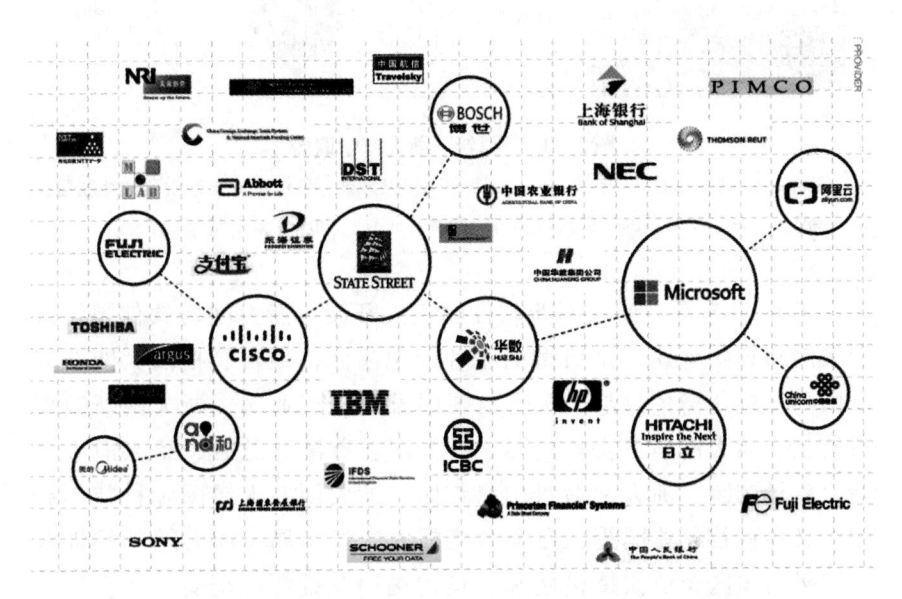

图 3-11　浙大网新全球战略合作伙伴，打造强力生态圈
资料来源：浙大网新集团官网。

另外，浙大网新作为产学研一体化协同创新的成功范例，其依托浙江大学人才储备平台所产生的一流的网络与信息产品渠道服务能力、迅速的市场响应与项目实施能力、众多行业领先的信息资讯和应用服务能力，以及规模化的大型信息系统开发能力，是普通服务外包公司难以具备的（见图 3-12）。通过开放合作，公司将浙江大学原始创新成果与国家发展导向、市场需求有机结合，形成"技术+资本"的强大孵化与加速力，提升创新成果产业化的效率。2008 年，浙大网新正式形成杭州三墩、北京中关村、上海张江三大外包基地，与浙江大学软件学院合作成立浙江省最大的欧美软件外包人才培训基地——网新国际培训中心。

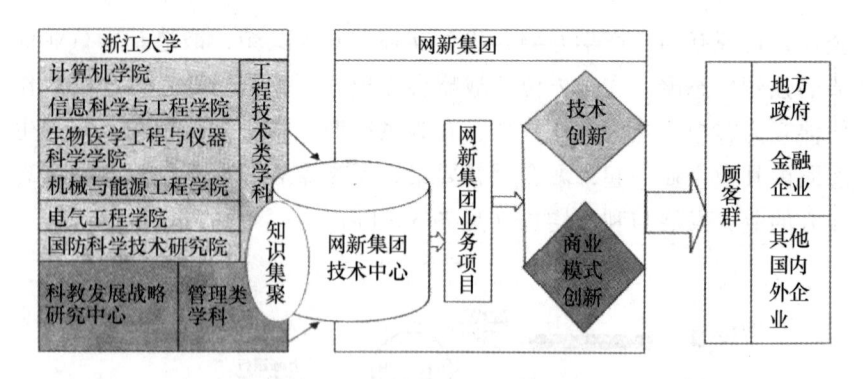

图 3-12　网新—浙大产学联盟

资料来源：参见陈劲、杨晓惠、郑贤榕等《知识集聚：科技服务业产学研战略联盟模式——基于网新集团的案例分析》，《高等工程教育研究》2009 年第 4 期。

2008 年 8 月，浙大网新软件园正式开园。浙大网新软件园，由浙大网新集团筹建，是典型的服务外包园区，项目囊括浙大网新双城国际、杭州湾信息港、杭州西湖国家广告产业园、浙大网新银湖科技园、浙大网新淮安科技园、浙大网新慈溪智慧谷、绍兴浙大网新上虞科技园、浙大网新舟山科创园、浙大网新无锡国际科技创新园、义乌科技创业园等，在全国范围内广泛布局。浙大网新软件园有明确的园区企业扶持措施和优良的国内基础环境配套，能提供功能完善的园区公共技术服务平台和商务服务平台。浙大网新软件园积极推进承接离岸在岸外包协同发展，横跨美国、日本和国内外包市场，形成从 ITO、BPO、KPO 到 IT 运维、软件集成总包全面的外包服务业务体系，园区集聚了网新恒天、网新新思、国际软件和道富等优秀承接服务外包企业，打响"浙大网新"品牌在国际服务外包领域的知名度，稳固国内前三地位，跻身世界一流服务外包商行列。

（三）紧扣互联网，放宽视野走向转型

2012—2014 年，面对信息技术创新步伐的加快，以及全球宏观经济的持续低迷的市场环境，受到汇率波动及参股公司网新实业破产重整等影响，传统的 IT 分销业务与软件外包业务遭受了严峻的考验。这也更让浙大网新意识到，集中力量整合资源，找准自己的位置与未来突破的方向，才能在愈加波谲云诡的互联网大战中屹立不倒。

2013年，随着互联网大潮的兴起及云概念的提出，浙大网新收缩非核心业务，轻装上阵，将目光紧锁在互联网行业当中，正式确立网新云战略，致力于做垂直行业云应用专家，帮助各行各业、传统业务实现向云端的升级和跨界。其提出以云计算引领IT技术和产品的研发，基于云为客户提供全价值链的增值服务，通过云战略实现浙大网新整体业务的顶层设计、深化协同，以此驱动公司的新一轮快速发展。在云战略的引领下，公司收拢各项非互联网相关业务，将主营业务集中在智慧城市和服务外包两大方面，优化业务结构，推动业务转型，积极培育云服务能力，多维度更全面地为政府、行业、企业客户提供智慧产品和整体解决方案，在云产业链的基础设施层、平台层、应用层、服务层、终端层都有所涉足，形成了良好布局，联合产业链上下游各层级企业共建产业生态系统，帮助企业客户提升产业结构，助力城市可持续发展。正确方向的引领，使得公司在2013年最终扭亏为盈。也是从这一年开始，浙大网新连续荣膺IAOP全球外包百强至今，其国际声誉与品牌影响迈上一个新台阶。

2015年公司进一步深化企业变革转型，公司响应"两会"中政府报告提出的"互联网+"概念，斥资5.5个亿全面布局"互联网+"，确立自身的总体定位为"IT全案服务商"，战略导向从2005年提出的"Computer+X"全面转入"互联网+X"，着重打造基于云的四大业务架构——网新云服务、智慧城市、智慧商务、智慧生活，为这些产业的互联网化转型提供专业的解决方案与服务。

> 全面投身"互联网+"这里有两层含义：一是网新帮客户做，不仅仅通过IT技术，同时也通过商业模式策划、资本运作、渠道重构、业务运营等方面，帮助客户实现互联网化转型，做客户的转型顾问；另一层意思是，网新自身也要从组织架构、业务布局、运作模式、思维方式、技术储备、人才引进等各方面都要做互联网化转型与重构。
>
> ——浙大网新前董事长、前总裁史烈

2016年，结合浙大网新产学研模式的优势力量，浙大网新又瞄准了人工智能这一战略前沿：公司的技术路线从"互联网＋"升级到"大数据＋""人工智能＋"，持续加强新技术的研发和投入。浙大网新不仅与浙江大学强强联合成立人工智能联合研究中心，更着力推进紫金众创小镇的建设，搭建创新创业社区平台，联动资源与人才。从外包合作一路走到今天，浙大网新的创新性与探索精神，砥砺着浙大网新人多领域布局发展。在外包领域从ITO导向转向BPO等全面全能，从前端转向后端，重点发力大交通、大金融、大健康三大行业方向，推动产业智能化升级。秉持"绿色、智能、互联、协同"的核心理念，"创新、健康、睿智"的品牌文化，围绕"技术洞见，扎根行业"的战略定位，浙大网新化被动为主动，抢占价值链上游高端产业，转跟随为引领。如今的浙大网新，已不单单是服务出口的技术工，更是未来智能行业领域的布局者。

（四）浙大网新的经验与启示

从离岸外包ITO到全面全能，从被动接单到主动布局，从单一环节到多元布局，浙大网新的转型之路稳扎稳打，步步为营。近年来，随着浙江省服务贸易行业结构的不断调整，离岸外包等知识、技术密集型产业已成为服务贸易发展的新增长点，因而对浙江省服务贸易发展而言，浙大网新的成功转型中所蕴含的启示显得尤为重要。纵观浙大网新的转型之路，我们总结出浙大网新的"三步走"。

第一步：开疆辟土，在本行业站稳脚跟。浙大网新依靠自身过硬的技术，深耕大交通、大金融、大健康三大领域，与知名国际企业合作，积极拓展商业版图，正是众多合作伙伴的商业资源与宝贵经验，使得浙大网新的发展之路如虎添翼。而这一切的基础源于其自身令客户满意的服务。打铁还需自身硬，优化服务质量、提升服务水平，才是提升服务贸易企业核心竞争力的重中之重。

第二步：产学研结合，培育人才注重研发。知识、技术密集型产业的发展，离不开高端人才储备。缺乏完善的后备人才培养机制，企业发展将犹如无根之萍，难免陷入后继无力的尴尬境地。依托浙江大学的研发与人才培养优势，浙大网新解决了后顾之忧，浙江大学强大的研发能力与人才支持，是普通外包公司难以具备的。

第三步：积极布局，顺应时代整合资源。互联网浪潮的来临使得时代形势在十年间迅速变革，只有走在时代的前列，提前布局多领域发展，才能勇立潮头，始终拥有领先的竞争力。对知识、技术密集型产业而言，形势更是瞬息万变，抢占产业价值链的上游，找准自己的位置，是浙大网新的必然选择。

二 浙江外包工作发展历程——宏观角度的浙江经验

浙大网新的快速发展，固然有企业自身发展的原因，但更离不开的是浙江省的政策支持。从条件上看，浙江省作为经济发达的沿海省份，发展服务外包产业具有较好的现实基础。而从必要性上看，传统的资源、劳动力导向的支柱服务产业难以独撑浙江服务贸易的高速发展。大力发展服务外包产业，扶持知识、技术导向的高附加值的服务贸易刻不容缓。软件外包服务成为起步早、发展快、面临产业结构升级的浙江省的必然选择。软件行业处于信息产业价值链的龙头位置，在服务贸易众多产业中处于上游领域，同时对于全省经济发展有着多方面的促进和推动作用，更对解决社会就业和收入分配的调整有着关键影响。

早在2006年中国服务外包工作开始高速发展时，杭州就成为第一批基地城市。浙江省的发展脚步自2009年开始推开。2009年3月浙江省政府出台了《关于支持和鼓励国际服务外包产业加快发展的意见》，2011年1月，又出台了《浙江省政府办公厅关于鼓励服务外包产业加快发展的实施意见》（浙政办发〔2011〕2号）。各市政府也陆续出台了服务外包的相关扶持政策，并设立了专项资金对服务外包产业的发展加以支持。

浙江省一方面发展服务外包人才培训机构，建设服务外包人才梯度，引进高端人才鼓励境外培训；另一方面发挥产业集聚优势，在全省范围内全面开花，树立多个服务外包示范园区。2016年5月，宁波市成为继杭州之后浙江省第二个服务外包示范城市。浙江省形成了以杭甬为龙头，向全省扩展的发展格局。

2006—2012年，浙江省在软件服务外包领域取得了长足发展，贸易额从8630万美元攀升至369686万美元，占浙江省服务贸易总额的比例从无足轻重的 1.7%，提升到 21.3%（见图 3-13）。软件服务外包异军突起，俨然成为浙江省服务贸易的新增长点。

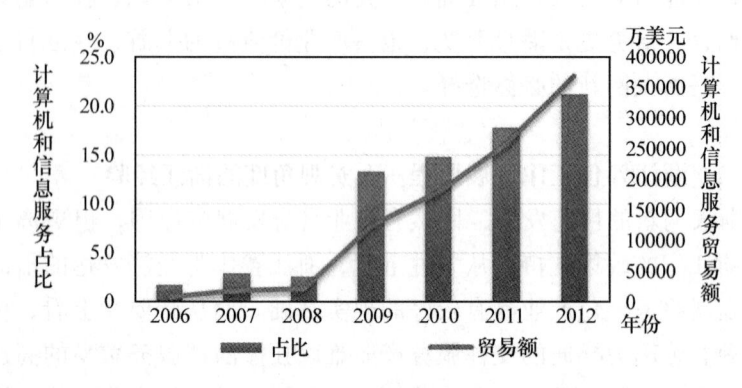

图 3-13　2006—2012 年浙江省计算机与信息服务贸易额及其所占比重
资料来源：根据各年度《浙江省国际服务贸易发展报告》整理而得。

2016 年，浙江省服务外包出口占全省服务贸易出口的比重超过 25%，继续保持服务贸易领域第一大出口行业地位。从离岸服务外包业务的门类结构来看，信息技术外包（ITO）合同接包执行金额为 328.45 亿元，占总执行金额的比重为 58.97%，是浙江省服务外包业务的主体。业务流程外包（BPO）合同接包执行金额占 9.10%，知识流程外包（KPO）合同接包执行金额占 31.77%，比重均有小幅上升，反映出这两类新型服务外包门类具有发展潜力。经过近十年的发展，浙江省开拓美国市场、培育欧洲市场、深耕亚洲市场，形成了以信息技术外包为主，应用软件为主，金融通信技术类软件与全球软件发展优势互补的行业格局。

第五节　小结

习近平同志在浙江工作期间，多次强调："必须深刻认识扩大对外开放的极端重要性，有强烈的开放战略意识，才会有新的开放工作思路，才会有扎实的开放工作业绩。"多年来，循着习近平总书记指明的图强之路，浙江以走在前列的使命担当，在更大范围、更高层次上找座位、定目标，积极打造"海陆统筹、东西互济、面向全球"的开放发展新体系，着力构筑"陆、海、空、网"四位一体的全方位开放发展新格局，勇当开放发展的"急先锋"和"排头兵"。

开放浙江，服务国际。服务贸易的发展是解决发展不平衡、不协调、不可持续问题，全面推进产业结构升级、经济发展方式转变不可或缺的重要一环。改革开放初期，面对物质匮乏以及劳动力成本低下的现状，发展制造业等劳动密集型产业是历史必然的选择。然而随着社会经济的发展与科学技术的腾飞，中国的产业格局早已具备转型的充分条件，推进第三产业发展、推进经济结构战略性调整迫在眉睫。

结合浙江发展的形势和路线，浙江走出了一条一手巩固传统行业平稳快速发展，一手培育新兴产业弯道超车的服务贸易发展之路。在传统行业三大支柱——旅游、运输、建设工程中，浙江再次利用民营企业天然优势创下佳绩，绿水青山打开旅游业新气象，各路特色旅游景点目不暇接；宁波—舟山港吞吐量雄踞全球榜首，义乌物流企业不断发展壮大；对外承包工程企业项目承接能力不断增强。在新兴产业里，服务外包领域异军突起，做大做强高附加值产业成为浙江省的布局重点；作为文化大省，浙江文化娱乐动漫影视等佳作频传，玄机科技的《秦时明月》发行至全球37个国家及地区，华谊兄弟从2001年《大腕》起走出海外，拓展国际电影市场；涉外办学积极有序，中外合作办学项目遍地开花，截至2017年6月全省共有从幼儿园到大学143个中外合作办学项目及15个中外合作办学机构；近年来突飞猛进的跨境电子商务当中，浙江省积极拓展国际市场，并取得突破性进展，据商务部相关数据，2014年的进出口总额约占全国的20%，位居全国第二，仅次于广东。

但我们同样应当看到，浙江省的行业结构尚在调整之中，传统支柱行业仍然占据半壁江山，新兴产业中也只有计算机服务外包领域表现突出，占比颇高，而在其他新兴产业领域，浙江省还不占优势，尤其在金融领域，目前还处于净进口阶段，进口量逐年增长。由此可知，浙江省由资源、劳动力导向型的产业向知识、技术密集型产业过度还有很长的路要走。想要成功完成产业转型升级，必须做到：政府大力搭建贸易平台，增加科技投入，对新兴产业进行政策性扶持引导；企业向新兴产业战略倾斜，努力向价值链上游行业中靠拢，同时配合国家战略将"引进来"与"走出去"相结合；高校培养高素质复合型人才，确保人才储备充裕。

随着"一带一路"倡议的大范围布局，浙江省在服务贸易发展当中也必将大力响应，加强与"一带一路"沿线国家的贸易往来，通过"一带一路"释放浙江企业过剩的产能，共同开发沿线商机，珍惜"一带一路"带来的发展机遇。

第四章　浙江利用外资的发展

本章着重分析了开放条件下浙江利用外资的发展。外商直接投资（FDI）是指在投资者所在国家以外的其他国家（地区）经营的企业中享有持续利益的投资，其投资目的是对该企业的经营管理享有有效的发言权。

本章第一节概览了浙江省自改革开放以来利用外资的历程。浙江省利用外资的发展可以分为四个阶段：第一阶段为1980—1993年的萌芽期，第二阶段为1994—2001年的调整期，第三阶段为2002—2007年的崛起期，第四阶段为2008年至今的复苏期。这四个阶段都体现出了浙江省利用外资的鲜明特色。在开放的初始期，由于工业发展落后，浙江省引入外资经历了一个艰难的开端，比如1985年浙江省实际利用外资额就仅有0.16亿美元，只占到全国的0.84%。在开放的推进期，浙江省利用外资的步伐依旧蹒跚，而且遭遇了亚洲金融危机的不利外部环境。在开放转型期，浙江省利用外资的实践渐入佳境，增速远高于全国平均水平，在各省市中位于前列。2002—2007年，每年的增长率都超过了15%，2003年的增速高达72.45%，突破50亿美元大关，并在全国的占比超过10%，可谓利用外资的后起之秀。在开放深化期，浙江省实际利用外资虽然并未达到危机前一阶段的高速，但是也处在稳步增长的道路之上。这一阶段的增速保持在6%—10%，高于全国平均水平，占全国比重稳步上升，2014年突破150亿美元。在全球经济缓慢回暖的大背景下，浙江省利用外资的复苏与发展十分亮眼。

第二节介绍了浙江省利用外资的现状，在空间布局上表现出浙北地区较强、浙南地区较弱的不均衡发展现象；在外资的产业投向上，投资重点由第二产业转向第三产业，虽然与浙江省的产业结构发展是相适应的，但也需要注意制造业空心化的问题；在外资的规模上，单个项目的外资规模依然呈现上升的趋势，不过外资企业的产值在浙江省总产值中的占比近年来不断降低；在外资来源地方面，来自中国香港地区的外商直接投资占据绝对的主导地位，使得其余来源地的外资规模显得黯然失色，不过近年来德国的外商直接投资蓬勃发展。

第三节结合浙江省利用外资的政策，即从最初的单纯注重数量、规模转向更注重质量、结构，分析了浙江省的外资依存度，并详细阐述了外资影响浙江高新产业的挤入—挤出效应、技术外溢效应与综合影响机制，整理总结已有的经验研究，发现外资总体上对浙江省高新产业的升级与发展起到了促进作用。由于早期浙江省引资的目的是弥补资金不足，外资的促进作用并未显现。但是 21 世纪以来，浙江省引资的目标逐步转向产业转型升级，外资对发展高新产业的促进效应逐渐显著、扩大。

第四节，我们分析了浙江省利用外资的企业案例，在诸多不仅发挥民营经济顽强拼搏的活力，还充分利用了浙江省这片外商直接投资的沃土，与外资合作共赢的优秀企业中，选取了西子联合这一民营企业与外资合作的典型案例。

第一节 浙江省利用外资的发展历程

改革开放以来，浙江省作为中国市场经济改革的先锋，不仅着力激活了民营企业的活力，而且充分利用了外商直接投资。浙江省吸引外资的步伐开始较为缓慢，但是从无到有，不断壮大，外资已经成为浙江省开放经济的重要组成部分。总体而言，浙江省利用外资的发展历程可以分为四个阶段：第一阶段为 1980—1993 年的萌芽期，第二阶段为 1994—2001 年的调整期，第三阶段为 2002—2007 年的崛起期，第四阶段为 2008 年至今的复苏期。

一 开放初始期：起步落后的艰难开端

在第一阶段 1980—1993 年的萌芽期，改革开放伊始之际，浙江省吸引的外资非常稀少。与其他省市相比，浙江省利用外资的起步可谓较晚，比如 1985 年浙江省实际利用的外资额就仅有 0.16 亿美元，只占到全国的 0.84%。尽管这一时期浙江省实际利用外资额的绝对数值很小，其年增长率却很高。除 1990 年负增长外，浙江省实际利用外资额呈现跳跃式发展，1989 年的年增长率高达 75.21%，且占全国比重也突破 1.5%；1991—1993 年，浙江省实际利用外资额的增长率几乎每年都翻一番，到 1994 年突破 10 亿美元，占全国比重已经达到 3.75%（见图 4-1）。

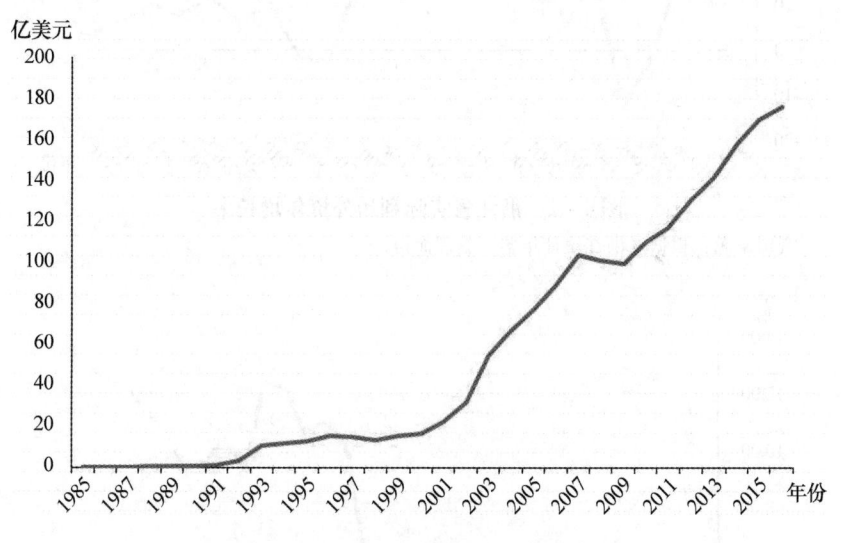

图 4-1 浙江省实际利用外资金额

资料来源：根据《浙江统计年鉴》整理而得。

二 开放推进期：遭遇危机的蹒跚步伐

在第二阶段 1994—2001 年的调整期，虽然分税制改革给予了地方政府更大的经济发展与财政税收权限，但是由于爆发亚洲金融危机，国内也出现了经济增速减缓的情况，浙江省实际利用外资额的增速缓慢，一直徘徊在 20% 以内，甚至出现 1997 年和 1998 年连续两年的负增长（见图 4-2）。这主要是国内外不利因素的共同作用导致的。在这一阶段，浙江省实际利用外资额占全国比重在突破 2% 以后，依然一直没有迈过 4% 这一门槛（见图 4-3）。

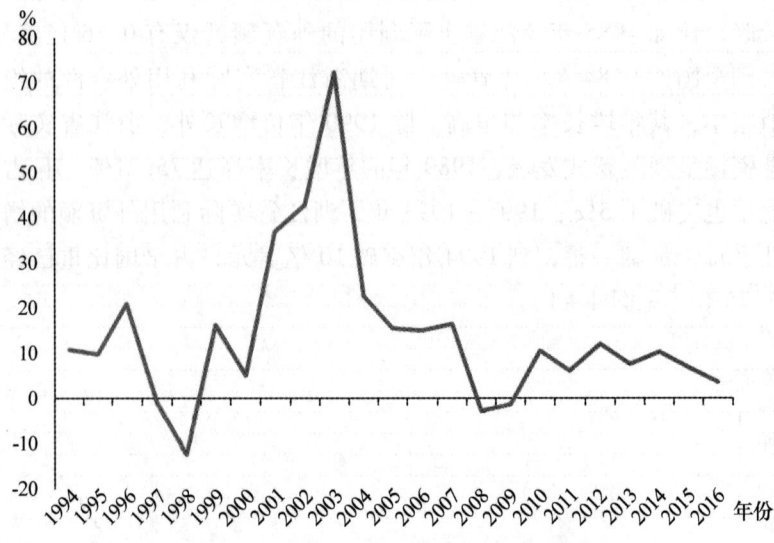

图 4-2　浙江省实际利用外资年增长率

资料来源：根据《浙江统计年鉴》整理而得。

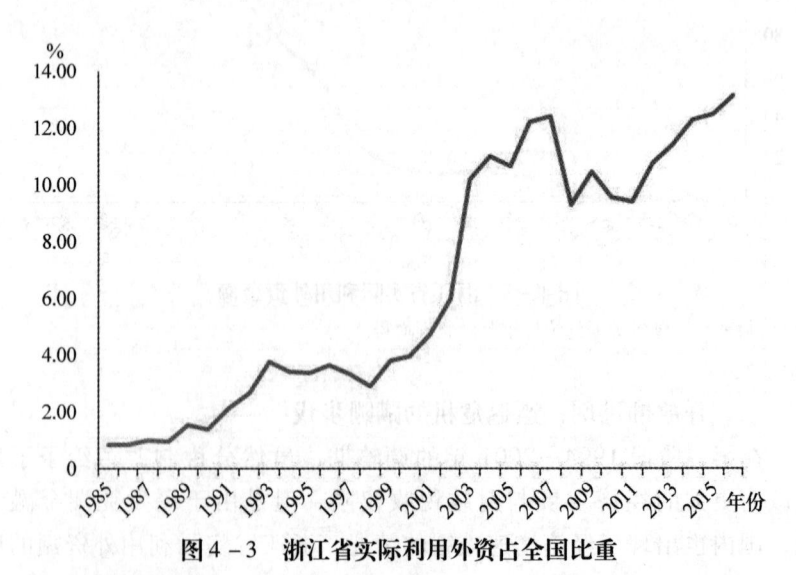

图 4-3　浙江省实际利用外资占全国比重

资料来源：根据《浙江统计年鉴》整理而得。

三 开放转型期：渐入佳境的后起之秀

在第三阶段2002—2007年的崛起期，浙江省实际利用外资再次进入高速发展的正轨。2001年，我国正式加入世界贸易组织，这意味着中国加入全球经济一体化与国际自由贸易的浪潮。中国开始享受大多数WTO缔约国的无条件贸易最惠国待遇，这提供了广阔的市场空间并且大大降低了中国对外贸易的成本。日渐激烈的国际竞争也开始倒逼国内改革开放，促使国内契约提高效率和生产力。面临着加入世界贸易组织的机遇与挑战，浙江省委省政府高度重视，领导全省人民直面挑战，抓住机遇，实现了这一阶段实际利用外资的高速增长，增速远高于全国平均水平，在各省市中位于前列。2002—2007年，每年的增长率都超过了15%，2003年的增速高达72.45%，突破50亿美元大关并在全国的占比超过10%（见图4-1至图4-3）。

2003年，时任浙江省省委书记的习近平同志在《浙江日报》的短评中写道："引进外资，我们自己和自己比，已有长足发展，但与广东、江苏、上海等省市相比，还是一条'短腿'。引进外资，不仅是一个资金问题，更重要的是引进技术、人才和管理，促进产业结构的调整和提升的问题，是一个扩大开放的问题，是一个与国际接轨的问题。我们一定要转变观念，采取有效措施，加大利用外资的力度，提高对外开放的水平。否则，我们就会'瘸腿'，就会丧失原有的优势，就会在竞争中落后。两条腿走路总比一条腿好。我们提出北接上海、东引台资，就是要更好地利用上海这一对外开放的平台，承接国际产业转移，吸引外商落户，吸引外资投入，扩大对外贸易，不断提高对外开放水平。"2007年，浙江省实际利用外资额突破百亿美元。这一阶段因为2008年的国际金融危机而结束。由于国际金融危机导致的世界经济停滞与倒退、国际贸易萎缩，浙江省实际利用外资的增速于2008年降低。

四 开放深化期：逆流而上的坚韧力量

在第四阶段2008年至今的复苏期，浙江省利用外资在2008年、2009年短暂的休整之后重新开始增长。不过，由于世界经济依然处于2008年金融危机之后的复苏阶段，经济增长乏力，贸易保护主义抬头，国际贸易迟滞不前，全球投资仍然难以恢复到危机之前的较高水平。这一阶段，受益于国家宏观调控对于危机的应对，浙江省实际利用外资虽然并未达到危机前一阶段的高速发展，但是也处在稳步增长的道路之上。这一阶段的增速保持在6%—10%的区间内，高于全国平均水平，占全国比重稳步上升，2014年突破150亿美元（见图4-1至图4-3）。在全球经济缓慢回暖的大背景下，浙江省利用外资的复苏与发展十分亮眼。

虽然浙江省利用外资已经处于全国较为领先的位置，但是距离上海市、江苏省、广东省等省市依然存在差距（见图4-4）。因此，浙江省利用外资的进程任重而道远。

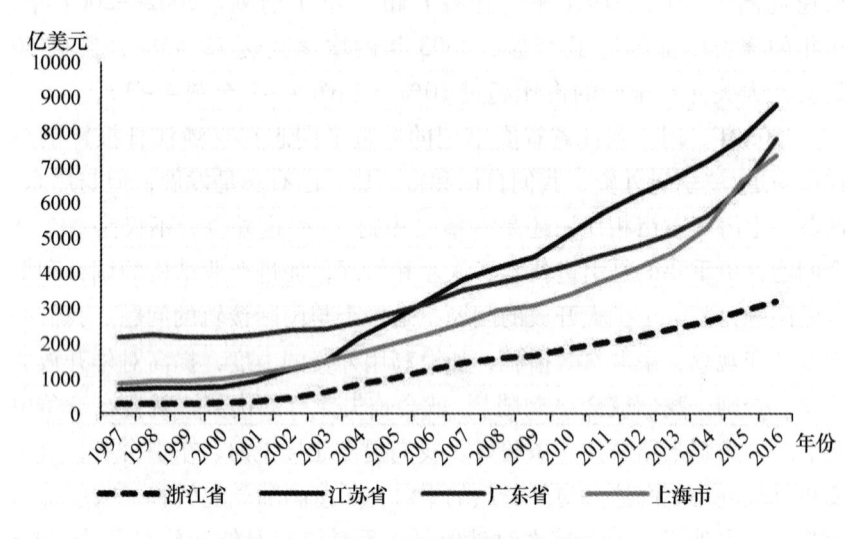

图4-4　四省市外商投资企业投资额

资料来源：国家统计局。

第二节　浙江省利用外资的结构分析

改革开放以来，尤其是进入新世纪以来，浙江省利用外资的总体特点是不仅在数量上不断增长，而且在结构上、质量上也不断提升。习近平同志任浙江省省委书记时，高度重视引进外资的质量，他在2005年提出："改进招商引资的方式，在继续重视'以民引外'、'以外引外'和'东引台资'的同时，着重引进世界五百强等大企业和高技术产业项目来我省投资落户，积极稳妥地推进银行、保险、旅游、教育、卫生等服务领域的对外开放。也就是说，要突出选商引资，大力提高利用外资的质量和水平。"在习近平同志的领导下，浙江省委省政府高度重视引进外资质量的工作，扎实推动了浙江省利用外资在结构和质量上的优化。

一 利用外资的空间结构：北强南弱，发展失衡

浙江省利用外资的区域分布呈现极不平衡的态势。以近14年的数据为例，浙江省利用外资集中分布在浙江省的东北部，包括杭州、宁波、嘉兴、绍兴、湖州五个地级市，而且杭州、宁波、嘉兴三个地级市利用外资的占比就超过了全省的70%（见图4-5）。

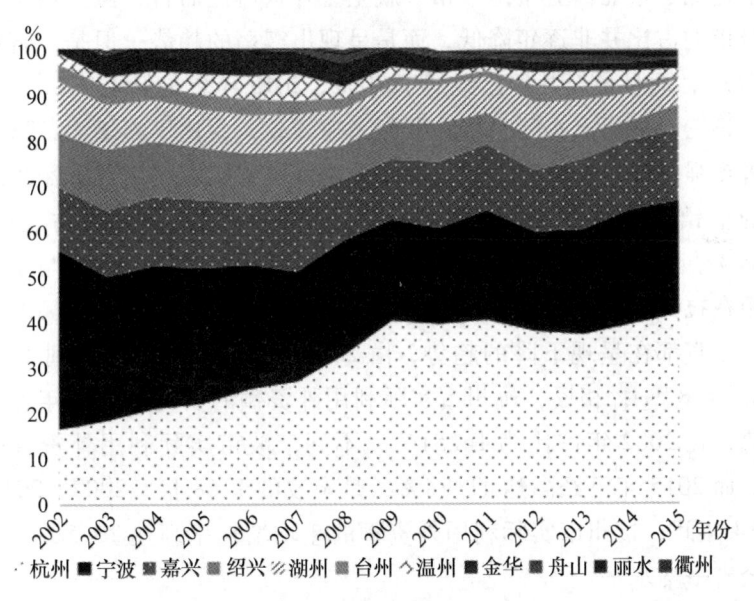

图4-5 浙江省各地历年实际利用外商直接投资占全省的比重

资料来源：根据《浙江统计年鉴》整理而得。

浙江省利用外资的区域分布不平衡体现在以下三点。

第一，浙江省东北部是吸引外资的重镇。浙江省东北部的杭州、

宁波、嘉兴、绍兴、湖州五个地级市，一直占据全省实际利用外资额的80%以上。2002年，五个地级市的实际利用外资额总计29.54亿美元，2015年五个地级市的实际利用外资额已经达到159.14亿美元，年均增长率高达12.8%。在14年的数据当中，五个地级市利用外资额在全省占比最低的是2005年的85.9%，在2015年达到最高的94.8%，占据了全省绝对的主导地位，几乎可以代表全省的利用外资情况。

第二，浙江省西南部是利用外资相对落后与薄弱的地区。台州、温州、金华、丽水与衢州五个地级市在2002年的实际利用外资额之和为3.27亿美元，而在2015年的实际利用外资额已经增加到10.32亿美元，年均增长率为8.57%。由此可见，西南部五个地级市的实际利用外资额不仅在绝对值上远远低于东北部五个地级市，而且在增速上也低于东北部五个地级市。就全省外资占比而言，虽然西南五个地级市的占比并非逐年降低，而是呈现出震荡的趋势，但是一直都低于15%，而且最新几年已经低于10%，2015年更是低于7%。

第三，杭州市实际利用外资额高速增长，占比不断增大，形成了强者愈强的现象。首先，杭州和宁波是浙江省实际利用外资额当之无愧的重镇，比如2015年两者利用外资之和在全省的占比高达66.5%，两者利用外资都呈现稳步增长的趋势。然而，杭州与宁波的差距在拉大。具体表现在：宁波市实际利用外商直接投资金额的全省占比一直都在呈现下降的趋势，由2002年的39.46%降低到了2015年的24.87%；相反，杭州市实际利用外资额的占比呈现逐年上升的趋势，在2002年占比为16.51%，不到宁波市实际利用外资额的一半，而2015年已经高达41.78%，是宁波的1.68倍。2002—2015年的14年间，杭州市实际利用外资额的年均增长率高达20.5%，远高于全省平均水平。

二 利用外资的产业投向：二产减少，三产壮大

从浙江省利用外资的三次产业来看，外商直接投资投向的产业已经发生了十分显著的变化。主要体现在：第三产业利用外资的绝对数量与所占比重都呈现上升趋势，逐渐占据主导地位；第二产业利用外

资的绝对数量与所占比重都呈现降低的趋势；第一产业利用外资一直保持最少的次要位置（见表4-1）。

表4-1　2013—2015年浙江省利用外资的三次产业分布

单位：个，万美元，%

年份	项目数量			合同外资					
	2013	2014	2015	2013		2014		2015	
				数额	占比	数额	占比	数额	占比
总计	1572	1550	1778	2438359	100.00	2441203	100.00	2782198	100.00
第一产业	21	36	13	13685	0.56	34570	1.42	10657	0.38
第二产业	550	461	399	914802	37.52	953204	39.05	1025283	36.85
第三产业	1001	1053	1366	1509872	61.92	1453429	59.54	1745932	62.75

资料来源：根据《浙江统计年鉴》整理而得。

从比重来看，在2006年浙江省利用外资的重点产业还是第二产业，其时第二产业实际利用外资额的占比高达77.71%，占据了绝对性的优势地位。然而，最近十年外商直接投资投向的产业已经将重心转向了第三产业。从2013—2015年的数据来看，浙江省的外商投资合同金额中，第三产业合同外资已经占到了六成，其中2014年是59.54%，而2015年则是62.75%，相反，第二产业所占比重已经降低到不超过四成，2014年是39.05%，而2015年则已经降低到36.85%。第三产业不仅在合同外资的金额上占据了主导地位，在项目数量上，第三产业2013年的项目数量为1001个，是第二产业的1.82倍，而2015年第三产业的项目数量已经达到1366个，是第二产业的3.42倍。

仅仅从比重来看显然是片面的，还需要从绝对数量来看三次产业是否在实质增长。从绝对数量来看，第三产业的表现十分优秀，浙江省第三产业的利用外资额呈现逐年稳步上升的趋势；而第二产业则存在问题，即浙江省第二产业的利用外资额其实呈现出了萎缩减少的趋势。第三产业在2007年的合同利用外资额是686065万美元，在2015年则已经达到1745932万美元，年均增长率为12.4%，而第二产业在2007年的合同利用外资额是1336723万美元，在2015年则降低到了1025283万美元，仅仅是2007年的76.7%。第二产业合同利用外资额并非一直在减少，在2013年之后出现缓步上升的趋势，但是从2007—2016年的总体趋势来看，第二产业合同利用外资额是在逐步萎缩的（见图4-6）。第三产业的发展与蓬勃无疑是浙江省经济发展与结构优化的重要体现，第二产业的利用外资额比重降低是无可非议的，然而，以制造业为代表的第二产业的利用外资额在绝对数量上的减少趋势却是存在一定问题的。

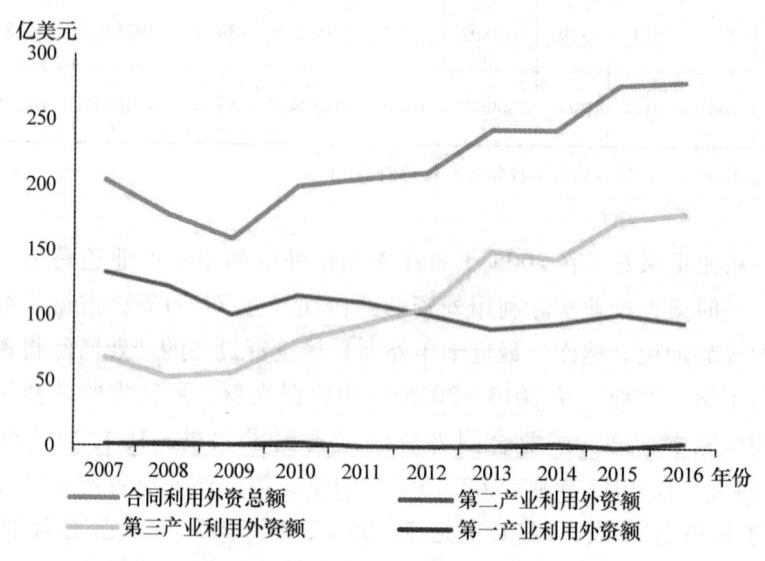

图4-6 2007—2016年浙江省三次产业的合同外资额
资料来源：根据《浙江统计年鉴》整理而得。

第一产业的外商直接投资的情况与国内其他地区相似，一直处于最少的地位，从2007年以来的占比一直都不超过2%。就绝对数额而言，在2007—2016年，第一产业的外商直接投资起伏不定，2011年降低到最少的5265万美元，而2010年和2014年则分别达到了相对较高的35270万美元与34570万美元，但是与第二产业、第三产业存在着绝对差距（见图4-6、图4-7）。

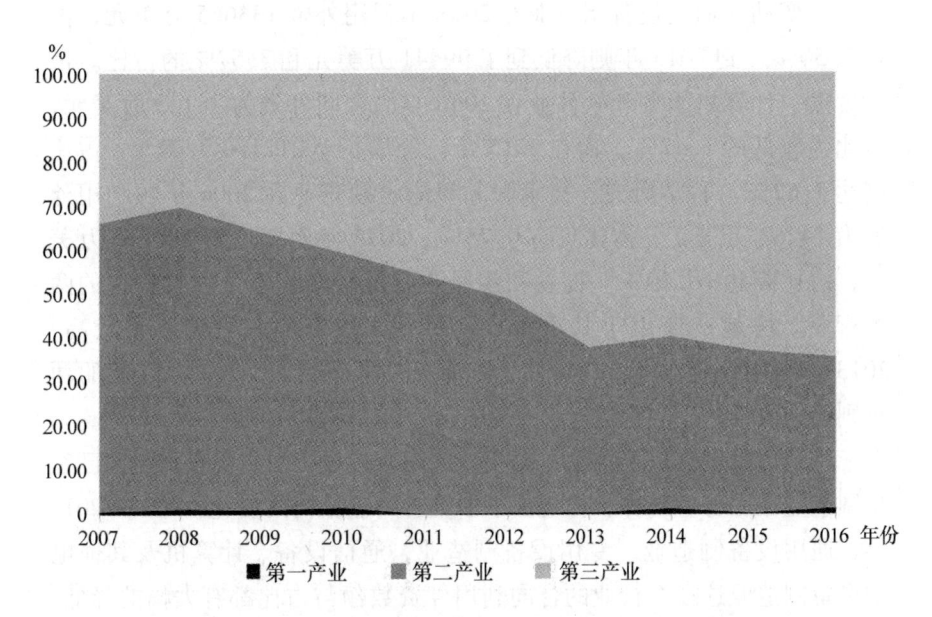

图4-7　2007—2016年浙江省三次产业的合同外资占比

资料来源：根据《浙江统计年鉴》整理而得。

从浙江省利用外资的具体行业分布来看，观察2006—2008年这三年的数据（见表4-2），与2013—2015年的数据（见表4-3）相比，可以发现外资投资的行业发生了明显的变化。在2006—2008年，浙江省合同外资主要集中于制造业，投资占比保持在六成以上，在2006年高达72.22%。占比排名靠前的主要是以下行业：纺织业，化学原料及化学制品制造业，通用设备制造业，专用设备制造业，通信设备、计算机及其他电子设备制造业，交通运输、仓储和邮政业，房地产业，批发和零售业，住宿和餐饮业。在2013—2015年，浙江省合同外资的投资方向发生了变化，制造业虽然依旧位居榜首但是投资占比已经大大降低到了不到四成，2015年已经降低到了34.20%。占比排名靠前的主要是以下行业：信息传输、计算机服务和软件业，批发和零售业，金融业，房地产业，租赁和商务服务业，科学研究、技术服务和地质勘查业，通用设备制造业，交通运输、仓储和邮政业。

虽然两个时间段的行业有部分重合，但是各自的利用外资占比却已经发生了变动。通用设备制造业在 2008 年利用外资 133665 万美元，占比 7.50%，到 2015 年则降低到了 99441 万美元和 3.57% 的占比。信息传输、计算机服务和软件业在 2006 年的合同外资为 28133 万美元，占比为较低的 1.47%，而在 2015 年已经增长至 212120 万美元，占比高达 7.62%。科学研究、技术服务和地质勘查业在 2006 年的利用外资为 14263 万美元，占比仅有 0.75%，2015 年则剧增到 280876 万美元，占比高达 10.10%。批发和零售业以及金融业也是增长较快的两个行业。房地产业由于其重资产的特征，投资额和占比一直较高，2013 年利用外资高达 621431 万美元，占比达到 25.49%，之后的两年则稳定在 10% 左右。

总结可以发现以下结论：第一，外商直接投资的主要投资流向已经从制造业往服务业转移，体现出了浙江省产业结构的变化。2006—2015 年，通用设备制造业，专用设备制造业，通信设备、计算机及其他电子设备制造业这三个行业的合同利用外资数额与占比都有大幅的降低，其中通信设备、计算机及其他电子设备制造业的利用外资数额的降幅更是高达 61.5%。反观服务业，批发和零售业，金融业，信息传输、计算机服务和软件业，科学研究、技术服务和地质勘查业的利用外资数额与占比都有大幅的提升。第二，外商直接投资的投资主要流向的改变，并非意味着外商直接投资的技术溢出效应降低。这主要是因为，虽然合同利用外资数额与占比都降低的通用设备制造业，专用设备制造业，通信设备、计算机及其他电子设备制造业这三个行业，普遍被认为是技术含量较高的制造业细分行业；但是，外商直接投资的投资主要流向的服务业中，房地产业等资金密集型而非技术密集型的行业并无显著的提升，合同利用外资数额与占比都有提高的批发和零售业，金融业，信息传输、计算机服务和软件业，科学研究、技术服务和地质勘查业都具有一定的管理、技术等要求。第三，尽管外商直接投资的技术溢出效应并非绝对地降低，浙江省利用外资的产业结构的变化中，制造业的相对衰退依然值得关注。"工业 4.0"与"中国制造 2025"都代表着生产力的先进要求，制造业是实体经济快速发展的坚实基础，过早从制造业贸然转向服务业可能存在产业空心化的危险。

表4-2　　　2006—2008年浙江省合同外资的主要行业分布

单位：万美元，%

行业	合同外资					
	2006年		2007年		2008年	
	金额	占比	金额	占比	金额	占比
总计	1910261	100.00	2040043	100.00	1781995	100.00
制造业	1379616	72.22	1320433	64.73	1188810	66.71
纺织业	127039	6.65	106367	5.21	94682	5.31
化学原料及化学制品制造业	53853	2.82	70937	3.48	75791	4.25
医药制造业	22966	1.20	8642	0.42	27809	1.56
通用设备制造业	122539	6.41	136413	6.69	133665	7.50
专用设备制造业	73379	3.84	111727	5.48	84777	4.76
通信设备、计算机及其他电子设备制造业	163489	8.56	134514	6.59	143833	8.07
电力、燃气及水的生产和供应业	20426	1.07	11051	0.54	26740	1.50
建筑业	19898	1.04	2123	0.10	7022	0.39
交通运输、仓储和邮政业	60721	3.18	27150	1.33	55252	3.10
信息传输、计算机服务和软件业	28133	1.47	39706	1.95	91058	5.11
批发和零售业	30643	1.60	47791	2.34	84337	4.73
住宿和餐饮业	46749	2.45	45263	2.22	31810	1.79
金融业	1119	0.06	6541	0.32	2	0.00
房地产业	170619	8.93	266060	13.04	132525	7.44
租赁和商务服务业	105716	5.53	214522	10.52	62841	3.53
科学研究、技术服务和地质勘查业	14263	0.75	20840	1.02	51708	2.90
水利、环境和公共设施管理业	7447	0.39	6388	0.31	5799	0.33
居民服务和其他服务业	8333	0.44	1908	0.09	7772	0.44
教育	2404	0.13	3292	0.16	107	0.01
卫生、社会保障和社会福利业	244	0.01	676	0.03	2500	0.14
文化、体育和娱乐业	744	0.04	5928	0.29	8855	0.50

资料来源：根据《浙江统计年鉴》整理而得。

表4-3　　　2013—2015年浙江省合同外资的主要行业分布

单位：万美元,%

行业	合同外资 2013年 金额	占比	2014年 金额	占比	2015年 金额	占比
总计	2438359	100.00	2441203	100.00	2782198	100.00
制造业	896284	36.76	930790	38.13	951649	34.20
纺织业	47084	1.93	32221	1.32	36180	1.30
化学原料及化学制品制造业	65629	2.69	57341	2.35	43796	1.57
医药制造业	20984	0.86	6516	0.27	41834	1.50
通用设备制造业	111620	4.58	104218	4.27	99441	3.57
专用设备制造业	98447	4.04	68532	2.81	36209	1.30
通信设备、计算机及其他电子设备制造业	74766	3.07	51640	2.12	55505	2.00
电力、燃气及水的生产和供应业	8680	0.36	19696	0.81	68717	2.47
建筑业	2308	0.09	2518	0.10	4956	0.18
交通运输、仓储和邮政业	66917	2.74	48205	1.97	93684	3.37
信息传输、计算机服务和软件业	110951	4.55	116023	4.75	212120	7.62
批发和零售业	267018	10.95	356233	14.59	334124	12.01
住宿和餐饮业	2121	0.09	11565	0.47	5876	0.21
金融业	47485	1.95	143089	5.86	248325	8.93
房地产业	621431	25.49	267871	10.97	261946	9.42
租赁和商务服务业	191641	7.86	202795	8.31	258014	9.27
科学研究、技术服务和地质勘查业	170888	7.01	232176	9.51	280876	10.10
水利、环境和公共设施管理业	10843	0.44	20723	0.85	14413	0.52
居民服务和其他服务业	-1522	-0.06	9295	0.38	—	0.00
教育	110	0.00	697	0.03	—	0.00
卫生、社会保障和社会福利业	1951	0.08	1794	0.07	—	0.00
文化、体育和娱乐业	20038	0.82	42963	1.76	—	0.00

资料来源：根据《浙江统计年鉴》整理而得。

三 利用外资的规模分析：比重降低，规模增长

外资企业在浙江经济中扮演着重要的作用。从2010—2015年的浙江省规模以上工业企业总产值来看，外商及港澳台商投资企业的工业总产值在全省的占比一直在22%以上，2011年的占比最高为26.9%（见表4-4、图4-8）。

表4-4　　2010—2015年浙江省规模以上工业企业总产值　　单位：亿元

年份 类别	2010	2011	2012	2013	2014	2015
工业总产值	51394.2	56406.1	59124.2	62980.3	67039.8	66819.0
外商及港澳台商投资企业	13104.2	15152.0	15309.0	15612.8	15993.6	14978.4

资料来源：根据《浙江统计年鉴》整理而得。

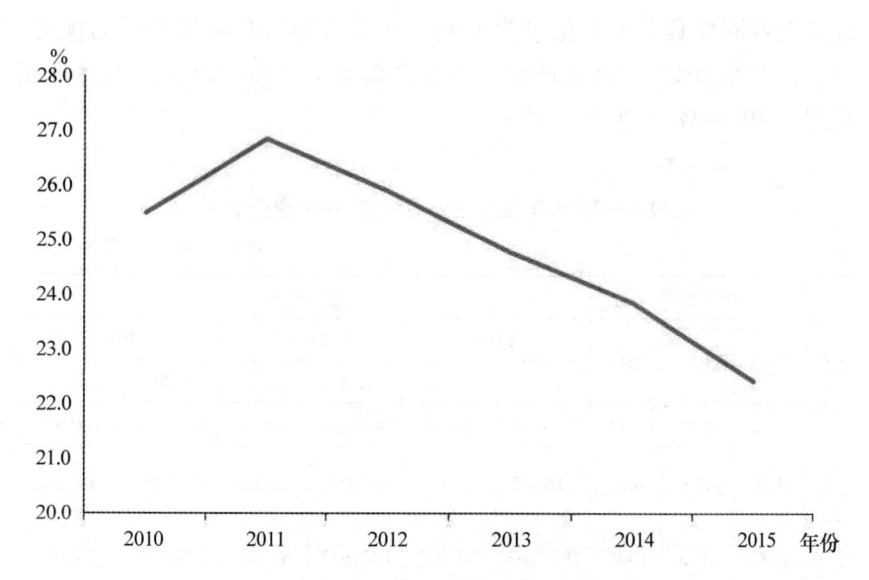

图4-8　2010—2015年浙江省外资企业产值占比

资料来源：根据《浙江统计年鉴》整理而得。

从趋势来看，外商及港澳台商投资企业的工业总产值占比是在一

直降低的，这并非意味着外资企业在浙江经济发挥的作用在递减。原因在于，近几年外商投资的流向已经从以制造业为代表的第二产业转向了以服务业为代表的第三产业，前文已有具体叙述。截至 2014 年，浙江省外商投资企业的资产占全省企业资产的 25.1%，税收占全省企业的 21.3%，研发支出占全省企业的 29.8%，就业人数占全省企业的 25.3%。可见，外商直接投资依然扮演着重要角色。

目前，浙江省利用外资的形式还是以独资企业的项目为主体。就 2013—2015 年的情况而言，2013 年合资企业的项目个数为 434 个，总金额为 416637 万美元；而独资企业的项目个数为 1130 个，是合资企业的 2.6 倍，总金额为 1995163 万美元，占合同外资总和的比重为 81.82%。相比合资企业，独资企业的项目数量与合同外资数额都拥有绝对优势。这符合商业运行的逻辑，一方面，外商对于独资企业拥有绝对的控制权，能够确保将利润悉数收入囊中；另一方面，外商也更加信赖独资企业，能够更好地保护其核心技术与知识产权。不过，合资企业同样具有本土化更为彻底、适应市场与政策能力强的优势。合资企业在 2015 年的合同利用外资数额有了较高的增长，占比也提高到了 19.96%（见表 4-5）。

表 4-5　　2013—2015 年浙江省外商合资/独资企业情况

单位：个，万美元，%

年份	项目数量			合同外资					
	2013	2014	2015	2013		2014		2015	
				数额	占比	数额	占比	数额	占比
总计	1572	1550	1778	2438359	100.00	2441203	100.00	2782198	100.00
合资企业	434	426	430	416637	17.09	392153	16.06	555316	19.96
独资企业	1130	1115	1325	1995163	81.82	1970647	80.72	2058970	74.01

资料来源：根据《浙江统计年鉴》整理而得。

从外商直接投资的单个项目规模来看，浙江省利用外资单个合同平均规模一直保持着增长趋势。1985 年浙江省利用外资单个合同平均规模仅仅为66.36万美元，此后几年的项目平均规模有升有降，在1987年突破百万美元后又跌落，直到1992年再次破百万达到124.43万美元。1996年突破200万美元达到259万美元，2010年突破千万大关达到1031.21万美元，2015年的外资单个合同平均规模达到1564.79万美元（见图4-9）。

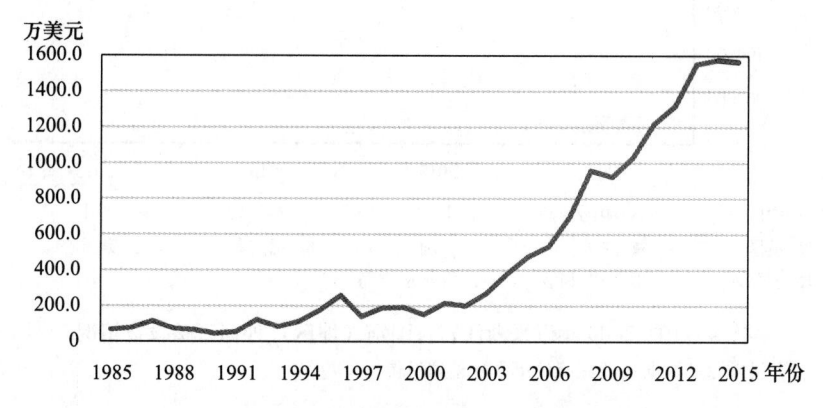

图4-9 浙江省利用外资单个合同平均规模

资料来源：根据《浙江统计年鉴》整理而得。

四 利用外资的来源分布：港资主导，德资蓬勃

从浙江省利用外资的来源地来看，来自中国香港地区的外商直接投资占据了主导地位，来自德国、美国、日本、维尔京群岛的外资近年来的数额与占比增长较快。中国香港地区的外商直接投资额在1998年为43691万美元，占比为33.15%，到2014年达到1128983万美元，占比71.47%，可谓具有绝对的主导地位。2015年，来自中国香港地区的外商直接投资的数额与占比都有所降低（见图4-10）。香港地区能够成为浙江省外资主要来源地，主要是因为其一直以来作为大陆地区开放的国际港，而且历史渊源、语言互通等优势使得交易成本较低。此外，《关于建立更紧密经贸关系的安排》与《海峡两岸经济合作框架协议》等协定与政策的实施也推动了香港地区与浙江省投资、贸易往来的便利化。

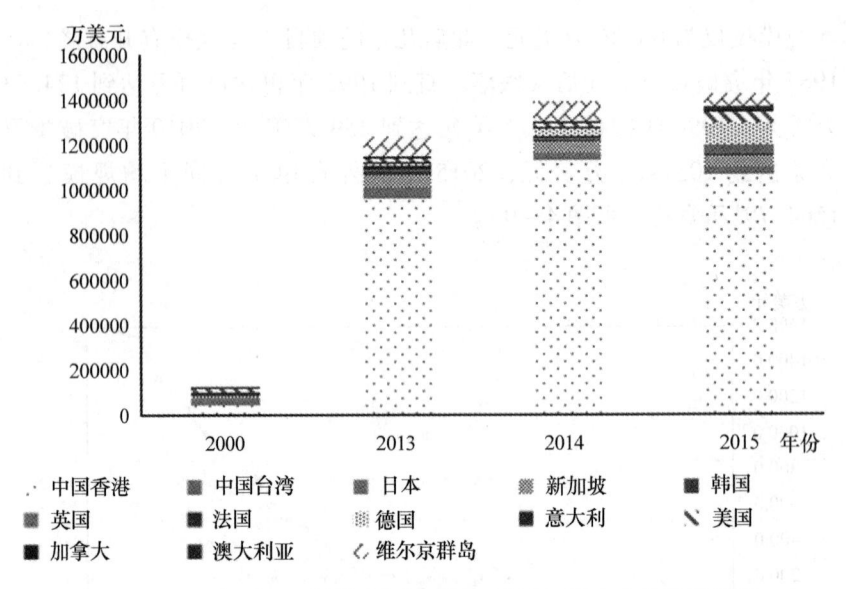

图4-10 2000年以来浙江省各国别（地区）外商直接投资情况
资料来源：根据《浙江统计年鉴》整理而得。

除中国香港外，2015年浙江省利用外资数额较高的几个来源地依次为：德国、维尔京群岛、美国、新加坡、英国、日本。来自德国的外商直接投资在2013年仅为3933万美元，在之后的两年迅猛增长，2015年达到97435万美元，名列第二，增长率高达497.7%。维尔京群岛作为著名的离岸避税地，其投资额靠前较为正常。来自美国与英国的外资数额一直保持稳定，在2015年则有快速增长的表现。来自日本、新加坡的外资数额在2013年已经相较2000年有了较大的增长，2000年来自日本与新加坡的投资额分别为17605万美元与10303万美元，2013年则分别达到了61187万美元与55687万美元，在2013—2015年则保持稳定（见图4-11）。

就工业企业主要指标而言，本节选取了七个技术要求较高、外商投资参与较多的行业进行了比较研究。

从工业企业的亏损率来看，除了铁路、船舶、航空航天和其他运输设备制造业与医药制造业，国有控股企业的亏损率是最高的，外资企业的亏损率其次，私营企业的亏损率最低（见表4-6）。这或许是

第四章　浙江利用外资的发展　151

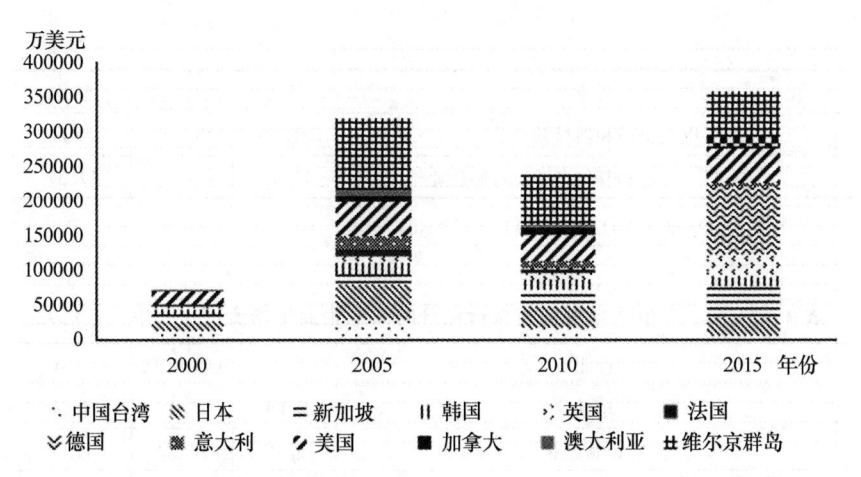

图 4-11　2000 年以来浙江省除中国香港外各国别（地区）外商直接投资情况
资料来源：根据《浙江统计年鉴》整理而得。

因为国有控股企业与外资企业都各自拥有较为雄厚的资金支持，即使短期亏损也能够存续，而私营企业的资金支持较为短缺，市场出清更为明显与彻底。这一解释可以从三类所有制企业的平均资产数据中得到支持，在所有七个行业中，国有控股企业的平均资产额都是最高的，外资企业都位列第二，而私营企业的平均资产都是最低的。具体而言，私营企业的平均资产仅为 0.84 亿元，分别是外资企业平均资产的 31.8% 和国有控股企业平均资产的 5.9%（见表 4-7）。而且，浙江省统计年鉴的私营工业企业数据全是规模以上企业的数据，即浙江省全省私营企业的平均资产处于更低的水平。

表 4-6　　　2015 年浙江省按行业分的工业企业亏损率　　　单位：%

行业	外资	国有控股	私营
总计	20.83	21.60	11.17
医药制造业	9.64	23.81	15.84
通用设备制造业	21.92	28.95	10.92
专用设备制造业	19.78	30.00	10.62
汽车制造业	16.51	23.08	8.15
铁路、船舶、航空航天和其他运输设备制造业	35.85	15.38	15.71

续表

行业	外资	国有控股	私营
电气机械和器材制造业	21.56	30.00	5.04
计算机、通信和其他电子设备制造业	17.78	30.77	12.37

资料来源：根据《浙江统计年鉴》整理而得。

表4-7　　2015年浙江省按行业分的工业企业平均资产　　单位：亿元

行业	外资	国有控股	私营
总计	2.64	14.16	0.84
医药制造业	3.85	18.32	1.30
通用设备制造业	1.88	8.34	0.85
专用设备制造业	2.10	7.59	0.76
汽车制造业	3.92	27.82	1.22
铁路、船舶、航空航天和其他运输设备制造业	3.53	12.28	1.51
电气机械和器材制造业	2.19	6.03	0.87
计算机、通信和其他电子设备制造业	4.57	11.44	0.96

资料来源：根据《浙江统计年鉴》整理而得。

从工业企业出口交货值占工业总产值的比重来看，相比另外两者，外资企业更深入地参与国际价值链的分工。外资企业在所有七个行业的出口比重都是最高的。在总量上，私营企业的出口比重较高，而国有控股企业占比最低。值得关注的是，在七大行业中，国有控股企业的出口比重在较多行业高于私营企业，国有控股企业在医药制造业，通用设备制造业，计算机、通信和其他电子设备制造业以及铁路、船舶、航空航天和其他运输设备制造业的出口比重是超过私营企业的（见表4-8）。

表4-8　　2015年浙江省按行业分的工业企业出口交货值占
工业总产值比重　　单位：%

行业	外资	国有控股	私营
总计	26.37	3.17	17.63

续表

行业	外资	国有控股	私营
医药制造业	25.16	18.29	15.95
通用设备制造业	26.81	17.38	14.87
专用设备制造业	29.92	12.63	18.85
汽车制造业	16.29	1.45	11.91
铁路、船舶、航空航天和其他运输设备制造业	67.55	54.47	28.03
电气机械和器材制造业	33.36	2.89	25.67
计算机、通信和其他电子设备制造业	48.16	26.46	19.10

资料来源：根据《浙江统计年鉴》整理而得。

从工业企业的利润率来看，外资企业普遍是利润率最高的，私营企业次之，国有控股企业普遍是利润率最低的。七个行业中，除了铁路、船舶、航空航天和其他运输设备制造业，外资企业的利润率全部位列榜首。国有控股企业虽然在医药制造业、汽车制造业中的利润率高于私营企业，但是在其他五个行业中都低于私营企业（见表4-9）。利润率是工业企业重要的指标，利润是企业运营的目的，更高的利润率往往意味着更先进的技术水平或管理水平。因此，利润率在一定程度上体现出了浙江省外资承载着较高的技术及较为先进的管理要素。

表4-9　　2015年浙江省按行业分的工业企业利润率　　单位：%

行业	外资	国有控股	私营
总计	7.07	6.78	5.18
医药制造业	12.54	11.56	8.77
通用设备制造业	8.51	1.84	5.70
专用设备制造业	9.10	2.26	5.90
汽车制造业	10.50	6.76	6.14
铁路、船舶、航空航天和其他运输设备制造业	-0.97	1.79	4.16
电气机械和器材制造业	5.82	-0.30	4.92
计算机、通信和其他电子设备制造业	13.99	2.50	6.66

资料来源：根据《浙江统计年鉴》整理而得。

第三节　浙江省利用外资与高新产业发展

习近平同志担任浙江省省委书记期间，多次强调要"选商引资"，而不是单纯的招商引资，以统筹本土经济和外资经济发展，使之相互补充、相互促进。习近平同志在2006年6月19日的文章《选商引资要做"合"字文章》中提出："具体来说，选商引资要做好'融合'、'结合'、'和合'三篇文章。从宏观上看，要解决好本土经济与外部经济特别是国际经济的'融合'问题。把引资作为一个'引子'，以此来引进与外资'捆绑'在一起的现金的技术、管理、制度、理念、人才，开拓更高层次、更加开阔的国际市场，从而提升浙江企业和产业的档次……我们的产业、产品层次要向上走，必须借助于外力。从微观上看，要解决好民营经济与外资经济的'结合'问题。'结合'的意思就是'以民引外、民外合璧'。要发挥浙江民营企业的优势，在管理、技术、制度、市场、文化等各个方面找准与引进企业的结合点，以人之长，补己之短，特别是将传统、支柱产业与世界龙头企业进行嫁接。同时还要利用外部力量积极开展自主创新，通过引进、消化、吸收，切实提高自主创新能力。从长远来看，要努力形成一种'和合'的文化氛围。"在习近平同志的领导与指引下，浙江省一直重视外资、用好外资，借外资之力发展浙江省高新产业，促进产业转型升级。

一　浙江省外资依存度分析

外资依存度即实际利用外资额（FDI）占GDP的相对比例。关于外资依存度对于经济发展的影响，早期的研究主要聚焦于理论层面。以索洛为代表的新古典增长理论认为，经济发展相对落后的国家由于相对稀缺资本，投入相对落后国家的资本相比投入相对发达国家的资本会具有更高的边际效率和回报率。更高的边际效率和回报率就成为开放条件下吸引FDI的因素。相对落后国家接收外商直接投资之后，较缓慢的储蓄更快地获取了资本这一生产要素，因此能够快速发展经济。但是，根据索洛增长模型，经济体经济增长的最终稳定状态仅仅由人口增长率和技术进步率这两个外生变量决定。FDI 对于经济增长的促进作用，仅仅是在短期以外资弥补内资缺口的形式在不稳定状态中提供资本要素。因此，在只考虑 FDI 作为资本的情况下，由于短期内 FDI 弥补了本国资本的缺口，经济增长在短期会随着外资依存度的提高而提高；而在长期内由于 FDI 对本国资本产生了挤出效应，经济增长与外资依存度无关。该理论的缺陷是：忽略了 FDI 的技术溢出。最新的研究基本纳入 FDI 技术溢出效应的考量，就 FDI 对经济增长的影响进行实证探究。张宇（2009）对 2005—2008 年发表于国内外核心期刊的 113 篇关于中国 FDI 技术溢出效应的研究论文做了梳理统计，发现有 63 篇的结论是 FDI 的技术溢出效应对中国经济增长产生了积极作用，有 29 篇的结论是 FDI 的技术溢出效应是有条件存在或部分存在，而仅有 21 篇则否认了 FDI 的技术溢出效应的存在或认为存在显著的负溢出效应。关于 FDI 对浙江省经济增长的影响的实证研究，下一节会详细介绍。

浙江省的外资依存度变化情况基本可以分为以下四个阶段：1980—1993 年的萌芽期、1994—2001 年的崛起期、2002—2007 年的兴盛期、2008 年至今的稳定期。在 1980—1993 年的萌芽期，浙江省引入 FDI 的规模较小，因此外资依存度很低，长期处于 1% 以下的水平，这一时期 FDI 对于浙江省的经济增长影响极其有限。在 1994—2001 年的崛起期，FDI 开始大规模进入浙江省开展投资活动，由于缺乏资本要素、经济发展落后，浙江省的外资依存度迅速提高，从 1% 一直突破 5% 的水平，而且远远超过了全国平均水平，仅仅在 1998 年受亚洲金融危机影响有所回落，这一时期 FDI 弥补了浙江省经济发展中资本要素的缺口，有力地推动了浙江省的经济增长。在 2002—2007 年的兴盛期，随着中国加入 WTO，浙江省引入外资进入鼎盛时期，外资依存度在 2005 年达到 8.51% 的峰值，但随后由于 2008 年国际金融危机的冲击而迅速降低，这一时期浙江省充分把握了中国加入 WTO 后改革开放深化的制度红利。在 2008 年至今的稳定期，外资依存度稳定在 2.5% 左右的水平，高于中国全国约 1% 的平均水平，也高于美国 2% 的水平，这一时期浙江省大大减小了对外资的依赖，资本结构更加优化，既利用外资所承载的技术和贸易优势，又充分利用国资、民间资本等国内资本要素。从美国的外资依存度来看，发达国家的外资依存度基本维持在1%—2%的稳定区间，因此浙江省目前的外资依存度水平是健康的（见图4-12）。

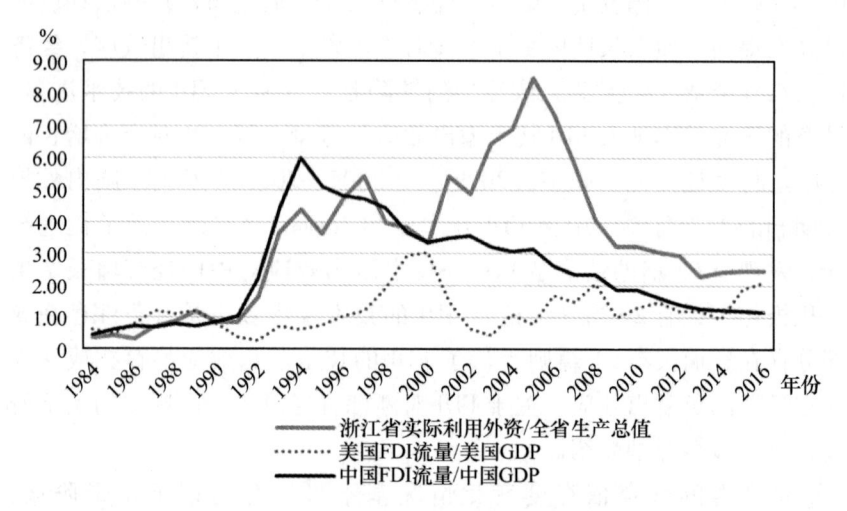

图4-12 浙江省外资依存度变化情况

资料来源：国家统计局、Wind。

二 浙江省利用外资对高新产业的影响分析

在习近平同志的领导与指引下，浙江省一直重视外资、用好外资，借外资之力发展浙江省高新产业，促进产业转型升级。2012年，浙江省人民政府印发的《浙江省人民政府关于进一步做好世界500强企业引进工作的意见》（以下简称《意见》）指出，以世界500强企业为代表的跨国公司通过转让技术、输出管理和直接投资，有力地推动了浙江省经济社会的发展。该《意见》提出了引入高新企业的全面政策方案，包括做好调查研究和招商规划、积极搭建各类招商平台、开展多种形式招商、切实加强项目促进。对浙江省内的500强企业地区总部和各类功能性机构给予一定比例的租金补贴和奖励。支持世界50强投资企业申报评定高新技术企业，对经认定的高新技术企业按15%税率征收企业所得税；一个纳税年度内，对企业技术转让所得不超过50万元的部分，免征企业所得税；超过50万元的部分，减半征收企业所得税。对符合浙江省确定的优先发展产业且用地集约的世界50强投资工业项目，在确定土地出让底价时可按不低于所在地土地等级相对应的《浙江省工业用地出让最低价标准》的70%执行。保障投资项目的用电、用水需求，按照其生产用电和用水的实际情况，专门落实有序用电和用水计划。对世界50强投资项目，建立省、市、县（市、区）领导和有关部门的结对联系制度，开展定期跟踪服务，帮助企业解决实际问题。

（一）外资利用影响浙江省高新产业发展的机理

随着外商直接投资在浙江省的增长，无疑会逐步深入各个产业与区域。外商直接投资作为国外资本、知识和技术的载体，被认为是技术溢出的重要途径，也是跨国公司影响东道国技术进步和经济增长的重要渠道。大多数学者都认为，跨国公司拥有更好的生产技术和管理经验，跨国公司的直接投资提高了当地的生产力水平，而且跨国公司并不能获得投资的全部收益，从而产生了正的外部效应，对浙江省的高新产业产生重要的影响。外商直接投资影响浙江省产业的机制可以分为两类：挤入—挤出效应的作用机制与技术外溢效应的作用机制。

（1）挤入—挤出效应

挤入—挤出效应包含外商直接投资作用于东道国的两种相反的效应，即挤入效应与挤出效应。具体而言，外商直接投资流入东道国的相关行业之后，该行业的国内投资也同时增加，那么外商直接投资对东道国产生了挤入效应；反之，外商直接投资对东道国产生了挤出效应。具体而言，如果外资企业是出口导向型或者资源寻求型企业，其进入东道国后不仅不会与国内企业竞争，反而能够推动国内企业参与全球价值链的各个环节，开拓更为广阔的国际市场。该行业的国内投资自然会增加。另外，外资企业进入东道国之后，由于其拥有较为先进的生产技术、管理体系以及营销策略等，行业发展加快，行业上下游的企业都会有所收益，那么该行业的国内投资也会增加，挤入效应显现。相反，如果外资企业属于市场寻求型，那么内外资会在东道国市场中展开激烈的竞争。如前所述，外资企业拥有较为先进的生产技术、管理体系以及营销策略。基于这些劣势，内资企业常常会在竞争中落于下风，这也就导致了内资企业退出行业、国内投资减少，挤出效应显现。

(2) 技术外溢效应

技术外溢效应的作用机制主要包括四种：模仿效应、竞争效应、关联效应与培训效应。

模仿效应是指外资企业拥有较为先进的生产技术、管理体系以及营销策略等，东道国企业在存在差距的情况下会学习、模仿外资企业的这些优势以提高自身的技术水平、管理经验、营销模式以及企业文化等。学习模仿的方式有很多，比如东道国企业可以与外资企业协商技术合作、招收外资企业的高级员工、研究外资企业的产品或设备、观察研究外资企业的各模块运营等。

竞争效应包含正向与负向的影响。外资企业与东道国企业争夺东道国市场时，使得东道国企业被迫更有效地利用已有资源、提高技术效率、优化资源配置；外资企业携带先进的技术进入东道国，也降低了行业的进入壁垒，使得更多企业加入投资与生产；以及由于外资企业进入后的激烈竞争淘汰了落后产能的东道国企业，留下先进产能的东道国企业，从而在客观上提高了行业整体的技术水平的负向影响，此为正向影响。另一方面，竞争效应也有可能导致东道国企业不堪激烈竞争的重负而倒闭，产生外资企业垄断的后果，此为负向影响。

关联效应发生在产业之间，包括作为零部件或半成品供应商的外资企业与下游企业合作时发生的前向关联，以及作为组装厂商或营销商等的外资企业与提供产品或服务的上游企业合作时发生的后向关联。在前向关联中，外资企业为了获得与扩大市场份额会主动提供各种产品和相关服务，下游东道国企业可以学习外资企业的产品工艺、维护技术和操作知识。在后向关联中，外资企业为了获得稳定的零部件供应，除了对上游东道国企业提出较高要求，还会提供一定的技术支持与管理培训。

培训效应是指外资企业由于需要足够的人力资源，会对东道国劳动力进行培训以得到高素质的管理人员与优秀的技术人才。一方面，由于成本和地域等方面的因素，外资企业不可能全部采用本国人才；另一方面，外资企业为了更好地适应东道国市场和政策环境必须采取本土化策略，这也需要当地的优秀人才。

(二) 外资利用影响浙江高新产业发展的经验研究

浙江省引入外资之初，主要目的是解决资金短缺的问题。随着经济发展和民间资金的逐步丰富，目前浙江省的引资目的已经转向提高附加值、推动产业转型升级。如前所述，外商直接投资能够通过挤入—挤出效应以及技术外溢效应对东道国产生影响。

浙江省委省政府早在2015年就已经提出要提高利用外资质量和水平。时任浙江省省长吕祖善在《切实做好外经贸工作，为全省"十一五"开好局起好步做贡献》讲话中指出，要切实改变依靠低地价、优惠政策引资，过于注重引资数量的做法，把工作着力点放在引进技术层次高、带动作用强的外资项目上；通过利用外资加快发展高新技术产业，培育新的经济增长点。世界500强企业是承载高新技术与管理经验的代表，截至2014年，浙江已累计批准174家世界500强投资企业502个，投资总额达250.8亿美元，约是2000年世界500强投资企业数和总投资额的5.4倍和13.2倍。[①]

浙江省利用外资对高新产业的影响，在时间上体现出由早期的不显著向后期显著积极效应转变的态势。

针对较早年份的研究，往往得到外资技术溢出效应不显著的结果。潘益兴（2011）基于1984—2009年的数据研究发现，外商直接投资对浙江经济的直接效应是积极的，但是通过技术外溢效应对浙江经济的间接效应是负面的，这显示出浙江省利用外资的早期阶段存在未注重外资的层次与质量的问题。

而当研究的时期向后推进，外资的积极效应开始显现。胡求光等（2008）从进出口贸易的角度切入，基于1992—2006年的数据研究发现，外商直接投资不仅促进了浙江省外贸规模的扩大，而且对浙江省工业制成品的出口影响比对初级产品的影响明显更大，这有利于浙江省产业结构的优化与升级。也有研究聚焦于外资在产业关联中的出口溢出效应，指出后向关联机制是FDI出口溢出发生的主要渠道，而且FDI对于浙江省的产业升级有明显的促进作用。其中，中等技术行业

[①] 数据来自《浙江日报》，http://news.163.com/15/0507/04/AP01LJS800014AEF.html。

与高技术行业的促进作用最大，主要是因为外资企业通过中间产品为中等技术行业提供了了解国际市场需求的机会；而高技术行业的本土企业则依靠已有的较好技术基础，学习和模仿外资企业的产品技术与管理模式。刘梦（2013）选取了 2002—2011 年浙江省两位数分类的 27 个制造业行业的面板数据，发现外商会倾向于投资已经出现行业集群的地区，而且外商的进入又会强化该地区该行业的产业集群。FDI 对资本密集型产业集聚的促进效应最大，对劳动密集型产业集聚的促进效应次之，对技术密集型产业集聚的促进效应最小；然而，已存在 FDI 对于后续 FDI 流入的影响，却是在技术密集型产业最大，劳动密集型产业次之，资本密集型产业最小。这意味着 FDI 对于本国的技术溢出效应在资本密集型产业最明显，劳动密集型产业次之，而技术密集型产业最小。

以上研究都主要针对以制造业为代表的第二产业。前述章节已经提及，近年来浙江省利用的外资主要流向已经从第二产业转向第三产业，因此仅仅将研究聚焦于 FDI 对第二产业的技术溢出效应是有失偏颇的，全面的研究应该将第三产业纳入考量的范围。黄晗晗（2015）基于 2002—2013 年浙江省 11 个地级市以及产业的面板数据，首先使用 DEA 方法对浙江省各个地级市以及产业的全要素生产率（TFP）做出了估计，然后借鉴柯布—道格拉斯生产函数，探究了地区内科研投入以及 FDI 流入程度对全要素生产率的影响。研究发现：所有不同来源地的 FDI 对于浙江省各地区的全要素生产率都有促进作用，其中，来自美国、英国等西方国家的 FDI 的技术外溢效应要强于来自港澳台地区的投资，而流向杭州、宁波、嘉兴等浙北地区的 FDI 的技术外溢效应要强于流向浙西南地区的 FDI；FDI 对于三次产业均有显著的正向溢出效应，其中短期影响对第三产业的溢出效应最强，对第一产业的溢出效应次之，对第二产业的溢出效应最弱，长期影响则对第一产业的溢出效应最强，对第三产业次之，而且，FDI 的长期的技术溢出效应比短期效应的影响更大，虽然短期内会显示出挤出效应，但是长期却产生了挤入效应。

对于外资影响浙江高新产业的经验研究，总体显示外资对浙江省高新产业的升级与发展起到了促进的作用。由于早期浙江省引资的目的是弥补资金不足的问题，外资的促进作用并未显现；但是21世纪以来，浙江省引资的目标逐步转向产业转型升级，外资对发展高新产业的促进效应逐渐显著、扩大。

第四节　携手外资、自主创新的浙江案例
——西子联合

浙江省不仅是外商直接投资蓬勃发展的省份，更是民营经济的一面旗帜。在改革开放40年的宏伟浪潮当中，浙江省涌现出了一批民营企业，它们不仅主动发挥民营经济顽强拼搏的活力，还充分利用了浙江省这片外商直接投资的沃土，利用外资的资本、技术等民营企业稀缺的要素与外资合作共赢。而且，众多民营企业并没有依赖于外资、止步不前，而是自强不息、不断进取，走出了自主创新的鲜明道路。本节从诸多优秀企业中，选取了西子联合作为典型案例进行解析。

一　西子联合的基本情况

西子联合控股有限公司创立于1981年，是一家以装备制造为主，跨行业经营的综合型企业集团。公司总部位于浙江杭州，旗下产业涵盖电梯及电梯部件、锅炉、航空、立体停车库、起重机、钢结构、房产、商业、农业、投资等多个领域，是中国500强企业之一，现有员工近万人，2016年集团营业收入达256亿元。

本节选择西子联合控股有限公司作为案例，主要有四个原因：第一，该企业是中国500强企业之一，实力雄厚，是优秀企业的范本；第二，民营企业是浙江经济最具活力也最有绩效的群体，而该企业是在浙江省的土壤创立、发展、壮大的民营企业，是民营企业的范本；第三，该企业曾经多次与世界500强企业合作，其发展历程与外商直接投资息息相关；第四，该企业的存续时间足够长久，长达30余年，可以避免外商直接投资的影响效应难以短期显现的缺陷，得以观察到外商直接投资对企业发展的长期影响。总之，西子联合控股有限公司是浙江省民营企业与外资长期合作、携手共赢，获得更快更好发展的

典型案例。

二　西子联合与美资、日资合作共赢的阶段分析

"合作重于竞争"是西子联合的经营理念与成功之道。西子联合控股有限公司与跨国公司的合作众多，其中涉及外商直接投资的主要有1997年与美国奥的斯电梯公司的合作、2004年与日本石川岛运搬机械株式会社以及中国台湾东元电机的合作这两次。

西子联合的创始人是著名企业家王水福。20世纪80年代，王水福在笕桥最初从事农机生产，其时的笕桥还是一个以生产丝绸、茶叶等杭州本土特产而闻名的小镇。随着中国经济腾飞，工业纷纷恢复了发展，产量越来越大，工厂产品的搬运直接导致了电梯的需求。王水福肩负起重担，开始积极组建队伍，专攻电梯生产。1981年，杭州西子电梯厂成立，王水福出任厂长。1981年当年，西子第一台手拉交栅门货梯研制成功；1989年，第一台西子牌自动扶梯安装于杭州百货大楼。1992年邓小平"南方谈话"后，王水福的电梯厂迅速进入高速发展的上升通道。当时，国内电梯市场基本由几大合资公司瓜分，西子这样白手起家的民营企业在研发、技术、品牌等方面的竞争力上与它们仍有较大差距。为了更长远的发展，西子开始了与外商直接投资合作的道路。

（1）1997年与美国奥的斯电梯公司的合作

美国奥的斯电梯公司创办于1853年，是全球专业的电梯、自动扶梯和自动人行道的制造商和服务提供商，专注服务于建筑领域。目前，奥的斯的业务遍及全球超过200个国家和地区，并为全球超过190万台电梯和自动扶梯提供维护保养服务。奥的斯则是联合技术公司的业务部门之一，联合技术公司是全球专业的航天和建筑系统供应商，全球500强企业。

1997年，西子联合与美国奥的斯电梯公司合资成立杭州西子奥的斯电梯有限公司。杭州西子奥的斯电梯有限公司的股权架构中，美国奥的斯电梯公司持有30%的股权，西子联合拥有70%的股权，但是美方提出了5年后重新分配股权的要求。2000年8月，五年之期未到，美国奥的斯电梯公司就要求提升其持股比例到

80%以控股西子奥的斯。其时，西子奥的斯公司的营业利润已经超过4000万元，不论是杭州市政府还是企业内员工都十分反对答应美方的要求。西子联合的掌门人王水福目光长远，在众多反对之下毅然决定继续与美国奥的斯电梯公司的合作，满足其提升持股比例到80%以控股西子奥的斯的要求。2001年8月，美方在完成股权变动之后，迅速将国际领先的无机房、无齿轮第二代电梯技术转让给了西子奥的斯。西子奥的斯的电梯产量增速迅猛，两年实现翻倍的发展。

美国奥的斯电梯公司是全球电梯制造商与行业领先者，拥有强大的技术、资金和品牌优势。西子联合与美国奥的斯的合作实现了西子联合的跨越式发展，推动了民营企业从小微企业向高新技术企业的转型。从企业营收来看，西子奥的斯公司的营业利润在1997年成立之初就达到了4000万元，此后几年销售收入的年均增长率超过40%，市场占有率也逐年上升，行业排名从1997年的第6位上升到2001年的第2位。控股方西子联合的全部投资仅仅在合资公司成立3年之后就全部收回。2005年，新梯订单成功突破15000台，是合资之初的10余倍。西子奥的斯在短短8年迈上了同行需要15年才能实现的台阶。2005年，奥的斯总部斥资1.9亿元，在西子奥的斯建立全球最大的电扶梯生产基地。新工厂拥有16亿元资产，2200余名员工。2006年，西子奥的斯年销售台量超过20000余台，销售收入突破36亿元，海外市场订单突破1500台，覆盖38个国家。2009年，西子奥的斯的市场占有率名列行业榜眼，达到10%。截至2011年，西子奥的斯的电梯与自动扶梯订单成功突破40000台，覆盖60多个国家。从技术提升来看，西子联合控股学习吸收了自动扶梯领域最新技术。奥的斯电梯向西子奥的斯公司完全开放网络和数据库，有利于西子联合控股跟踪国际前沿技术和行业动态，把握整个行业趋势，抢占制高点。

总体而言，虽然西子联合在与美国奥的斯公司的合作过程中做出了极大的让步与妥协，将其对合资公司西子奥的斯的控股比例由最初的70%减少到了20%，在公司的控股权与利润分配上失去了控制人地位。但是，西子联合通过这一次合作，学习、掌握了领先的电梯技术，接轨国际公司与产业链，为长远的发展奠定了基础。

（2）2004年与日本石川岛运搬机械株式会社以及中国台湾东元电机的合作

2004年3月，西子联合与日本石川岛运搬机械株式会社以及中国台湾东元电机合作，共同出资400万美元成立西子石川岛停车设备有限公司，西子孚信控股42.5%，日本石川岛运搬机械株式会社控股42.5%，中国台湾东元电机控股15%。

从2015年开始，西子石川岛陆续收购了外资的全部股权。该公司成为西子控股、管理层参与股权改造的公司，并正式更名为：西子智能停车设备有限公司。经过多年的发展，已经成为一个集销售、研发、设计、制造、调试、安装、维保、售后服务于一体的专业机械式立体停车设备企业，并拥有产品的自营进出口权，囊括了目前停车行业的九大类，90种类型产品。目前，杭州西子智能的产品已经遍布全国各大主要城市，市场占有率位居行业前列。自2011年开始，杭州西子智能在机械式停车设备公开招标中标数量排名中连续六年位居第一位，完成多个行业标杆项目：杭州市密度桥地下停车库是杭州市首个井筒式地下停车库，地下19层，深度达33.5米，拥有114个泊位，创造当时国内地下车库深度纪录；杭州大华饭店新型PPY机械手项目成为西湖底首个立体车库，为适应国际新能源汽车发展趋势，开发了充电式车板，并为G20会议服务，成为城市建设新亮点。

机械式停车设备制造业属于技术密集型和资本密集型产业，存在较高的技术要求与资金要求。首先，机械式停车设备内部结构复杂，涵盖工程、机械设计与制造、机电一体化、自动化领域，涉及整合设计、动力传递、安全控制等技术，对生产企业的技术要求较高；同时，随着市场对产品安全性、质量可靠性及节能环保性等方面要求的不断提高，生产企业需要把握产业发展趋势，不断研发新技术、突破新瓶颈、研发适应市场需求的新产品，而这一切都建立在深厚的技术和人才积累基础上，对于新进入的企业而言，具有较高的技术和人才要求。其次，机械式停车设备生产经营前期需要投入大量资金购置原材料、生产设备、物流设施、运输设备等资产，同时，技术研究开发、营销网络、人才队伍、物流体系、维保体系的建设也需要投入大量资金，从前期投入到实现规模化经营需要较长时间，因此，对于新进入该行业的企业来说，存在较高的资金要求。

西子联合通过与日本石川岛运搬机械株式会社合作，获取了企业进一步发展必要的技术研发、人才储备与资金支持，从而把握了市场机遇，成为行业领先者。

三 西子联合自主创新的全新征程

除以上两次涉及外商直接投资的合作之外，值得一提的是，西子联合目前已经进军航空产业，顺利进入国际航空制造供应链。早在2004年去日本考察三菱重工、川崎重工等先进的制造类企业时，王水福就发现"没有一家重工企业不跟航空有关"。他意识到，进入航空领域是检验一家装备制造类企业实力的试金石、推动企业发展的助推器。他希望通过参与航空产业，实现从原来的传统制造业向位于高端核心的航空制造业拓展的路径，并借助引入航空产业的质量管理体系，以航空制造的标准全面提升西子联合的制造品质，将其打造成世界一流的制造企业。国家在"十一五"规划中不仅明确了航空工业在国民经济中的地位和作用，将其确定为国家重点发展、扶持领域；同时，国家还制定了民营企业参与航空业经营的政策法规等。

2009年5月，在浙江省委、省政府及相关部门的大力支持下，西子联合控股有限公司成为国家重大专项C919大型客机项目九家一级机体供应商中的一员，也是唯一进入国家大飞机项目的中国民营企业。目前，西子航空板块已拥有浙江西子航空、沈阳西子航空、浙江西子航空紧固件三家公司，通过进入航空制造业，由传统制造逐步转向高端制造。西子航空获得了欧洲空客、美国波音、加拿大庞巴迪、中国商飞、中航工业这五大世界航空制造巨头的256项特种工艺资质认证；2016年，成功交付了空客A320飞机前起落架舱部件项目首件，世界最畅销机型上有了西子制造的零部件，这是西子航空作为空客供应商的一个新起点，表明西子航空实现了从零件生产到飞机大中型复杂结构部件生产的提升。沈阳西子航空与波音公司签署驾驶舱内饰项目合同，标志着沈阳西子航空成为波音中国次级供应商中的首家民营企业。航空制造作为最顶尖的制造业，能够重塑一个企业，指引企业爬坡过坎、转型升级。西子联合希望通过航空制造的锻炼，最终通过航空产业的管理体系，来实现对原有电梯、锅炉、盾构机、停车设备等产业领域的管理输出，完成真正的制造升级。

四 西子联合转型升级的启示

西子联合是借力外资，自主发展的典范。

一方面，西子联合借鉴外资的优势。西子联合通过与外资的合作，不仅充分利用了产业发展所需的资金，更是学习吸收了跨国公司先进的科学技术与现代化的管理体系，艰苦奋斗、拼搏图强。另一方面，西子并非依赖外资、安于现状，而是追求独立自主、转型升级。西子电梯集团一直在努力追求核心部件国产化，研发出10m/s超高速电梯产品，不仅实现了超高速电梯关键部件的自主知识产权，而且掌握了超高速电梯中诸多核心技术（如安全性技术、减振和噪声处理技术等），电梯的性能指标达到了国际一流水平；在"双层轿厢电梯"的技术和产品上也取得了突破；西子电梯208米超高速电梯试验塔在临平建成，并成功对接国家电梯产品质检中心。过去西子重工的扶梯桁架矩形管均来自外部采购，2015年西子重工重资开发方管线项目，2016年顺利投入生产并达到预期产能。方管线的投入生产，定制化生产所需原材料，大幅降低材料损耗，大大降低成本，核心竞争力得以提升。

在历经"脱胎换骨"式的转型升级阵痛后，西子联合坚定不移地推进组织再造以实现管理者队伍与企业发展相匹配；积极调整产品结构、业务结构和市场结构以深耕国内外市场；整合制造系统资源以完善快速响应机制，适应客户"订单式生产"的个性化新要求、新趋势；努力推进研发提速，以继续引领行业技术先进水平。西子联合作为浙江省民营企业的榜样，将继续面临新的机遇与挑战。

第五节 小结

多年来，浙江省牢牢抓住了经济全球化的机遇，积极参与国际产业分工，成为国际投资合作的积极推动者和直接受益者。浙江省利用外资从无到有，从小到大，由弱变强。外商投资总额不断扩大，投资领域不断拓宽，投资质量不断提高。外商直接投资在推动浙江经济发展、提高资源配置效率、扩大进出口贸易、优化出口结构、促进产业集群、产业转型升级的过程中，扮演着重要的角色。

在与外资合作的过程中，我国政府和企业既要在尊重知识产权的基础上，允许外商获取合理的合资比例与市场份额，充分利用外资承载的高新知识科技与技术外溢效应；更要注重自力更生，不因合资所带来的各方面优势而停滞不前，切实做到自主创新、交流协作、互利共赢。

习近平同志担任浙江省省委书记时就指出，浙江资源紧缺、环境容量小，扩大对外开放不仅要"立足浙江发展浙江"，更要"跳出浙江发展浙江"，要抓住和利用好重要战略机遇期，清醒地认识和把握经济全球化、长三角区域经济合作与发展带来的机遇和挑战，增强战略意识，坚持对外开放与对内开放相结合，全面提高开放水平；坚持扩大开放与深化改革相结合，以开放促改革促发展；坚持利用外资与结构调整相结合，参与国际竞争与合作。习近平同志在浙江工作期间，该地陆续出台有关政策措施，主动接轨上海，积极推进与长三角和周边地区的交流合作，推动外资利用。外资引进原来一直是浙江的"短腿"，通过创新引资方式、突出"选商引资"、注重提高质量，利用外资水平实现了新突破。在总量较快增长的同时，浙江利用外资"选资"的分量更加浓重，更注重质量。在习近平同志任后，浙江省委省政府依然按照习近平同志的战略方针指导，重视外资质量，积极利用外资承载的技术、管理、制度、理念、人才，开拓更高层次、更加开阔的国际市场，从而提升浙江企业和产业的档次。发挥浙江民营企业的优势，在管理、技术、制度、市场、文化等各个方面找准与引进企业的结合点，以人之长，补己之短。利用外部力量积极开展自主创新，通过引进、消化、吸收，切实提高自主创新能力。

在习近平同志领导全国人民迈入伟大复兴的全新阶段，浙江省还将继续优化投资环境，增强外资吸引力，改善外资利用方式，优化外资结构与质量，让浙江经济在外资的助力之下，又好又快地可持续发展。

第五章　浙江对外投资与经济合作的发展

浙江素有"七山二水一分田"之称，山多地少，无甚矿产资源，是名副其实的资源小省。改革开放后，浙江顺应时代潮流，抓住市场化改革中的机会，实现了从资源小省到经济大省的成长和蜕变，全省生产总值、人均收入水平、贸易进出口额等关键经济指标均位于全国前列。另外，随着制造业生产能力和加工水平不断上升，市场竞争趋于激烈，各种要素价格持续上涨，国际贸易摩擦和贸易壁垒日益增多，浙江企业的生存空间也不断被压缩。为了再次冲破市场和资源的桎梏，拓展发展空间，以全球视野来配置要素资源成为浙江的必然选择。浙江具有较高的市场化水平，有专业市场和区域产业集聚互为依托的发展特点，民营经济发达，且企业、政府对"走出去"战略具有极高的认知和认同。在"两个推动""走出浙江发展浙江"以及"八八战略"等指导下，浙江省深化开放，在商品"走出去"、资本"引进来"的工作上取得了骄人成就，也逐渐具备资本、技术和人力资源等"走出去"的能力。

开放经济的核心是内外市场的整合和内外资源要素的优化配置，而对外投资与对外合作是生产要素全球化重组与配置、产业结构国际转移的主要途径，直接体现了开放型经济层次的高低。从发展历程看，在对外经济合作的初探期，浙江政府和企业将目光从省内转向省外，从境内转向境外，在改革开放的潮流中积极整合内外资源，积累了"走出去"的资本、技术和人才。21世纪初，浙江省人均地区生产总值突破2500美元，企业对外投资与合作的需求不断扩张；浙江省政府明确"走出去"为开放型经济发展的支柱之一,引导企业利用"两种资源、两个市场","跳出浙江发展浙江",逐渐形成了一批初具国际影响力的跨国经营企业,建成了多个具有浙江特色的境外经贸合作区。在近十年中,浙江省在"八八战略"的引领下,把握住了国际金融危机和"一带一路"中的投资与合作机会,投资额与合作额高速增长,稳居全国前列。

从特征和经验看,浙江省政府不断健全对外投资与经济合作的服务支持体系,特别着力为民营企业、遇到融资瓶颈和缺乏综合性人才的企业创造更快、更好"走出去"的条件,以全球视角打造沟通交流平台,推动和促进企业抓住"一带一路"沿线的发展机遇,全方位开展投资合作。在"走出去"的过程中,浙江科学地处理了内外市场之间以及与产业升级的关系,实现以外部市场延伸内部市场,以内部市场支持外部市场;做到了借投资"腾笼换鸟",完成产业梯度转移和全球布局;在对外投资合作中增强核心竞争力,打磨新比较优势。此外,通过发扬浙商精神,发挥块状和集聚经济优势,浙江诸多行业龙头企业不仅借助自身资金、技术及人力资源优势迈出了国际化的脚步,还带领同行和产业链上下游企业以集群的方式"走出去",形成了浙江企业内外互动,点、线、面协同出海的"浙江经验",并又以"浙江人经济"的方式反哺浙江经济。

本章第三节还以吉利汽车为例,从这一典型企业的视角剖析浙江对外投资合作发展中本土企业"走出去"的历程。从案例中我们看到,企业以开放的思维谋取资源,以全局的视角求得发展,以全球的视野支撑战略的成长过程,与浙江省政府促进对外投资与经济合作的探索之路同符合契。浙江经济和浙江企业正是在如此思考、引领、探索、实干中实现螺旋式上升,取得辉煌成就的。

第一节　浙江对外投资与经济合作的历程及现状

一　在开放中探索开放,"两个推动"加快"走出去"

义乌有俗语称"天上有金子掉下来,也要你自己走出去捡",

"向外"谋出路的意识深深植根于浙江人的思维中：若要图强，必须"走出去"。1978年，中共十一届三中全会开启了改革开放征途。次年，国务院发文允许境外办企业，浙江省的境外投资随之启动，并于1981年在香港就注册了首个境外企业。20世纪90年代，浙江省企业"走出去"经历了以外经贸部门推动、以国有企业为主，到民营企业踊跃参与的发展过程。敢为天下先的浙江人早早意识到只有从更广阔的视野考虑资源配置和经济发展空间，主动探索参与国内国际分工，才能抓住经济改革和全球化中的机会，促进经济持续快速发展。在初探阶段（1978—2000年）的20多年里，浙江作为沿海开放大省，抓住了历史机遇，完成了初创期的资本、技术、人才和市场经验的积累，实现了经济的快速增长（见图5-1），为后续更高水平的发展奠定了基础。其中，诸如万向等龙头企业在这一阶段就已经迈出了国际化的步伐。

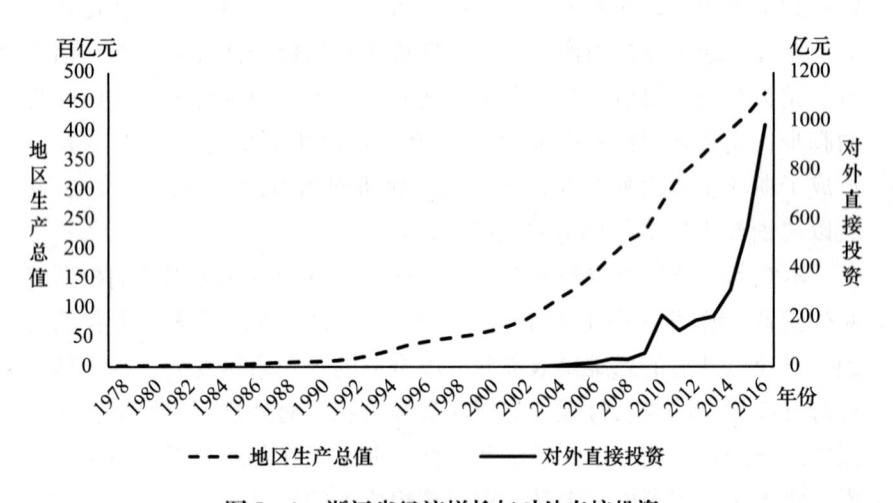

图5-1 浙江省经济增长与对外直接投资

资料来源：《浙江统计年鉴》、浙江省商务厅。

1999年，浙江省明确提出了以"两个推动"为重点，加快企业"走出去"的步伐。这包括了推动制造业等优势产业走出去、开展境外加工贸易和推动商品专业市场到境外设立分市场、开展跨国经营等举措。截至2000年，浙江省就已累计投资境外项目710个，投资总额达 3.70 亿美元，其中中方投资 2.34 亿美元，投资目的地包括中国香港、日本、泰国、印度尼西亚、俄罗斯、德国、美国、墨西哥等 90 多个国家和地区。并且，对外投资与合作并不局限于贸易相关的项目，而是涉及了工业、农业、资源开发、运输、研发咨询等领域，非贸易型投资项目数占总境外投资项目数的 35%。

二 利用"两种资源、两个市场"，向全面对外投资合作转变

21 世纪初，浙江的人均 GDP 超过了 2500 美元，是全国平均水平的 2 倍。按照邓宁的投资发展理论，进入这个阶段的经济体在对外贸易、利用外资的同时，将表现出对外经济合作和直接投资增加的特点。2001 年，浙江省政府敏锐地意识到对外投资与合作的新窗口已经打开，在《国民经济和社会发展第十个五年计划纲要》中提出将"走出去"与对外贸易、利用外资并列为"十五"开放型经济发展的三大支柱。同年，出台《关于加快实施"走出去"战略的意见》，鼓励浙江企业利用"两种资源、两个市场"实现国际化发展，进一步推动浙江省企业对外投资与合作。

在一系列指导方针的指引下，浙江省政府在既有开放优势的基础上，逐步完善对外经济合作的支持框架，推进"走出去"投资和合作额不断攀升。2002 年，时任浙江省省委书记的习近平同志提出"跳出浙江发展浙江"，指出浙江应以战略的思维、开阔的视野和务实的态度，鼓励企业在省外投资创业，鼓励企业走出国门，开展对外投资和跨国经营，带动产品走出去、资源引进来，不断拓展发展空间。这些具有战略高度的论述清晰地指出了浙江寻求外部资源和机遇的发展方向，发挥了浙江人闯天下的优势，弥补了浙江在资源禀赋上的"短板"，为浙江灵活调整和优化经济结构、提升产业层次和增长质量创造更多的机会与更广阔的空间。

2003 年，浙江省委深思熟虑，从浙江的实际出发，在第十一届四次全体（扩大）会议上提出要发挥浙江八个方面的优势，推进八个方面的举措，即"八八战略"。其中，基于开发的思路，浙江首先发挥区位优势，积极主动地接轨上海、参与长江三角洲地区交流与合作；同时，积极跟进中西部开发和振兴东北等战略，密切关注国际经

济动态，主动参与国内、国际市场竞争，不断发展利用两个市场、两种资源的能力。在2004年浙江省对外开放工作会议上，时任浙江省省委书记的习近平同志指出，"走出去"战略是扩大对外开放的重大举措，鉴于浙商"走出去"的时机愈发成熟，应鼓励和支持有比较优势的企业到境外投资，同时也需完善相应的政策支持和服务体系，创造"走出去"的比较优势。

作为最早开放的省份之一，"跳出浙江发展浙江"不仅是基于自身要素禀赋谋求更高层次发展的战略思维，更是一种具有政治责任和高度的全局眼光。基于"跳出浙江发展浙江"的战略指引，浙江的企业首先抓住我国幅员辽阔、不同地区禀赋各异和各地发挥比较优势、深化专业分工的内在需求，通过积极参与国内各地区的开发和建设，创造了突出的经济和社会效益，不仅实现了自身的发展壮大，延伸了浙江产业链，还推动产业梯度转移、促进了要素的跨区域优化配置和企业所在地的发展，被称为"浙商现象"。

截至2007年，浙江省在境外设立企业和机构共计3039家，累计投资总额20.94亿美元，中方投资17.38亿美元，遍及亚洲、欧洲、非洲、北美洲、拉丁美洲、大洋洲的110多个国家和地区，建立了广泛的海外营销网络，推动浙江产业生产、研发和资源开发的全球整合；已涌现出万向、华立、吉利、雅戈尔、申洲等一批具有全球影响力的跨国经营企业；累计设立了4个境外经贸合作区，居全国首位，成为浙江省境外投资合作的亮点和特色之一。

三　全方位深化"走出去"，向双向开放转变

在随后的十余年里，浙江省委遵循"八八战略"的发展思路，不断以新的成效彰显出"八八战略"的生命力。面对2008年的国际金融危机，浙江省着力发挥自身优势，凭借多年积累的国际市场经验和敏锐的市场嗅觉，将"走出去"推向了新高度，对外投资和经济合作以更高的增速发展，进入"井喷期"（2008年至今）。

在这一阶段，浙江对外直接投资平均年增长率达到33%，其中纺织、化纤、机械制造等传统制造业和相关服务业占比为95%，并逐渐向高端医疗、装备制造、机器人等战略新兴产业和与传统产业升级

相关的热点集中。在 2015 中国 100 大跨国公司榜单中,浙江企业占比位列各省市第五(7%),与上海、广东和山东(均为 8%)接近,落后于北京(43%);值得一提的是,100 大跨国公司中民营企业占比不足三成,而浙江上榜的均为民企。2016 年,浙江实际对外投资额和国外经济合作营业额双双创下新高,前者达到 109.4 亿美元,同比增长 17 倍;后者达 68.3 亿美元,同比增长 7.9%。截至 2017 年,浙江省经审批核准或备案的境外企业和机构共计 9188 家,累计中方投资备案额 707.1 亿美元,浙江省对外投资已覆盖 142 个国家和地区,5 年内实现对外投资累积超过 600 亿美元,年均增长约 46%;已设立 6 个境外经贸合作区,国家级园区数量居全国首位,2017 年国外经济合作营业额达到 72.8 亿美元。

政策服务方面,浙江省坚持健全机制体制,坚定不移地支持企业开展对内对外的合作,在跨区域的要素整合中不断开拓新市场、探索新方法、形成新优势。2009 年,浙江省政府发布了《浙江省境外投资管理实施办法(试行)》。紧接着在 2010 年下发了《关于做好企业"走出去"发展有关服务工作》的通知,旨在加强产业引导,深化对外投资和合作,并在同年率先出台了《浙江省加快境外营销网络建设的实施办法》。2011 年,浙江省在《关于支持行业龙头骨干企业加快发展的若干意见》中明确表达了力推本土企业进军海外市场的战略意图,下发了《关于统筹省内发展和对外开放 加快实施走出去战略的意见》,并以其作为"十二五"期间浙江省实施"走出去"战略的行动纲领。"十二五"期间,浙江省坚持"跳出浙江发展浙江"的发展思路,坚持"全面实施'八八战略'和'创业富民、创新强省'总战略",提出了"加强与世界各国和地区的投资贸易合作,推进全省产业、企业在全球优化布局、合理配置要素资源","培育本土跨国公司,赢得国际竞争新优势"等目标和要求。浙江省有关部门则从政策、平台、人才、机制等方面给予扶持,成立了"走出去"工作领导小组,搭建政策落地和协调工作的平台,推动本土企业走向国际市场(见表 5-1)。

表5-1　近年来浙江省有关促进对外直接投资的重要思想和举措

年份	内容
1999	"两个推动"：积极推动制造业到境外投资，开展境外加工贸易；积极推动商品专业市场到境外设立分市场，开展跨国营销
2000	《关于进一步扩大对外开放，加快发展开放型经济的决定》
2001	《关于加快实施"走出去"战略的意见》
2002	习近平同志提出"跳出浙江发展浙江"的重要论述；设立"走出去"战略专项资金
2003	提出"八八战略"，强调不断发展利用两个市场、两种资源的能力
2004	习近平同志指出，"走出去"战略是扩大对外开放的重大举措，时机已愈发成熟，应着力创造"走出去"的比较优势
2009	《浙江省境外投资管理实施办法（试行）》
2010	《关于做好企业"走出去"发展有关服务工作》
2011	《浙江省实施"走出去"战略专项资金使用管理办法》《关于金融支持浙江省企业走出去的实施意见》《关于支持行业龙头骨干企业加快发展的若干意见》《浙江省人民政府关于统筹省内发展和对外开放加快实施"走出去"战略的意见》《浙江省人民政府办公厅关于贯彻对外承包工程管理条例的实施意见》《关于鼓励支持影视文化产品和服务"走出去"的意见》
2012	《关于全省加强对美省州经贸工作的指导意见》
2013	《规范对外投资合作领域竞争行为的规定》
2014	成立"走出去"融资担保平台 《关于进一步贯彻落实〈境外投资管理办法〉有关工作的通知》（商务厅）
2016	建立重点外商投资企业和外商投资出口企业联系工作机制
2017	提出参与"一带一路"建设和推动国际产能合作三年行动计划；设立浙江丝路产业投资基金；成立浙江省境外投资企业服务联盟

资料来源：笔者根据相关资料整理而得。

第二节　浙江对外投资与经济合作的主要特征

一　健全服务，把握机遇，持续领跑

（一）稳居国内领跑地位

如图5-2所示，近十余年来，浙江省对外经济合作进入高速发展阶段，经济合作额、对外投资流量均呈现加速增长。其中，境内主体数量和境外机构数量、国家级境外经贸合作区连续多年居全国前列，对外实际投资的存量规模进入前五，对外实际投资额稳居全国前十，对外投资额占全国的比重从 2008 年不足 1% 跃升至 2016 年的 6.28%。2016 年，浙江省对外投资额达到 123.14 亿美元，同比增长 73.2%，居全国第六位，境内外投资者数量位居全国第二（见表 5-2）。其中，浙江省对外直接投资的规模与江苏省、山东省相近，处于全国前列，但仍落后于广东省（见图 5-3）。

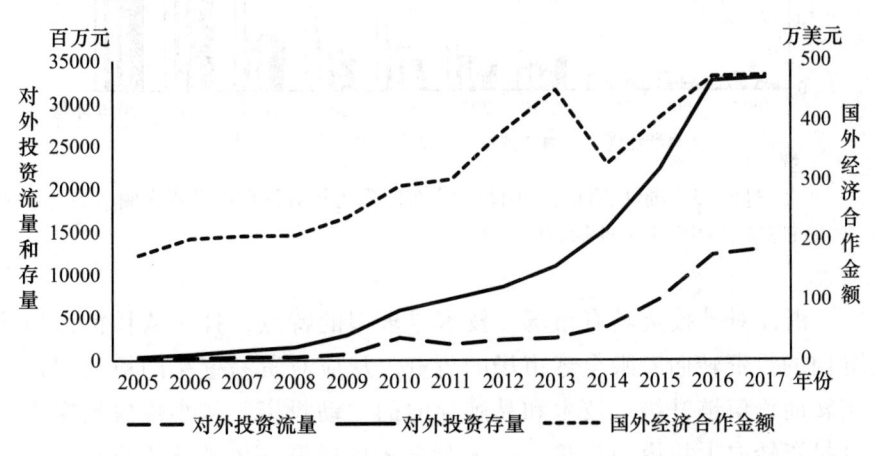

图 5-2　浙江省历年对外直接投资流量和存量、国外经济合作金额

资料来源：浙江省商务厅、《浙江商务年鉴》。

表 5-2　　　　　　浙江省对外直接投资情况　　　　　单位：万美元，%

年份	投资额	同比增长	占全国比重
2008	38768	-3.91	0.93
2009	70226	81.14	1.47
2010	267915	281.50	4.45
2011	185287	-30.84	2.70
2012	236023	27.38	3.04
2013	255276	8.16	2.75
2014	386170	51.28	3.60
2015	710816	84.07	5.85
2016	1231412	73.24	6.28

资料来源：《中国对外投资统计公报》。

亿美元

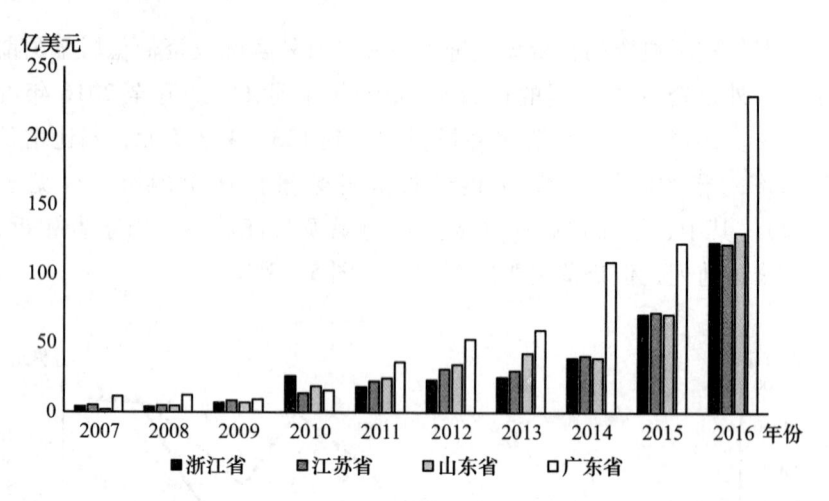

图 5-3 浙江、江苏、山东、广东四省历年对外直接投资净额
资料来源:《中国对外投资统计公报》。

浙江对外投资具有市场、技术寻求型的特点,且正从目标市场导向的投资转向着眼全球市场的投资,从应对贸易壁垒的被动型投资转向价值链升级、技术和品牌导向的主动投资,从小规模的探索性投资转向大规模股权投资。主要方式包括设立境外营销机构、合资或并购以及建立境外生产基地和研发机构、资源开发基地等。其中,并购活动在危机后实现了跃升。海外并购的项目数量在 2009 年前停留在每年 3—4 个的水平,2009 年则迅速攀升至 20 个,2012—2014 年年均超过 40 个,2015 年则仅用不到半年时间便超过了上年水平;并购资金规模占同期对外直接投资的 75%,无论在数量还是规模上均居国内前列。

从投资的目的地与合作伙伴来看,八成以上的投资投向了欧、美、澳等发达地区和国家(见图 5-4),与前十位国外经济合作伙伴国的营业额则占据了半壁江山(见图 5-5)。从行业构成上看,基于早期制造业发展奠定的基础,七成以上的并购集中于汽车及零部件、机电装备、生物医药等先进制造业领域。

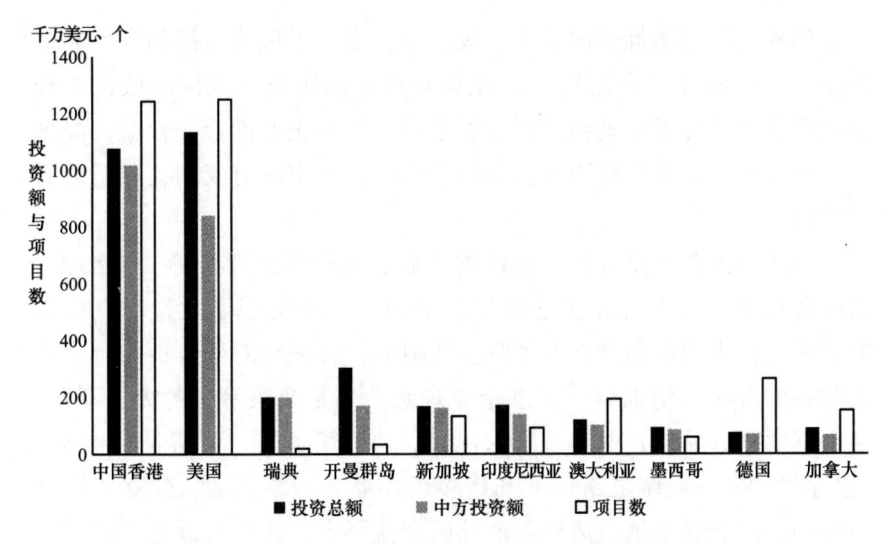

图 5-4　2015 年累计境外投资前十位国家（地区）

资料来源：《浙江商务年鉴》。

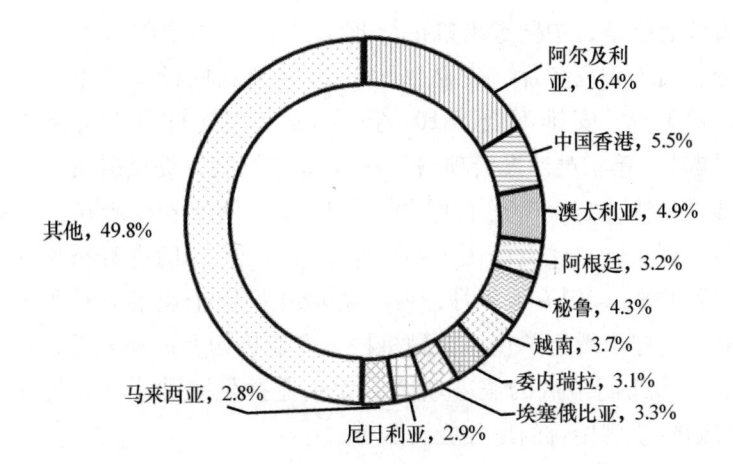

图 5-5　2015 年经济合作营业额占比前十位国家（地区）

注：图中所示数据经四舍五入。

资料来源：《浙江商务年鉴》。

（二）政策服务支持体系不断健全

浙江省在改革和开放的过程中，不断健全"走出去"的政策服务和支持体系，力图帮助企业面对更加复杂的环境和风险。制定符合国际惯例和国际市场规则的政策法规，建立完善了风险防控的省市联动机制，重点监控"走出去"企业相对集中的国家和地区的政治、经济风险，牵头处置境外纠纷和突发事件，保障企业的合法权益，降低企业的境外投资经营风险等，都是浙江省、各市政府及相关部门的有益尝试。

浙江是民营企业大省，浙江省政府着重创新民营经济"走出去"的服务机制，在支持和促进民企"走出去"中完成了大量卓有成效的工作，其中包括帮助企业加强交流对话，开展与对外投资与合作相关政策的说明、培训会，促进企业理解、用足政策等。各级工商联、商会则发挥其贴近企业和市场的优势，协同举办了"世界浙商大会""携手浙商——丝绸之路行"和诸多组团商务考察活动，建立了浙商与外国驻沪总领事馆、境外工商社团交流平台，还尝试设立了境外投资风险预警机制。

特别是针对"走出去"企业融资难、综合性人才紧缺的特点，经浙江省政府批准，中国进出口银行浙江省分行、中国信用保险公司浙江省分公司与省商务厅、省财政厅于2014年共同设立"走出去"融资与担保平台，安排不低于10亿元资金专项支持中小民企"走出去"；同时，建立对外投资项目的跟踪指导机制，提供融资、财务顾问、结算和法律咨询等综合服务。2016年，浙江省政府在工作报告中提出制订实施"民营跨国公司三年行动计划"，助力有条件的企业开展国际并购。2017年9月，浙江省境外投资企业服务联盟正式成立，通过组建由政府单位、金融机构、专业机构及海外安保、产业专家以及智库共同组成的服务联盟，为企业提供更加全面、可靠、有效，与国际惯例接轨的境外投资服务。

浙江政府历来强调"全球意识"，重视各个层面的对外交流和平台的搭建。如浙江省先后分别与墨西哥米却肯州、委内瑞拉梅里达州、巴西巴拉纳州等地建立了友好省州关系；与捷克签署了系列合作备忘录；浙江—新加坡经贸理事会在政府层面促进了浙江与新加坡之间经济、贸易等各领域合作；组织企业参与投资洽谈活动，并在合适的时机组团访问、开展产业对接、洽谈会等。举办中国浙江投资贸易洽谈会、浙江企业跨国并购发展论坛、非洲投资高峰论坛、"走进印尼"经贸交流会、"印度投资说明会"等投资促进活动，为企业"走出去"起到了架桥铺路的作用。

同时，浙江省不断拓展"走出去"的内涵，在行业引导上创新地支持和引导文化产业"走出去"。浙江生产了我国八分之一的电影、四分之一的电视剧，拥有全国五分之一的影视制作机构，还有华策影视、长城影视等影视龙头企业以及以影视产业国际合作为导向的国家级影视产业园区。浙江省委和省政府于2018年3月下发《关于推进文化浙江建设的意见》，其中强调须"培育和扶持一批与国际接轨、具备国际市场运作能力的文化中介推广机构"，"支持我省主流媒体以独资、合资或合作方式在境外办报、办刊、办台、办网、办出版机构，与海外媒体合办频道（频率）栏目节目等"，利用浙江影视产业的优势增进国际交流与互信，滋养经济合作中的文化与价值观基础。

（三）在"一带一路"大放异彩

当前，作为陆上丝绸之路与海上丝绸之路的枢纽与重要节点，浙江对外直接投资进入了新的历史阶段，将在"一带一路"建设的统领下开展更大范围、更高层次的布局。2016年，浙江省在"一带一路"国家对外直接投资备案额74.70亿美元，同比增长约70%。"一带一路"已成为浙江对外投资的主要区域，投资额占全省对外投资的比重从2014年的15.8%跃升至44.4%。截至2017年，浙江在"一带一路"沿线国家投资总额累计191.9亿美元，占累计对外投资总额的27.1%。

一方面，浙江借助在钢铁、水泥、铝等行业的优势产能和自身战略，积极推进与"一带一路"沿线国家开展产能和资源合作，引导轻工、纺织、水泥等过剩产能与中亚地区开展合作，如青山控股和红狮水泥均投资了境外水泥生产线；将中亚地区的油气资源与浙江海洋经济发展示范区、舟山群岛新区建设结合起来，探索能源领域的合作。此外，浙江抓住"一带一路"国家基础设施滞后等特点，依托省内国际工程领域在业务、装备制造、设计咨询上的全产业链优势，在对外承包工程领域推动了"联盟拓市"的机制，将"一带一路"建设的产能合作视为工程行业的一大红利，鼓励企业抱团开拓市场。仅2017年第一季度，浙江在"一带一路"沿线国家完成工程营业额同比增长达 1.82 倍，占全省对外工程营业额的 39.1%，同比提升 25 个百分点。此外，"一带一路"建设的日渐深入也为影视"走出去"带来了绝佳机遇。不少影视机构都将目光瞄准了"一带一路"沿线的项目，如浙江中南卡通动画的业务已经覆盖了所有"一带一路"国家。

另一方面，浙江依托省内办市场的经验，结合产业集聚特征，积极在要素成本优势明显、市场潜力较大的"一带一路"沿线建设境外经贸合作区和产业园，不仅为企业"走出去"搭建平台、降低成本和风险，还同时解决了境外投资中的上下游协同问题。目前，浙江在"一带一路"沿线国家共有 5 家境外经贸合作区，其中，泰中罗勇工业园等 4 家为国家级境外经贸合作区，占全国总数的四分之一，数量位居全国首位。

2017 年 5 月，浙江提出了参与"一带一路"建设和推动国际产能合作三年行动计划（2017—2019 年），开启全方位推进与沿线国家开放合作和优势产能全球布局，继续谱写"一带一路"上的浙江篇章。

二 内外市场两手抓，助推产业升级

（一）利用两个市场，投资与贸易相互促进

浙江为摆脱资源困境、提高经济增长动能和质量，秉持"走出去"的发展思路，充分利用"两个市场、两种资源"，从改革开放后浙商走南闯北，到"八八战略"明确要求"进一步发挥浙江的区位优势，主动接轨上海、积极参与长江三角洲地区交流与合作，不断提高对内对外开放水平"，再到如今"加强与世界各国和地区的投资贸易合作，推进全省产业、企业在全球优化布局、合理配置要素资源"，"培育本土跨国公司，赢得国际竞争新优势"，实现了对外贸易和投资合作蓬勃发展，对外开放形式不断创新优化，经济增长得到强力支撑。

浙江对外投资和经济合作项目的数量和规模均呈现了快速的增长，其中数量增长主要源于市场寻求型的投资与合作。此外，浙江遭遇的贸易摩擦案件数和涉案金额约占全国的三成，浙江省因此积极推进"两反两保"涉案产业、企业和重点行业绕行贸易壁垒，实施"走出去"的策略，也推高了对外投资与合作项目的数量。以设立境外营销网络、对外合作与直接投资等方式"走出去"，不仅能更好地理解目的地国的文化、制度，促进浙江产品原厂地的多元化，更为企业突破国际贸易壁垒创造更多窗口，规避了贸易摩擦和汇率风险。

对外经济合作极大地依赖投资人对投资目的国市场的了解，因此首选的投资区域多是那些已有商贸关系的地区。浙江企业一直活跃于海外市场，通过多年的对外贸易，积累了对海外市场需求、行业格局、法律和文化等的了解，因而更能够发现并抓住投资机会，实现产品输出带动资本输出。同时，资本输出也带动了产品输出。根据浙江省商务厅对40家境内重点企业在外设立的124家境外销售机构的不完全统计，平均一个境外营销网络机构能够带动557万美元的出口。而对1042家境外营销网络建设重点企业的统计显示，境外营销网络带动出口占全省出口总额的14.8%，拉动全省出口增长2.1个百分点。

（二）聚焦核心竞争力，实现产业升级

在政府的积极引导下，浙江传统优势产业，特别是劳动密集等产业正有序地"走出去"，纺织业、机械业、服装业、建筑业、矿产开发业、电子、轻工成为浙江境外投资与经济合作的主要领域。对外投资与合作使浙江企业得以在更大范围内配置资源，获取和发挥更多优势，进而促进浙江经济发展。例如，对外投资资源一方面推动浙江企业突破省内能源、矿产资源的瓶颈，另一方面则带动浙江高能耗和过剩产能的梯度转移，增进了资源要素的合理流动和优化配置，通过"腾笼换鸟"为浙江产业优化升级提供了新空间。同时，以对外投资的方式"走出去"，不仅规避了汇率风险，也推动了浙江企业融入全球市场，获取管理经验、关键技术和品牌，有利于企业加快进入全球产业价值链的更高环节。如随着制造业生产能力和水平的不断提高和国内生产要素成本的不断攀升，浙江省企业对外投资的动机从市场为主逐渐转向追求价值链的延伸，逐步打造"浙江制造"和"浙江建造"名片；浙江企业海外并购逐渐呈现出向高端装备、汽车、新能源、机器人等高新技术领域集中的特征。

浙江经济发展以中小企业为主体，在技术、人才和搭建全球营销网络上缺乏优势，而对外投资的发展，特别是海外并购为企业快速完成技术升级、进入新市场提供了更大的可能性，也为浙江产业转型和做大做强提供了有效支撑。2008年之后，浙江企业抓住了国际产业分工调整和资产价格走低的窗口期，积极开展海外并购，实现了跨越式的发展；这一趋势同时加速了浙江优势产业的全球布局、提高了战略新兴产业的竞争力。如吉利并购沃尔沃，不仅同时取得了数千项专利、先进的管理经验和百年品牌，还为自有品牌的国际化铺平了道路。

在海外扩张的战略选择上，浙江企业越来越多地选择了并购。相较于绿地投资，海外并购让企业获得产权上的优势，将带动技术升级、管理优化，同时促进了自主创新。在经济全球化和知识经济的大背景下，产品乃至技术的生命周期大大缩短，导致全球创新形势发生了很大的变化，依靠自身力量完成创新已受到严重的挑战。因此，越来越多的浙江企业开始从外部获取资源进行创新，即进行开放式自主创新，以低成本实现产品质量、市场地位和产业升级。

（三）内外联动，打造新比较优势

浙江的企业最早嗅到改革开放的春风，抓住对内对外开放的机会，首先利用省内、国内市场立稳脚跟，形成了产业和市场互为依托的格局，完成了技术和用户积累，为对外合作打下了坚实的基础。随着改革开放的不断推进，省内、国内市场的潜力快速释放，巨大的本土市场需求给外向型发展的企业插上了翅膀，这一比较优势让企业在对外贸易和经济合作中占据有利地位。

立足于省内、国内市场，浙江企业在持续"走出去"的过程中逐步获取其他比较优势。在探索和实践对外经济合作的早期，我国企业的合资、合作思路多为"以市场换技术"。但是，浙江的企业不止于以国内市场"换"得国际化的入场券，而更在乎为我所用，进一步为我所有。例如，在吉利收购沃尔沃后，其董事长李书福指出，这一出"蛇吞象"背后，是中国巨大市场潜力的支撑，但同时也直言"在知识产权的内容上，我们是斤斤计较的"，对技术和研发能力的重视和收购后的战略思考可见一斑。

一方面，企业通过对外投资合作，享受合作方的技术溢出，接触、学习领先技术，提高研发和管理能力；同时"借船出海"，以合作方的销售渠道进入国外市场。另一方面，在生产和研发能力增强、产品竞争力和知名度提升后，企业进一步实现"反向"技术溢出，在国内市场上获得更好的表现和更多认可。内外市场的相互支撑和促进，形成你中有我、我中有你，优势互补，资源共享的互动格局，给企业做强、做大提供了肥沃的土壤。例如，吉利汽车基于与沃尔沃联合开发的成果，能够在产品、技术、管理上给宝腾汽车以强大的支持，更有信心能够领宝腾后来居上，这一份底气和自信对促成收购的作用不言而喻。

三 以点带线、面，实现"集体出海"和有效反哺

（一）发扬浙商精神，放眼全球早谋划

与广东省作为全国第一侨乡的身份不同，浙江省对外联系的重要纽带之一是浙江的商人。曾在浙江主政的习近平同志就曾感叹浙江人敢于创新的文化传统、敢于抓住每个机会的精神和艰苦创业的作风，认为浙商的文化基因是浙江发展的宝贵财富。据调查，早在20世纪90年代末，有半数（参与调查的样本）企业已经在考虑"走出去"，有两成企业已经"走出去"，几乎所有企业都认为"走出去"是必要的和重要的，其中四成企业认为"走出去"是为了及时了解国际市场动态，三成企业认为有助于产品升级换代和获取新技术。以吉利汽车为例，李书福早在2003年就认定"民企造车的唯一出路是国际化和出口"，进而早早地开始谋划国际化战略。吉利对沃尔沃的研究则始于成功收购前十年，其对DSI的闪电收购也始于自主创新战略的指引，与宝腾的洽谈也经历了五年。浙商敢闯肯干、高瞻远瞩的基因决定了他们能够早早谋划，进而抓住机遇，获得发展，走在前列。

同时，浙江企业在对外投资与合作的过程中，秉持了共赢的思想，积极开展本地化经营，让所在地享受到项目带来的好处。如浙江建设投资集团在承揽境外工程承包项目中，采取了劳动力的本土化、大宗材料设备采购的本土化等做法。在跨国并购时多采取了"高路收购"（High Road）的策略，收购而不合并，尽量保持被并购公司原有

的管理、运营状态，不存在分拆、出售、合并等恶意收购的行为，这极大地增进了并购、整合的效果。此外，企业在并购后主动开展与所在地政府的交流，践行企业的社会责任。积极开展公关、参与公益，获得认同感和信任，成为"局内人"，也是跨国并购得以持续活跃开展的重要原因。如浙江华友钴业股份有限公司在非洲进行矿业投资的同时，积极捐资修建基础设施、帮助政府牵线组建农业示范园；华立集团在泰国投资设立了泰中罗勇工业园区，在泰国遭遇洪灾时主动捐款捐物等。这些做法促进了企业融入当地，也在一定程度上降低了投资经营风险。同样地，对外工程承包企业也在从东道国工程项目建设者，向东道国经济社会发展的"参与者"转变。

（二）境外产业园带动集群式"走出去"

在近年"走出去"的企业中，约八成是民营企业，其投资额约占总额的九成。与其他对外投资大省相比，浙江的民营企业不仅积极"走出去"，还形成了"联盟拓市""抱团出海"的氛围，更秉承浙江人"做市场"的传统，在境外投资建设工业园。

成功的对外合作与投资要求企业了解目的国市场、政策、法律、文化，这使得企业单独面对海外市场时，门槛、成本和失败率都较高。目的国的市场、法律和文化环境、政府作风、政策细节等信息，在一定程度上具有公共物品的性质，供给的不足直接影响了企业"走出去"。为了共享目的国的信息，浙江基于自身产业集群的特点，逐渐形成"抱团出海"的模式。

境外经贸合作区是集群式"走出去"的重要平台。2006年至今，浙江企业已经投资建立了七个境外经贸合作区，为浙江传统制造业及商贸、物流、会展业等境外投资搭建平台。2006年，华立集团在泰国罗勇建立海外工业园区，主导产业为汽配、家电、电子和建材。在其他行业，温州籍商人曾昌飚早在2004年就取得朝鲜最大的百货商场10年的租赁权，并带领温州商人组团入驻；康奈集团牵头建设了俄罗斯乌苏里斯克经贸合作区，吸引了浙江、福建、黑龙江等省份近30家企业入驻；2008年，海亮集团在越南兴建"龙江工业园区"，已有包括中国、韩国、马来西亚等国的35家企业入驻，成了中越经贸合作的典范；2009年，5家温州鞋企联合在乌兹别克斯坦兴建"鹏盛工业区",带动以温州企业为主的 10 余家瓷砖、制革、制鞋、手机等行业企业投资建厂;越美集团在尼日利亚国家级保税区建立了境外纺织工业园区,吸引了 30 余家纺织配套企业落户。在海外建立工业园、"块状"出海的模式是浙江企业对外直接投资的独特经验,已成为兄弟省份争相学习的对象。

除了共享信息,"抱团"和合作"出海"还能够提高企业的谈判能力,降低投资风险和投资成本。此外,浙江还鼓励企业以产业配套的方式"走出去",通过大企业带动配套企业,合作"出海"。例如,以华策、华麦等领军企业为龙头,利用义甬舟开放大通道和以跨境电商为主的网上通道优势,浙江企业将联合国内同行,拓展多种国内外合作的可能,推动文化贸易,促进资源共享、合拍片生产、传播渠道合作和人才交流等,实现影视行业更好地"走出去"。

(三)"浙江人经济"与"浙江经济"有机联结

企业对外经济合作的活跃不可避免地带来了资金、人才等的外流,但企业"走出去"是产业升级和转型的需要。坚持在支持企业"走出去"的同时提升本土经济的竞争力,鼓励"走出去"企业的资金、利润、技术、人才回流,发展研发机构、总部经济和新兴产业项目,发挥溢出效应,带动本省配套企业和相关行业发展。对外投资通过把境外获得的技术、管理、品牌与国内市场相结合,既促进企业以更高的竞争力服务本土市场,也带动了企业在本土市场新项目的投资。如吉利在收购沃尔沃后,在浙江省内追加投资的金额累计达到 291 亿元,远远超出了吉利在收购时的出资(约四倍)。

早在 2005 年,习近平同志就强调了"浙江经济"与"浙江人经济"的关系,指出应把在外浙商与浙江经济更加紧密地联结起来,促进在外浙商更好地为发展浙江服务。浙江从 2006 年开始实施"省外浙商回归工程",并在 2011 年发出"创业创新闯天下,合心合力强浙江"的号召,将"浙商回归"作为"头号工程"来推进,着力营造更加优质的发展环境,吸引、鼓励更多浙商反哺家乡。2014—2016 年,全省浙商回归工程到位资金分别达到 2236 亿元、3066 亿元和 3500 亿元,回归的浙商和回流的投资补充完善和提升了既有产业格局,为浙江经济发展输入了新的动力,同时进一步增强了浙江经济与全球经济的联系。"走出去"

与"回归"是从不同角度看待资源的进出。当下诸多浙商积极"走出去",是抓住外部资源、提升自身素质的有效方法;而吸引回归和鼓励反哺,也是浙江利用国际国内两个市场两种资源的重要抓手。

第三节　企业"走出去"带动"飞起来"的浙江案例
——吉利汽车

浙江吉利控股集团(以下简称"吉利")是中国首个尝试制造轿车的民营企业,被授予首批"国家汽车整车出口基地企业"和国家"创新型企业"荣誉称号,已连续六年进入世界500强行列。在浙江省工商局、浙江省民营企业发展联合会于2017年8月联合发布的"2016年度浙江省民营企业百强榜单"上,吉利以2088亿元的营收位列第一。在英国专业品牌咨询公司Brand Finance于2018年2月发布的"2017年度全球最具价值500强排行榜"中,吉利汽车成为唯一一家上榜的中国汽车品牌。

吉利的总部位于杭州,目前旗下拥有沃尔沃汽车、吉利汽车、领克汽车、Polestar、宝腾汽车、路特斯汽车、伦敦电动汽车、远程新能源商用车等汽车品牌;在临海、宁波、路桥、兰州、湘潭、济南和成都设制造基地,在美国、英国、瑞典、比利时、白俄罗斯、马来西亚建有全球一流的整车工厂,在埃及、乌拉圭、俄罗斯、乌克兰、伊拉克、斯里兰卡等国设有组装工厂,产品销售及服务网络遍布世界各地,规划在2020年实现年产销300万辆、进入全球汽车企业前十。

自成立之始,吉利的发展经历了从创业地到国内再到国际的发展路径,成功地利用了国内、国外市场,不仅在国际市场上表现突出,也逐步占领被外资和合资公司盘踞的国内市场。纵观吉利汽车的发展,其与浙江省对外投资与合作不断进化的历程同符合契。

一　对外合作与投资的历程

(一)"借鸡生蛋",利用内外资源实现破题

1997年,吉利通过收购四川德阳一个濒临破产的国有轻型客车

工厂而进入汽车行业。面对一纸空白，吉利汽车采取了联合开发、参股、合资等多种方式开展对外合作。利用了早先在摩托车生产中积累的供应链资源，吉利投资了部分零部件厂商，带领、协同供应链企业共同进入汽车行业，开始了对汽车生产制造的尝试和原始积累。1998年，基于位于临海的生产线，吉利"山寨"丰田公司所属大发汽车制造商的技术转移产品（夏利 Charade），制造出了第一批"豪情"。"豪情"的核心零部件购自夏利的供应商，而诸如电控开关、喇叭等非核心零部件则出自吉利整合的供应商资源企业，后者有效支撑了吉利"造老百姓买得起的好车"的低成本战略。

2001年年底，抱着独立承担产业探索失败代价的决心，怀揣捍卫民族工业的使命感，乘着我国加入WTO的东风，吉利终于取得了轿车生产资格证。这其中，台州市政府和浙江省政府为吉利提供了许多支持。

（二）"跳出浙江"，以合作促发展

在这一阶段，吉利开始了与国内外各类机构的合作，如与银行合作解决融资难题，与业内领先企业合作学习尖端技术，以及开展产学研合作等。这些合作提升了吉利汽车品牌影响力和技术创新实力。

首先，吉利与供应商的关系进一步升级，并从政府、银行获取支持，如2002年吉利与浙江省以及上海若干家商业银行建立了战略性银企合作关系。接着，整合资源，通过合资、合作抓住市场机会。2005年，吉利汽车控股有限公司与香港生产力促进局在香港合作开发新型轿车，同时带动的还有相关零部件项目。2006年，吉利以约20%的持股比例控股英国锰铜公司（MBH），开创国内汽车控股国外汽车品牌的先河；控股之后，吉利在国内建立了与MBH合资的工厂，同时向MBH返销零件、在英国考文垂工厂组装，并进一步销往欧洲各国。

其次，通过与国际技术中介和研究机构的合作、自建汽车研究院和改造生产设备，吉利自2002年起逐步实现关键零部件的自主制造。2002年，吉利与韩国大宇国际签订全面技术合作协议，后者将协助吉利完成一系列新车型的设计、开发与制造；2003年，吉利又与欧洲著名车身设计公司德国吕克公司达成技术合作协议，合作开发新型车身。除了与业界的合作，吉利还与学界合资设立研究机构，以借学界的智力资源，掌握技术前沿和演化动态，提升自主研发能力，如吉利于 2007 年与同济大学合资设立合作期长达 20 年的汽车工程研究院。

（三）上演"蛇吞象"，向全球型跨国公司转型

随着制造和研发能力的提升，吉利汽车产品得到南美、东南亚、中东、非洲和东欧等地区市场的认可，出口目的地国超过 30 个，形成了完善的海外营销和服务网络。为加速进军海外市场的步伐，吉利制定了三分之二产量靠出口渠道销售的目标。基于此，吉利调整了仅以整车出口的单一贸易模式，转而在俄罗斯、乌克兰、印度尼西亚等国家建立散装件工厂（CKD）和半散装件工厂（SKD）来组织海外生产销售。为了绕开贸易壁垒，吉利与 IGC 的子公司——印度尼西亚 PTIGC 公司合作，后者承担了印度尼西亚当地的销售工作，而吉利则借此深入东南亚及全球右舵汽车市场。

在实现了出口增长后，吉利汽车将眼光移向产业上游和国际品牌。2010 年，吉利与福特签订了吸引各界关注的收购协议，取得了沃尔沃轿车公司 100% 股权，成为中国汽车行业第一家跨国公司。通过收购，吉利完全取得沃尔沃的品牌、技术、资产和营销渠道。吉利还抓住国际金融危机爆发的契机，在 2009 年"闪电"收购了世界第二大变速箱制造商——澳大利亚 DSI 自动变速器公司，成功实现了对关键零部件企业的控制，也填补了我国轿车行业自动变速器生产的空白。

经历了对沃尔沃和 DSI 的收购后，走上全球公司舞台的吉利一次又一次地伸出了国际扩张的"触手"。2015 年，吉利投资冰岛碳循环国际公司，致力于研发和推广纯甲醇燃料汽车在中国、冰岛和世界其他地区的使用。2016 年，吉利宣布为伦敦出租车公司建设新厂，生产新一代纯电动及超低排放车型。2017 年，其收购马来西亚国宝级品牌"宝腾"（PROTON）以及豪华跑车品牌"莲花"（Lotus）。同年，吉利还收购了美国三大飞行汽车企业之一的太力飞行汽车公司（Terrafugia）。

吉利在全球化的道路上持续布子，版图渐显，渐入佳境，同时也

通过整合行业资源，逐步涉足新能源汽车等新兴领域。2009年，吉利与中国台湾裕隆汽车合作开发锂电池电动车。2013年和2015年，吉利分别与康迪、新大洋等国内电动汽车企业合资成立了新能源汽车公司。2015年，吉利发布了其新能源汽车战略"蓝色吉利行动"，率先承诺提前实现国家排放要求，将全球领先的新能源动力解决方案应用到第三代产品上，在2020年实现新能源汽车销量占吉利整体销量九成以上，在新能源技术、智能化、轻量化技术上占据行业领先地位。此外，吉利还在智能互联、自动驾驶等前瞻性技术上展开了布局。其中，吉利与科大讯飞共同研发了语音识别集成导航，同时结合大数据，根据用户习惯（如兴趣、方言等）定制识别服务，多项原创设计已超越国外产品；还与阿里巴巴在营销、智能制造、工业云、智能物流等领域开展合作，探索数字化转型道路。

二 "走出去"实现飞跃发展的路径

（一）向外谋资源，低成本求发展

在发展的最初阶段，吉利面临着无技术、无人才、无资质的困境。借着改革开放的东风，吉利汽车没有将眼光停留在自己的出生地，而是积极向外谋取资源。通过收购临海的摩托车厂，吉利开始将眼光瞄准了"车"，一方面逐步在供应链、市场方面积累资源和经验，另一方面通过收购四川德阳一个濒临破产的国有汽车工厂，"曲线"获得了生产资质，切入汽车制造行业。

在后续的发展中，受浙江省委省政府"跳出浙江发展浙江"，主动积极利用省内省外、国内国外两种资源思想的指引，吉利汽车虽生在浙江，其发展的脚步却遍及全国乃至全球。吉利逐步与清华大学、同济大学、上海交通大学、江苏大学、湖南大学等建立了合作研发关系，在大庆、张家口、上海、成都、宝鸡、贵阳等地建有生产基地，充分利用各地公共政策、人力资源等比较优势，以四两拨千斤，开展协同创新，实现借力发展。例如，吉利在与香港生产力促进局的合资合作中，不仅借香港生产力促进局的人才、设备以及经验大大节约了研发费用，低成本摸清右舵轿车的相关细节，还为后续将伦敦出租车引入香港、研发使用石油气或汽油的TX4发动机等打下了基础。

（二）借合作练内功，守战略图自强

面对初创期技术上的一穷二白，吉利同国内外几十家汽车技术研发机构和相关专业公司开展技术合作，一方面借外力整合技术资源、提升产品品质，同时也获得低成本的知识、技术视野和技术外溢，提升了研发能力。同时，吉利在发展中逐步摒弃起步期"拿来主义"的做法，在与外方的合作中坚持自主创新。通过"干中学"，吉利逐步锤炼自身的研发和创新能力，并坚持自主创新。2002年，吉利与曾为法拉利和奔驰设计车型的意大利马吉奥拉公司签约，就设计具有世界一流水平的家用轿车系列开展战略合作。不同于以往国内合资公司直接使用国外成熟车型的做法，马吉奥拉公司为吉利量身定制车型，且吉利拥有完全的知识产权。在2006年上市的"金刚"车型中，吉利汽车研究院则自主完成了底盘、动力总成布置设计、电气设计等工作。2014年，吉利基于沃尔沃的研发团队成立了欧洲研发中心；至今，吉利的研发已形成了包括中国上海、瑞典哥德堡、西班牙巴塞罗那和美国南加州4个造型设计中心在内的全球格局。

作为国内首个提出战略转型的汽车企业，吉利率先提出摒弃价格战，明确企业核心竞争力从成本竞争转向品质竞争和全面领先竞争。借助对DSI的收购，吉利实现了与自产自动变速器的技术互补，同时为吉利产品品质和"造最安全、最环保、最节能的好车"的转型目标形成了强力支撑。借助对沃尔沃的收购，吉利则完成了自身品牌形象、定位的逆转和战略落地，更借机完善了企业国际化战略，形成了国际化组织结构，提高了跨国、跨文化的管理水平。

（三）内外互动，助力产业链、价值链提升

在发展的初级阶段，吉利根据国内汽车市场的供需情况，循着"造老百姓买得起的好车"的思路，以低成本和价格优势站稳脚跟，在低端市场中占据了一席之地。而后，吉利坚持民营汽车企业的发展重在国际化，将眼光瞄准国际市场，着力扩大出口，并以在海外投资建厂的模式支撑海外业务拓展。境外设厂、产品的本地化组装等不仅降低了成本、提升了竞争力，同时还绕开了针对整车出口的贸易壁垒，吉利进而得以更好地利用海外市场。

背靠本土大市场的优势，积极向外拓展空间和寻求合作资源，吉

利同时利用内外两个市场的力量促进自身螺旋式上升发展。例如，在消化吸收了DSI的6速自动变速技术后，吉利先后在湘潭、济宁、成都、大庆等地建立了生产基地，自此实现了自动变速器的本土化采购，打破了核心零部件由外资、合资品牌垄断的局面。此外，DSI的客户资源（包括福特、双龙等）和营销网络也为吉利提升销量、扩大销售范围提供了新的可能。

三　示范和反哺效应

汽车工业是浙江的传统优势行业，块状经济特征明显。吉利汽车作为领军企业，其"走出去"的尝试和成功形成了示范效应，带动浙江汽车、配件行业企业争相出海。浙江的汽车企业多通过海外设厂、散件组装的方式打开国外市场，如众泰汽车在越南、斯里兰卡和印度投资建设组装厂。更多的民营汽车企业尝试通过并购提升自身竞争力。宁波圣龙收购美国SLW汽车公司后，在汽车油泵市场的份额跃升至全球第二位；宁波均胜电子通过收购进入全球汽车安全市场和车载娱乐系统、导航系统、车联网以及信息处理领域，在汽车产业智能化领域成功跻身全球领先阵营；宁波韵升则通过收购完善了汽车电机产品链；宁波华翔通过收购跻身汽车真木饰件行业的世界三甲；温州柳市镇的三家民企则联合收购了电涡流缓速器的全球顶级厂商等。万丰奥特控股集团是全球最大的铝轮生产企业。2013年，万丰收购了全球镁合金汽车零部件市场的龙头企业——镁瑞丁，填补了这一细分领域在我国的空白，一跃成为在国际镁合金市场占据领先地位的企业。

吉利收购沃尔沃后，沃尔沃公司自然而然地加大了在华零部件采购，从而带动了国内相关零部件供应商的市场拓展、产品优化更新。如吉利与宁波国际汽车城达成汽车零部件采购战略合作协议，优先向宁波国际汽车城提供为整车配套和4S店配送的汽车零部件采购清单，宁波市汽车零部件制造企业因此搭上了"国际标准"的快车。

走上扩张道路的吉利还在省内新建了拥有全球顶级制造工艺的生产基地，如宁波梅山的春晓基地、台州路桥的新基地、杭州湾汽车产业链项目等。其中，位于杭州湾新区的项目包括与沃尔沃联合规划的国内最强大的汽车试验场，将把新区基地建设成为集整车及动力总成研发、生产、试验、采购以及核心零部件企业协同发展的核心战略基地，形成集汽车生产、高端零部件、检测、物流、人才培养于一体的千亿级全产业链汽车产业基地。"龙头"带动"龙身"，杭州湾新区吸引了近百家汽车零部件生产企业落户，其中包括了德国博世、法国佛吉亚、韩国万都、美国伟世通、美国江森、中信戴卡等在内的世界500强企业。基于此，宁波杭州湾新区正积极谋划一个以项目为载体，以智能化为特色，融合新能源汽车产业，聚焦汽车研发的特色小镇。

在省外，吉利汽车的宝鸡生产基地同时吸引了多家零部件供应商的配套投资，意味着该项目的投资不仅填补了陕西省汽车产业链上的空白，还对宝鸡乃至陕西省提升装备制造水平、推动结构转型升级、形成汽车产业生态链具有里程碑意义。为了更好地支撑国产化，吉利还在大庆、张家口、上海、成都、宝鸡建立了整车和发动机制造基地，在贵阳投资建设新能源汽车产业化项目，带动了当地制造业的发展，加速了工业转型升级。2018年，吉利收购美国太力飞行汽车公司，产品研发与试制工作将暂时由美国团队完成，而生产制造则有望扎根国内。此外，吉利收购DSI后，希望将自动变速器出售给国内其他整车企业。为了扭转竞争对手对DSI变速器的谨慎态度，吉利让出90%的股权，将控股地位转交公司，将61%的股份给独立汽车零配件制造商宁波双林汽车部件股份有限公司。此举对我国自动变速器产业链而言意义非凡。

第四节　小结

在近40年的探索和近15年的高速发展中，浙江省扬长避短，依托自身优势，以全局和全球视野，取得了对外经济合作数量和规模居前的成绩。浙江对外投资与合作的成绩得益于我国改革开放之初"打开国门搞建设"的历史选择；得益于浙江省政府在"立足全局发展浙江、跳出浙江发展浙江"和"八八战略"等战略思想的指引下，坚持不断拓展对外开放的深度和广度；得益于浙江企业敢为天下先，跨出省界，走出国门，不断丰富对外经济合作的内涵和形式。累累硕果，为实现新时代"进一步打开国内经济和参与国际经济合作相得益彰通道"的新要求、新目标打下了坚实基础。作为我国开放型经济强国建设的排头兵，浙江省一直将全面参与国际分工和资源全球化配置、构建和完善开放型经济体制作为发展的战略使命。目前，浙江省对外经济合作实际汇出额占生产总值约1%，参照美、德、日等发达经济体2%—3%的水平，仍有巨大的增长空间。因此，浙江省在《开放型经济发展"十三五"规划》中提出将主动适应经济全球化新趋势、国际贸易投资规则新变化和国内经济发展新常态，全力对接国家"一带一路"、长江经济带、创新驱动发展、自由贸易园区等重大战略，实施更加全面深入和积极主动的国际化战略；设定了继续保持规模领先和进一步优化结构、理顺机制、提升平台、增强优势的目标；力争实现国际双向投资的新模式的创新和经济全球化能力的明显提升，培育一批有国际竞争力的本土跨国公司和国际承包商，不断提升产业在全球价值链中的地位。

当下，开放型经济发展的环境与改革开放之初已有根本性区别。从国际上看，全球经济增长放缓，国际竞争和逆全球化愈演愈烈，新技术不断颠覆传统生产模式；从国内看，经济社会发展已经进入新常态和新时代，传统比较优势逐渐式微，创新将成为增长和竞争的主要力量。面对新趋势、新形势，浙江将坚定开放步伐，完善服务支撑，以创新助飞跃。

首先，坚定不移地探索对外经济合作的新形式、新空间，推进浙江省开放型经济发展迈上更高台阶，继续争当开放型经济强国建设的排头兵。在"走出去"的热潮中，越来越多的企业开始加速自身国际化的步伐，其中不乏中小型企业。不可忽视的是，这些企业发展阶段各异，应对外界不确定性和抗风险能力参差不齐，"走出去"的风险较大，投资失败的案例并不鲜见。随着我国经济持续稳定发展，各项机制体制持续优化，国内市场活力不断释放，放大了企业在国内市场的发展空间，企业具有前所未有的"走出去"的底气和冲动。此时，应倡导科学理性的国际化战略，引导企业不盲目跟风，而是立足省内外市场，苦练内功，提升利用境内境外各项资源的能力，进而关注、试水国际市场，搜寻符合企业发展需要的对外合作机会，借力内外市场联动，开展积极主动、互利共赢的对外经济合作，实现企业国际化经营、跨国管理的能力和竞争力的提升，完成从规模到质量，从产品、品牌、劳务"走出去"到技术、企业"走出去"的发展和转变。在"走出去"的方式上，也应遵循企业的发展规律，鼓励企业设立境外办事处、布局营销网络、参与技术合作乃至参股、并购标的公司，科学有效地推进自身国际化、全球化进程。

其次，发展中介机构，完善金融支撑。与境内经济活动不同，对外经济合作，尤其是对外投资、跨国并购，涉及东道国的政治、法律、社会、文化、制度以及国际金融、国际会计、国际法规和惯例等诸多领域，是极为复杂的系统性工程。在这些挑战面前，企业容易因调研不足，对标的公司和所在国的劳工、环保政策等信息缺乏足够的了解而陷入技术陷阱、工会陷阱、环保陷阱、政府采购陷阱。调查显示，浙江企业"走出去"多依赖自身调研，很少借助中介服务机构，其中超过六成的企业表示在调研、评估、投资、经营等各个环节都缺少合格的人才。相较而言，吉利在并购沃尔沃时招募了国际顶级的公关、财务、法律团队，团队在谈判过程中的专业表现给福特方面留下了极深的印象，极大地促成了交易。因此，大力发展诸如法务、投资咨询、融资、评估等与对外经济合作相关的中介机构，将有益于企业（尤其是中小企业）更有准备地"打仗"，维护企业"走出去"的信心和积极性，提高对外投资、合作的效率和成功率。

其中，融资服务的可得性和融资速度在对外经济合作中至关重要。如吉利集团为收购沃尔沃做了充分的资金准备，而其（两个）竞争对手却因无法在最后期限内完成融资而退出了竞标。省商务厅的调研显示，44%的企业认为金融对企业"走出去"支持存在不足，企业利用自有资金投资的占比达88%，能够利用境内融资进行投资的企业占比32%，利用境外融资进行投资的企业只有11%。国内融资、保险等配套金融服务尚处于起步阶段，无法满足企业实施对外投资的实际需求。提高融资效率是企业业务转型升级、增强竞争力的必由之路。为帮助企业更快、更好地"走出去"，支撑开放型经济迈上新台阶，应充分重视企业对融资和金融服务的迫切需求，加大对企业的保险、信贷支持。针对向"外"的目标，应结合财政资金的激励和引导作用，积极运用国家对外经济技术合作专项资金、中小企业国际市场开拓资金、丝路基金、亚投行、金砖国家新开发银行和浙江省实施"走出去"战略专项资金等政策性资金和专项基金，培育和发展形式灵活、层次多样的金融产品，拓宽融资渠道，鼓励浙商发起设立浙商境外投资股权基金，加强与商业性金融机构的合作，对"走出去"的企业给予贷款贴息和奖励资助，推动金融资本和产业资本联合"走出去"。

最后，重视研发创新，实现跨越式发展。对外经济合作本质上是参与者基于自身禀赋和比较优势，与外界进行资源互补，在协同中获得更高效率，各取所需的过程，其中的关键是参与者是否具备外界看重的、能构成互利共赢的核心竞争力。在很长的一段开放历程中，廉价的劳动力是浙江对外经济合作的基础，而这一比较优势正逐步被其他省份和印度尼西亚、马来西亚等后发国赶超。德国媒体在2018年4月的报道中指出，在来自中国的投资与合作中，德国企业特别看重中国的市场潜力和丰沛的资金。国内市场一直是我国企业对外投资和合作的重要支撑，资金的优势则来自近年自身的飞速发展和标的企业因经济低迷而陷入财务危机。然而，在外部环境多变和逆全球化趋势抬头的大背景下，自主创新、全球领先的技术和解决方案才是对外合作中的"硬通货"，企业唯有具有核心竞争力才能在风浪中稳健前行。浙江企业应继续发展"品质浙货""浙江建造""浙江制造"等品牌，在战略布局、市场占有率、产品标准和技术水平上继续迈上新台阶。

2006年，时任浙江省省委书记的习近平同志在全省自主创新大会上号召浙江省加快建设创新型省份，推动经济社会转入科学发展轨道，强调必须抓好科技创新"第一生产力"。习近平同志还指出，要坚持不懈抓创新，着眼长远抓转型，以科技创新和体制创新为动力，以创新支持发展。此外，要全面实施人才强省战略，加快教育结构调整，完善人才激励机制，加强人才引进工作，造就一支结构合理、素质优良、实力强劲的创新人才队伍。浙江在随后的发展中，将继续坚持用创新引领发展，支持科研机构、高校与企业合作开展相关研究，鼓励企业设立研发中心。引导企业不断向外延展创新网络，采用开放式和协同创新的模式，在推进产品、产业国际化的同时，发展研发的国际化，逐步完成从"跟跑"为主向并驾齐驱，乃至"领跑"的转变；在产业链、价值链攀升的同时，提高自身在"创新链"中的地位。此外，须设立、用好财政专项资金和创新强省产业基金等，用于对技术创新、人才培育等提供贷款贴息和补助，鼓励企业加大研发投入和人才引进力度，有效支撑企业竞争力提升、产业升级，培育和习得新的竞争优势，谱写"跳出浙江发展浙江"的新篇章。

展望未来，浙江将继续坚持从浙江经验、浙江特色和浙江优势出发，坚定不移地高举习近平新时代中国特色社会主义思想伟大旗帜，继续沿着"八八战略"指引的方向，以"一带一路"建设为重点，进一步深化和扩大对内对外开放；以改革和创新助发展，构建更加积极主动、互利共赢开放新格局；以境外经贸合作区和本土跨国企业为平台，促进浙江省"走出去"的规模质量和"引回来"的价值迈上新台阶，为打造高水平对外投资策源地，融入我国同世界交融发展新画卷的奋斗目标提供强有力的支撑。

第六章 浙江跨境电商的发展

跨境电子商务,是一种"互联网+"的新型国际贸易方式,代表了国际贸易在21世纪转型发展的新方向。在我国对外贸易朝"互联网+"转型发展的过程中,浙江一直走在全国"第一梯队",阿里巴巴、网易考拉、一达通等跨境电子商务企业,中国(杭州)跨境电子商务综合试验区、杭州和宁波等地的跨境电子商务试点,已经成为浙江经济的"新名片",代表了浙江开放型经济发展的新形象。作为我国的开放大省,浙江具有发展跨境电子商务的优势,主要体现在以下几个方面。

首先,在于浙江诞生了一批敢于采用新技术、新商业模式改造传统商业业态,服务全球消费者的"浙商"企业家,在21世纪以来的"互联网经济"领域诞生的历年"福布斯中国首富"中,浙江人数最多,包括了马云、陈天桥、丁磊等具有国际影响力的企业家。一大批"浙商",以及年轻的创新创业者,积极将"互联网+"的创新模式,引入浙江的国际和国内商业活动中,创造了淘宝、天猫、阿里巴巴、速卖通、唯品会、网易考拉、蘑菇街等一大批电子商务贸易平台,重新定义了国际贸易和全球商业。

其次,在于浙江区域经济的发展,为区域国际贸易朝"互联网+"的转型提供了较为完整的产业链,尤其是在小商品、纺织服装、机电产品等领域。浙江企业产生了大量在跨境电子商务上"热销"的浙江品牌。浙江的生产型企业,也积极将跨境电子商务作为在国际市场上营销和贸易的"新渠道",推动浙江产业经济的"品质化"发展。

再次，在于浙江已经建立了一大批"全球规模最大的"专业市场，成为跨境电子商务卖家的集聚中心、信息中心、发货中心和物流中心。2014年，李克强总理莅临义乌青岩刘村，并为青岩刘村的（跨境）电子商务创业环境点赞。青岩刘村毗邻义乌小商品市场，集聚了数万从事电子商务和跨境电子商务的中小卖家，他们大多在义乌小商品市场获得商品信息，通过在互联网上的营销获得订单，并通过义乌发达的物流体系将商品运输到全球各地。据统计，浙江跨境电子商务的一半以上卖家，集聚在义乌市场周边，这是由于义乌提供了商品中心、信息中心、物流中心的功能。这种情况，在绍兴轻纺城、海宁皮革城等"专业市场"周边也广泛存在，推动了浙江跨境电子商务的发展。

最后，浙江省政府和商务部门，积极推动跨境电子商务的发展，并积极推进国家跨境电子商务试点（试验）落户浙江。杭州、宁波，成为全国跨境电子商务综合试点城市；金华成为跨境电子商务改革试点；中国（杭州）跨境电子商务综合试验区建立的"两体系、六平台"，以及融合关、税、汇、检、商、物、融为一体的政府跨境电子商务服务体系，成为全国"可复制、可推广"的经验来源。

第一节 浙江跨境电子商务发展

浙江地处中国沿海、长江三角洲南翼，东北与中国最大的城市、拥有自贸区的上海为邻，省会杭州市是跨境电子商务的发源地，通过发挥"中国电子商务之都"和跨境电商综试区的优势，聚集了全国三分之一以上综合性电商网站，正积极构建全国乃至全球领先的跨境电商产业链和生态链。在全国3000多家行业网站中，浙江占21%。浙江产业集中，地方专业化市场众多，同时又具有明显的地方特色，小商品生产能力处于上风，适合跨境出口的产品数量多且门类全，网货资源充裕，网站涉及行业广泛，是国内电商经济最活跃的地区之一。早在2003年7月，时任浙江省省委书记的习近平同志便在省委十一届四次全会上明确提出进一步发挥浙江的区位优势，主动接轨上海，积极参与长江三角洲地区合作与交流，不断提高对内对外开放水平。这些年来，浙江省委坚持一张蓝图绘到底，把"干到实处、走在前列"的要求一贯到底，推动浙江各项事业发展不断跃上新台阶。以阿里巴巴全球最大电子商务平台为龙头，大力发展跨境电子商务，努力建设网上"一带一路"。

一 市场规模

2015年以来，浙江跨境电子商务的发展呈现出"体量稳步增大，发展逐渐集聚，配套逐渐完善，氛围趋于良好"的特征。截至2015年年底，全省约有跨境电商卖家4万多，在各类平台上开设出口网店30多万个。同时，一大批跨境电商龙头企业也纷纷集聚到浙江，如杭州以阿里巴巴为龙头，吸引了敦煌网、大龙网一大批跨境电商龙头企业落户；宁波市也引进了网易考拉、京东全球购等一批知名跨境电商企业；湖州市加快香港普泰集团、唯品会等跨境电商大项目的引进和落地工作。

商务部数据显示，浙江省跨境电商总体呈正增长趋势，进出口贸易总份额大约占我国的8.3%，其中2013年为1.6万亿元，2014年达2.2万亿元，同比增长4.7%，2015年交易总额达2.16万亿元，虽比上一年下降了1.1%，但其中跨境电商出口超40亿美元，约占全国的16%，居广东之后列全国第二位。全球最大的管理咨询公司之一埃森哲发布《2020年全球跨境电商B2C市场展望报告》指出，预计全球跨境电商的市场规模将由2014年的2300亿美元上升至2020年的1万亿美元，年均增长率高达27%，跨境电商消费者总数将由2014年的3亿人增加到2020年的9亿人。而浙江在跨境电商已经具备先发优势，据浙江省商务厅统计，2016年浙江跨境电商网络零售额高速增长，实现出口319.26亿元人民币，同比增长41.69%。其中，金华市、杭州市、宁波市三地居全省前三名，占比分别为58.62%、18.24%、8.56%，占全省跨境网络零售出口的85.42%（见表6-1）。同时，"网上丝绸之路"成为浙江推进"一带一路"建设的重要通道。习近平总书记指出，"一带一路"追求的是百花齐放的大利，不是一株独秀的小利。在"一带一路"建设中，浙江跨境电商也迎来了爆发式增长，数据显示，2016年浙江省以跨境电子商务形式自"一带一路"国家进口2.7亿元,零售出口10.4亿元,分别增长78.5%和55.5%,高于同期全省跨境电子商务整体增速28.4个和15.6个百分点。

表6-1　　2016年浙江省各地市跨境网络零售出口基本情况

地市	跨境网络零售出口(亿元)	占比(%)	活跃出口网店数(家)
全省	319.26	100.00	64368
杭州	58.24	18.24	9902
宁波	27.32	8.56	5725
温州	25.68	8.04	5418
湖州	1.38	0.43	443
嘉兴	4.78	1.50	1512
绍兴	4.88	1.53	1106
金华	187.16	58.62	37956
衢州	1.99	0.62	407
舟山	0.33	0.10	67
台州	5.22	1.63	1308
丽水	2.29	0.72	524

资料来源:《浙江省跨境电子商务发展报告》。

按物流方式来分,浙江跨境电商出口主要有三种类型。一是通过国际快递、小包等以行邮方式派送,并经过报关纳入海关跨境电商出口9610项下统计的4亿多美元,约占10%;二是采取一般贸易方式,通过国际大宗货物运输的方式运到海外仓,再由当地物流企业配送到买家手中的近10亿美元,占25%;三是通过国际快递、小包等国际行邮方式,直接投送到买家手中的约36亿美元,约占65%(见图6-1)。不同的物流方式,相关数据的统计情况也不同,第一种已经纳入9610项下统计,第二种按照离岸价纳入一般贸易统计,而境外零售价的增值部分没有纳入统计,第三种作为物品暂时没有统计在外贸出口范围,甚至部分商品还通过外省的口岸出口。

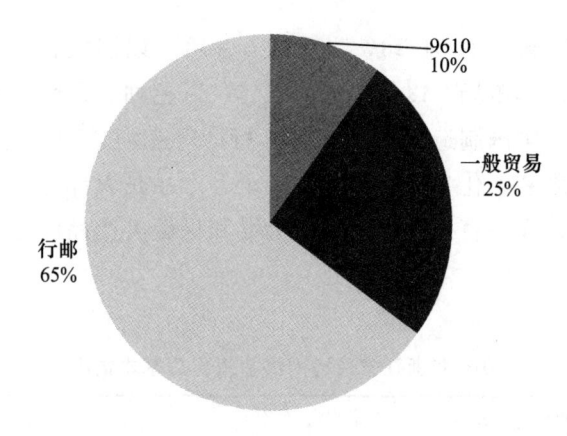

图6-1 浙江省跨境电子商务三大出口模式占比

二 产品渠道

从渠道分布来看,第三方跨境电商平台销售是浙江省跨境电商销售主渠道,约占全部销售额的95%,排名在前五位的第三方跨境电商平台分别是速卖通、eBay、亚马逊、Wish和敦煌网,浙江省卖家在该五大平台上的销售均居前三位(见表6-2);另外的电商企业则通过自建平台进行跨境销售,该渠道销售比重约占5%,代表企业有全麦、执御等。全省从事跨境电子商务的经营主体约3万个,在各大跨境电商平台上开设各类网店已超过30多万家,如eBay有2万家左右的中国大陆卖家,其中30%是浙江企业,仅浙江金华就有eBay卖家4000余家,占全国的比重达到20%。在阿里速卖通平台上的卖家主要集中在浙江和广东,其中活跃的义乌卖家就有1.7万家。

表6-2 浙江省跨境平台卖家排名情况

跨境平台名称	速卖通	eBay	亚马逊	Wish	敦煌网
浙江卖家排名	第二	第三	第三	第二	第二

跨境电商经营的产品具有多元化色彩,产品涉及箱包、鞋类、服装、饰品及家电等品类,囊括了浙江省大部分传统优势产品。

出口方面,服装鞋包、家居家装、3C数码三大行业居全行业网络零售额前三名,占比分别为36.11%、18.53%、9.64%,相当于全行业网络零售额的 64.28%（见表 6-3）。以澳大利亚、英国、美国为代表的成熟市场，以及包括阿根廷、以色列、挪威在列的新兴市场均是如此。中国制造的手工艺品、特产等在海外市场也较受欢迎；进口方面，服装、化妆品、箱包、鞋子等产品是大部分海外购物人群选择的品类，而一直被认为标品的母婴和保健类产品所占比例却相对较小。

表 6-3　　2016 年浙江省跨境网络零售出口基本情况

行业	网络零售（亿元）	占比（%）
服饰鞋包	3721.83	36.11
3C 数码	993.09	9.64
家居家装	1910.01	18.53
美装护肤	513.94	4.99
母婴用品	958.13	9.30
运动户外	528.31	5.13
机车配件	381.07	3.70
生活服务	660.35	6.41
食品保健	318.85	3.09
文化娱乐	139.10	1.35
其他	182.06	1.77
合计	10306.74	100.00

就经营主体而言，各大跨境电商平台上经营者有很大一部分是淘宝商家转型而来，是当前跨境电商的主力。近几年，在国家政策的推动下，传统外贸企业也纷纷开始涉及跨境电商业务，总体上发展趋势良好，但所占的比重不高。前者有较好的网上运营经验，但整个供应链服务能力较弱，发展空间受限。后者具备商品制造、外贸服务等方面的优势，但网上销售经验不足，前期启动难度较大。针对上述问题，一批跨境电商综合服务企业逐步出现，它们依托自身跨境电商运营经验，结合产业集群，为当地企业开展跨境电商提供一站式服务，并取得一定的成效。

三 物流与支付

跨境电商通过国际物流方式将货物运送到海外买家。国际物流较国内物流存在较大差异，具有运送周期较长、国际邮费较高和物流风险较大等特点。除专线、商业快递外，中邮大小包的投递时效一般在一个月左右，而巴西、智利、阿根廷等这些偏远国家的投递时效则更长。投递时间过长会导致一系列恶性连锁反应，如货物在运输途中破损的概率会变大，客户体验会变差等。国际邮费方面，大多数物流渠道按克收费，剩下部分物流渠道分为首重和续重，同时还有挂号费（发送带挂号的包裹能够为国际物流提供物流信息），物流成本较高，有关数据显示，浙江省"一带一路"沿线跨境电商物流1公斤包裹平均在100元，运费成本往往要占到总成本的20%—30%。随着互联网技术日益革新，跨境电商的发展也推动着国际物流的创新。传统国际运输的重点在海运，大批量、低频次、长周期，契合传统国际贸易模式，但其满足不了跨境电子商务小批量、高频次、短周期的订单物流需求。最初的国际物流方式较为单一，主要以邮政小包为主，邮政类挂号小包的费用相对商业快递要低，而且全程都有物流信息的监控，到目前为止仍是跨境出口电商的最主要物流方式，包括中国邮政挂号小包、中国香港小包、新加坡小包等，还有较为特殊的E邮宝，E邮宝具有小包价格、快递时效的特点，但可发送的地区有限，最初的E邮宝主要用于发往美国，后续拓展到了20多个国家，但大部分国家的挂号费在20多元，对于重量较小的产品并不经济。商业快递最初主要服务一些外贸公司，用于在订单洽谈过程中样品的寄送，然而近几年的主要客户群体转变为跨境出口电商，商业快递的优势主要在时效，费用方面对于一些较大的出口电商来说也可以拿到相对优惠的价格，在交易中使用得越来越频繁。专线物流也不断应运而生，一些货代公司会开辟出货量大的物流渠道，比较典型的是到俄罗斯的专线物流。专线物流由于针对的是特定国家，所以在价格上相对商业快递要低很多，而且较小包而言，可接收的货品更加多样化，例如小包不能寄送带电产品，但部分专线就可以解决这个问题。尽管物流方式五花八门，但终究是跨国运输，无法与国内运输相提并论。针对该问题，海外仓作为时代的产物，在实践中的应用越来越多。根据浙江省商务厅 2016 年年初的初步调查，浙江省已开展海外仓建设的企业共有 63 家，已建成（包括已达成建设意向）海外仓 114 个，但目前海外仓的建设存在碎片化问题，除杭州、温州的"一司多仓"外，其余地区的海外仓基本上是"一司一仓"；同时，海外仓规模偏小，面积大于 10000 平方米的海外仓仅 17 个（占总数的 15%），投资额大于 1000 万美元的海外仓仅 4 个（占总数不到 4%）。除了自建的海外仓，浙江省公共海外仓建设也取得积极进展。浙江省的外贸公共海外仓试点工作始于 2015 年，省商务厅联合省财政厅，按照"政策推动、市场运作、合理布局、分步实施"的总体思路，通过公开评审的方式分三批确定了 10 个省级公共海外仓建设的试点市、县和相应的公共海外仓试点项目。据初步统计，2016 年，浙江省公共海外仓海关申报出口 2.1 亿美元，带动出口 9.1 亿美元；2017 年 1—11 月，浙江省公共海外仓服务企业超过 3000 家，海关申报出口超过 2 亿美元，带动出口超过 10 亿美元。可以预见，未来海外仓将进一步发展，应用也会更加广泛。

跨境电商发展的前期，通关物流与相关的结算方式是在线交易的主要结算形式，如传统的邮政汇款或银行转账、信用证等。伴随电子商务的发展，出现了大批包裹海外仓转运的模式，同时第三方支付平台也在不断完善发展中，信用卡支付、邮政汇款、银行转账多种支付方式也在不断创新发展中。Paypal 是美国 eBay 公司的全资子公司，通过电子邮件标识身份，并在有标识身份的用户之间允许资金转移。很多电商平台通过这一平台支付货款，在商家进行支付转账会产生一部分手续费，这一手续费由收款方支付，转账方则无须支付。Paypal 背靠 eBay 大集团，资金风险低。此外，作为浙江跨境电商出口的主要平台全球速卖通采用的收款方式是阿里旗下的国际支付宝，国际支付宝与国内支付宝功能相似，但仅用于跨境交易，兼具收退款、提现等功能，并且国际支付宝是一种美元与人民币同存的双币种账户。国外买家可在移动端或 PC 端支付货款，其中移动端可使用的付款方式包括 Visa、MasterCar、Maestro 等十多种，PC 端可使用的付款方式包括移动端的所有付款方式及其他十几种，共计 20 多种。买家无论以何种币种支付，都会直接换算进入卖家的国际支付宝美元账户，如果是用人民币支付的则会进入人民币账户，美元账户可以提现到卖家的国内银行卡的美元账户，每一笔收取 15 美金的手续费，或者直接以一定的汇率结汇。亚马逊作为跨境电商的主流平台之一，平台的收款方式也越来越多，例如 PingPong、Payoneer、WorldFirst、美国银行账户、中国香港银行账户、收款易 SKYEE 等，不同收款方式各有优缺点，要结合收款金额、站点区别等卖家收款特点进行选择。

第二节　浙江跨境电子商务互联网平台发展

浙江省出口跨境电商主要有 B2B 和 B2C 两种模式，细分为传统跨境大宗交易平台、综合门户类跨境小额批发零售平台、垂直类跨境小额批发零售平台和专业第三方服务平台。B2B 模式的具体流程主要是卖方通过网络营销平台向卖方提供产品及交易信息服务，买方以信用卡、银行转账等方式支付，卖方通过快递、邮政小包、海外仓、专线速递等物流方式进行配送，阿里巴巴（国际站）、敦煌网是目前 B2B 模式发展较典型的；B2C 模式则是卖方以自建的批发零售平台向卖方提供物流、支付及客服等服务，买方以 Paypal、Escrow 等支付，卖方通过邮政小包和海外仓进行物流配送，发展较典型的有速卖通、亚马逊等。B2B 发展相对较早，B2C 的发展体现了电商出口行业化整为零的趋势，跨境出口 C2C 作为 B2C 的过渡模式也出现过一段时间，典型的是全球速卖通的个人开店。

相比于跨境出口，对跨境进口的研究相对较少。跨境进口电商主要模式有三种：一是跨境电商零售进口，即在国家批准的试点城市，跨境电商企业在境外集中采购商品，运送并存放于境内的保税区，在消费者网购后，商品以个人物品方式向海关申报，缴纳综合税后，直接从保税区快递给消费者。二是一般贸易进口商品＋国内电商销售，即进口商品通过电子商务拓展国内市场，构建销售网络。三是直购进口及海外直邮进口，即消费者在境外电商平台下单购物，境外电商平台或物流服务商直接将商品邮寄至境内消费者。跨境电商零售进口主体的集中度高。浙江省网易考拉、天猫国际分别占全国跨境电商零售进口额的 25% 和 21% 以上。其中网易考拉以自营为主，天猫国际以平台服务为主。目前，在下沙园区入驻的跨境电商进口企业有阿侠谷、南瓜淘等 21 家平台电商，网易考拉、贝贝网等 66 家垂直电商；入驻宁波保税区的跨境电商进口企业有 1062 家，其中进口电商企业 897 家、仓储物流企业 115 家、支付企业 50 家。浙江省进口商品电商销售正在不断兴起中，主要表现在两个方面，一是一般贸易进口与电商销售有机结合。省内一批优质的跨境电商进口采购商，是国内各电商平台的重要合作伙伴，如唯品会平台销售的花王纸尿裤，主要由浙江省物产中大国际云商有限公司采购供货。二是跨境电商零售进口向批发业务拓展。一部分跨境电商零售进口企业，在零售进口业务做到一定规模后，根据自身转型发展需要，也开始通过 1688（B2B 平台）等，加强国内电商批发业务的拓展。

一 出口 B2B——阿里巴巴国际站

阿里巴巴国际站是阿里巴巴集团最早创立的业务，是目前全球领先的跨境 B2B 电子商务平台，服务全世界数以千计的采购商和供应商，以英语为基础帮助中小企业拓展国际贸易的出口营销推广，通过向海外买家展示、推广供应商的企业和产品，进而获得贸易商机和订单，帮助企业低成本、高效率地开拓外贸大市场。早在 2009 年中国 B2B 电子商务运营商营收份额中阿里巴巴便占了 60.4%，很多中国供应商选择了阿里巴巴国际站作为开拓海外市场的平台。2016 年第三季度，阿里巴巴国际站（含一达通）营收达 15.06 亿元，同比增长 11.14%，第四季度营收达 15.54 亿元，同比增长 8.7%，2017 年第一季度营收 15.09 亿元，同比增长 8%，增长主要来源于进出口及相关增值业务。

阿里研究院《2016 年中国县域跨境电子商务报告》指出跨境电商面临着大市场新机遇，2015 年，在阿里巴巴国际站平台上，向中国企业发出询盘量最多的海外市场前十位的是美国、英国、印度、加拿大、俄罗斯、澳大利亚、德国、奥地利、马来西亚、巴西。其中，美国客户发出的询盘量明显领先，前十位中有六个发达国家，这反映了欧美国家领先的存量市场格局。另一组信息，在阿里巴巴国际站上，新增买家数最多的前十位国家是俄罗斯、美国、巴西、西班牙、法国、加拿大、乌克兰、印度、英国、意大利。其中，俄罗斯和巴西新增买家规模客观，这两个国家人口之和达3.5亿，超过美国人口数量，反映了以俄罗斯、巴西等代表的新兴国家孕育着增量市场，带来新的机遇。

阿里巴巴B2B技术经过了三阶段的演进。第一阶段，建立信息网站提供信息和营销服务平台，让买家更加方便地找到所需购买的产品，并和卖家联系；第二阶段，实现线上化、产品化，支撑业务朝交易、采购平台转型，促进在平台完成业务交易；第三阶段，以数据驱动、结合供应链能力及平台建设，建立智能供应网络平台、为B2B业务国际化贸易铺路，探索与科技合作伙伴建立合作关系，建立B2B技术生态圈。B2B通过互联网+供应链+大数据的手段建立企业信息互通、沉淀商业数据，反哺参与方创新，还可以吸引第三方服务供应商共建生态，打破了传统企业商业生态环境面对着复杂、低效和高成本的全链路集成困境。

二 出口B2C——阿里巴巴的速卖通

阿里巴巴全球速卖通于2009年8月6日进入试运行阶段，2010年4月正式上线运行，最初该平台依附于阿里巴巴国际站，仅向付费的中国供应商会员开放。2012年，为了满足个人消费者的需求，速卖通开始主动引流淘宝卖家和C店商家，扩充商品数量、丰富商品类目，这使得速卖通的买家人群从小B商家转为个人用户。2013年3月26日，阿里正式宣布速卖通将从小额在线外贸批发平台全面转型为面向海外的购物平台，打造全新的"国际版淘宝"，面向海外个人消费者，主要面向俄罗斯、巴西和印度等新兴国家市场。据阿里研究院的数据显示，速卖通是目前中国唯一一个覆盖"一带一路"沿线全部国家和地区的跨境出口B2C零售平台。用户遍及全球220多个国家和地区，全球海外买家数累计突破1亿。"一带一路"沿线国家用户占比达到45.4%。俄罗斯、乌克兰、以色列、白俄罗斯、波兰是购买力排名前五的"一带一路"沿线国家。根据俄罗斯电子商务协会与俄罗斯邮局的调查报告，2016年中国网店销售额占据俄罗斯跨境在线贸易总额的 52%，俄罗斯 90% 的外国邮包来自中国。早在 2015 年年初，速卖通在俄罗斯只有一个人负责开展业务，短短的两年里，速卖通在莫斯科已经有颇具规模的公司和两家实体展厅，并已经在俄罗斯最大社交网站 VK 上成立了"速卖通丝绸之路"群组，口号是"像几千年前一样，带来最好的商品"。

速卖通经历了七年多的成长，慢慢摸索出了自己的发展模式，逐步变得规范，定位也更加明确。最初的速卖通更多偏向于 C2C 模式，类似于国内淘宝，进入门槛低，所以存在大量的个人店、夫妻店，这些卖家将国内 1688 或淘宝上的产品直接放到速卖通上进行售卖，一旦客户下单便从 1688 或淘宝上直接买货发货，对于卖家实现了零库存、零保证金，这对最初速卖通的发展无疑是有利的，可以迅速扩大商家群体，但由于卖家的专业性不强，服务能力有限，买家的客户体验相对较差。2015 年 11 月 4 日个人身份卖家升级企业身份功能正式上线，平台规定，2016 年新入驻的商户要求必须是企业或个体工商户（个体工商户不接受授权形式入驻），加入年费制度，2016 年 3 月 22 日，平台发布了关于速卖通企业认证和品牌准入重要公告：从 2016 年 4 月 1 日起，新卖家（除假发）在入驻时需要有企业身份，不再允许个人（包括个体工商户）卖家入驻，整体提升商家入驻门槛，全面从跨境 C2C 转型为跨境 B2C。2016 年 4 月 6 日平台引入了阿里知识产权创新产品——阿里创新保，支持国内商标注册，同年 4 月 12 日平台发布品牌准入公告：卖家必须从原来代加工、代销等模式向高品质和优质服务的品牌化转型，全面实施产品商标化，鼓励商家注册英文商标从而得到更好的知识产权保护。2016 年 6 月 30 日，平台启动"2016 年不允许无商标产品存在的类目"，即在特定类目下，新发产品时，发布产品页面品牌属性没有对应的商标将不能发布，2017 年平台要求入驻的商户必须有商标，对于特定店铺需要提供 R 标资质。综上所述，速卖通平台朝着专业化和品牌化发展，品质出海是 2017 年速卖通的目标，很多品牌也借助速卖通平台在海外打出了一定的知名度，比如完全依靠速卖通起家的服装类目 Simplee，由最初的 4 名大学生创业，在短短的两年时间内发展为拥有百名员工的跨境电商企业。

速卖通作为我国的跨境电商出口 B2C 平台，具有诸多本国特色。

首先，卖家操作界面更加本土化。速卖通上几乎都是中国卖家，在卖家后台操作界面中既提供了英文也提供了中文，对于中国卖家而言，中文操作界面更加方便快捷。当然作为国际版淘宝，速卖通也借鉴了国内淘宝运营的多种工具，这为很多国内淘宝和天猫卖家转战国际市场做了很多准备。

其次，相比于亚马逊、eBay 等跨境电商平台，速卖通十分注重促销活动的开展，店铺日常活动包括限时折扣和全店铺打折，此外，平台还会设立很多促销活动，例如新品、爆品、预售、试用、金币兑换、团购、秒杀等活动，优惠券种类也是琳琅满目。很多速卖通卖家表示，一开始国外买家更习惯于简洁明了的购买页面和规则，但随着速卖通买家群体的不断扩大，买家更熟悉了平台规则，不仅对各种优惠券的使用游刃有余，而且更加注重产品的详情介绍，线上和卖家的沟通也更加频繁，这使得国外买家的购买习惯也趋于中国化。

最后，作为后起之秀的速卖通，国内的 1688 和淘宝为速卖通提供了很多优质商家，而阿里巴巴集团本身的财力对于平台的海外引流也不是问题。此外，在国际物流和国际支付方面也具备着天然的优势。速卖通联合菜鸟物流极大提高了海外的配送效率，菜鸟物流已开辟跨境专线 16 条、跨境仓库 74 个、超过 90 家物流合作伙伴，货达 220 余个国家和地区。在支付方面，速卖通联合支付宝已经打通全球 220 多个国家和地区的资金渠道，和海外 200 多家金融机构达成合作，支持 18 种货币结算，覆盖了海外的所有主流支付方式，为全球用户铺设了一条安全、快捷的跨境线上支付的绿色通道，在不同国家和地区可以提供差异化本地货币的服务。为了方便商家结汇，速卖通平台联合支付宝推出美元结汇到法人个人支付宝账号功能，并能做到实时汇率结算，不仅免去了额度限制的烦恼，也为商家规避了不少汇率风险。据中国电子商务研究中心检测数据显示，2017 财年，截至 2017 年 3 月，全球速卖通年度活跃卖家数量达到了 6000 万。

三　出口外贸综合服务

外贸综合服务企业是指，为国内中小型生产企业出口提供物流、报关、信保、融资、收汇、退税等服务的外贸企业。外贸综合服务，与跨境电商和市场采购构成我国三大外贸新业态。随着外贸"国十六条"的出台，浙江省在外贸产业转型升级中致力于打造"外贸生态圈"。发展外贸综合服务平台已被写入2015年政府工作报告中，这表明外贸综合服务企业在我国外贸行业整体转型中发挥重要的作用。外贸综合服务平台将商品贸易和流通服务两个传统的环节进行分离，让企业专注贸易本身，而把外贸服务外包给综合服务企业。近年来，在供应链企业、跨境电商等新型业态快速发展的背景下，外贸综合服务平台模式实现了不断创新和发展。

（一）一达通

一达通企业服务有限公司是阿里巴巴旗下的外贸综合服务平台，成立于2001年，是中国第一家面向中小企业外贸综合服务平台，目前在中国国内进出口额位居前列。一达通致力于持续地推动传统外贸模式的革新，集约分散的外贸交易服务资源，通过互联网一站式为中小企业提供专业、低成本的通关、外汇、退税及配套的物流和金融服务，首创了中小企业进出口外包服务市场，明确以中小外贸企业为服务对象的市场定位，实现了电子商务与供应链服务平台的对接，通过积极完善服务产品，完成了从单一化"外贸咨询"向多元化"外贸交易"的服务转型，进一步为广大进行跨境交易的中小企业提供更为全面的外贸服务。

"一达通"服务范围包括基础服务、金融服务和物流服务。基础服务包括通关、外汇和退税三个方面。通关方面，以一达通名义完成全国各大口岸海关的申报，通过一达通平台专业的操作，享受绿色通关通道，造就优势通关速度。外汇方面，一达通帮助中小外贸企业完成出口收汇国际结算业务，同时可为客户提供外汇保值服务，为客户提前锁定购汇或者未来结汇的汇率成本，有效防范汇率的波动风险。退税方面，以一达通名义统一帮助中小外贸企业快速办理退税，加快企业资金周转。此外，一达通提供完整的、覆盖贸易全段的金融服务，为买卖双方提供全面的资金安全保障，降低贸易风险。一达通平台上的金融服务是提供无抵押、无担保、零门槛的融资服务，主要分为一达通流水贷、超级信用证和保单贷三种。物流方面，一达通专为中小外贸企业在配送、仓储、运输的进出口贸易等环节，提供覆盖全国各地主要港口与全球贸易区之间的"海陆空"三种类型的一站式物流解决服务。阿里巴巴海运联合各大物流服务商，为客户提供海运整柜和拼箱服务，同时与全球优质空运服务商合作，提供在线查看空运运费、在线比价、在线下单的服务，航线覆盖170个目的国和区域，更有拖车、报关等服务，致力于满足客户个性化需求。阿里巴巴与国际知名快递品牌合作，在客户完成线上下单的支付后，提供快递公司上门取件服务。而陆运服务主要包括中港运输、集港拖车和中俄欧三类服务。

(二) 浙江执御

浙江执御信息技术有限公司是目前中国跨境移动电商的领军企业，是中国（杭州）跨境电子商务综合试验区首批试点企业。浙江执御成立于2012年年底，依托互联网创新，利用大数据助力中国制造升级。2013年3月获华睿2000万天使投资，总部位于杭州，在深圳、中国香港、美国、中东等地有分公司或办事机构。目前全球员工超过2500人。

浙江执御作为出海中东的典型案例，以构建出海移动新生态，引领全球多区域移动电商发展为愿景。作为"一带一路"倡议的践行者，浙江执御产品销往全球超过175个国家和地区，旗下的购物APP JollyChic已经成为中东地区知名度最高、综合排名第一的移动端电商。短短几年间，营业额从2014年的1亿人民币发展到2017年的50亿人民币，日单量已经超过Souq。

从成立初期到2013年7月份之前浙江执御都是在做PC网站的搭建，7月份PC网站开始上线。最初，执御卖的商品主要以女性服装为主，2013年确定市场方向主要是美国和澳大利亚。2014年，在选品上，确定以欧美风格的产品为主。2014年销售额达到1亿人民币。2015年6月，家纺企业富安娜公布入股浙江执御。这次入股中，富安娜以自有资金人民币2250万元溢价认购执御5%的股份。获得投资之后，执御开始调整策略并转型。基于对以往销售数据的分析和对未来市场的判断，执御加大了在中东市场的投入。2015年，销售额上升到10亿人民币，是2014年的10倍。2016年，执御对商品做了品类扩充，增加了男性商品，如服装、鞋包、配饰，还有3C类目、女性美妆类目。2016年销售额为20亿人民币。2017年，执御收购MarkaVIP，在中东市场上除了Jollychic，又增加了一个新的销售渠道。2017年，销售额超过50亿人民币。

执御目前主要是自营模式，和供应商合作，供应商供应商品，执御在海外市场进行定价销售。供应商计算好利润空间，以供应价格向执御提供商品，将货品发到执御的国内仓库。执御制定零售价格，并负责后续的运营、推广、头程和"最后一公里"物流。目前，"最后一公里"的派送是和中东本地的物流公司合作。

执御取得现有成就的主要原因是将差异化与本土化相结合。在执御重点发力中东市场之前，中东的电商老大Souq主要以电子产品为主，时尚产品类较少；另一家电商Namshi虽是以时尚产品为主，但主要是Nike等欧美品牌，其他类目较少。因此，执御就以时尚女装这个市场上稀缺的品类切入。此外，执御在本地化上做了非常快速和完整的布局，在杭州、深圳、广州、香港等多地开设了分公司，在美国硅谷成立研发团队，在约旦建立呼叫中心，在沙特建立综合运营中心，在阿联酋迪拜有本地化运营与市场营销团队，目前海外员工已经上千，涵盖了营销、物流、仓储、售后、运营等所有职能。

四 进口B2C——天猫国际

2014年2月19日，阿里宣布天猫国际正式上线，为国内消费者直供海外原装进口商品。天猫国际的上线正是阿里洞察到了跨境进口的巨大市场，正如马云所言，中国有2亿中产阶级人群，未来可能会新增5亿中产阶层人群，中国在成为世界制造大国的同时也在变成世界上最大的进口消费国。在阿里巴巴集团全球化战略即跨境进口战略中，天猫国际、支付宝、菜鸟网络分别解决了跨境交易、跨境支付、跨境物流等提供整个跨境进口电商交易完整链路，即解决了以前海淘买进口物品的种种不便利。

据中国电子商务研究中心监测数据显示，2016年中国跨境进口电商交易规模达到12000亿元，相比于2015年的9000亿元，同比增长33.3%，预计2017年全年将达到18543亿元。跨境网购用户达

0.42 亿人，同比增长 82.6%，预计 2017 年跨境网购人数将达到 0.59 亿人。从 2016—2017 年跨境进口电商平台的市场占有率看，天猫国际名列第二，仅次于网易考拉海购，占据 17.7% 的份额。

天猫国际为西方品牌提供了进入中国市场的跳板，入驻天猫国际的商家均为中国大陆以外的公司实体，具有海外零售资质；销售的商品均原产于或销售于海外，通过国际物流经中国海关正规入关。在品类方面，近年来为顺应海淘消费者消费需求的升级，各大跨境进口电商平台也在不断扩展平台内进口商品的品类，天猫国际除了原本的服饰和美妆品类，也开拓了红酒、生鲜等新品类，目前平台有 3700 多个品类，覆盖 14500 多个品牌，产品来自 63 个国家，主要来自日本、美国、韩国、德国和澳大利亚等。通过"神秘抽检""入仓检""质量溯源"，与监管部门合作，积极调动社会资源，推动质量共治。而直接邀约国外优质商家的举措也进一步成为天猫国际保证产品质量的竞争优势。

天猫国际为所有入驻商家配备旺旺中文咨询，并提供国内售后服务，阿里巴巴在中国的领先地位和声誉让天猫国际成为中国买家信任的平台，它连接了中国二三线城市和偏远地区的消费者，消费者可以像在淘宝购物一样使用支付宝买到海外进口商品。

在仓储物流方面，天猫国际采用的是"海外集货+国内保税"的物流模式，即海外集货服务、保税仓物流服务、GFC 海外备货服务。在保税区内物流时效为 3—7 天，而通过海外直邮进口的商品则要求商家 72 小时内完成发货，14 个工作日内到达，并保证物流信息全程可跟踪。以宁波保税区海外商品供应为例，在宁波保税区里，海外商品批量入境，海外企业统一向保税区纳税，保税区再统一发货，更加方便快捷。由于保税区直接发货，消费者网购等待时间也将减少，同时通过批量海运方式，物流成本将大幅降低，这也将使得海外直购商品便宜 20% 左右。2017 年 8 月 8 日，天猫国际宣布全面启动全球溯源计划——将利用区块链技术以及大数据跟踪进口商品全链路，汇集生产、运输、通关、报检、第三方检验等信息，给每个跨境进口商品打上"身份证"。这项计划未来将覆盖全球 63 个国家和地区，3700 个品类，14500 个海外品牌，16 个国家和地区馆。共同参与该计划的包括英美日韩澳等多国政府、大使馆、行业协会以及众多海外大牌，中检集团、中国标准化研究院、跨境电子商务商品质量国家监测中心等"国家队"也已加入，通过制定标准、全程监测等手段，确保国内消费者买得放心。目前，国内消费者通过手淘、天猫客户端订单页面能查阅到原产国、装运港、进口口岸、保税仓及海关申报、检验检疫申报等全链路的物流和监管等"商品身份证信息"。

网易考拉海购是网易旗下以跨境业务为主的综合型电商，是杭州跨境电商综试区首批试点企业，于2015年1月9日公测，销售品类涵盖母婴、美容彩妆、家居生活、营养保健、环球美食、服饰箱包、数码家电等。

作为一家媒体驱动型电商，网易考拉海购是网易集团投入大量优质资源打造的战略级产品。

第三节　浙江跨境电子商务政策与试验区

近年来，我国跨境电子商务的快速发展，已经成为对外贸易的新模式、新亮点和新趋势。党中央、国务院高度重视发展跨境电子商务。社会上发展跨境电商的热情高涨，政府部门也在积极营造发展氛围，优化管理机制和发展环境，在通关、报检、结汇和退税方面进行了创新，并取得了一定成效，特别是杭州跨境电商综合试验区建设，为全省跨境电商发展进行了积极有效的探索。但浙江省跨境电商刚刚起步，市场总体规模不大，监管流程衔接不够，配套服务尚未健全，跨境电商低小散、走灰关等现象仍然存在，需要政府加大工作力度，做好产业引导，促进跨境电商整体提升发展。

一　跨境电子商务政策

2014年5月，习近平总书记在河南省调研期间做出重要指示，要求通过发展跨境电子商务，实现"买全球卖全球"的目标。2014年11月在浙江省调研期间也指出，要促进跨境电子商务健康快速发展，为我国经济增长提供新动力。2015年5月7日，为减少束缚电子商务发展的机制体制障碍，进一步发挥电子商务在培育经济新动力、打造

"双引擎"、实现"双目标"等方面的重要作用，国务院发布了《关于大力发展电子商务加快培育经济新动力的意见》。2015年5月12日，为巩固外贸传统优势、加快培育竞争新优势，实现我国对外贸易持续健康发展，推动我国由贸易大国向贸易强国转变，国务院发布了《国务院关于加快培育外贸竞争新优势的若干意见》。2015年6月20日，国务院办公厅印发了《关于促进跨境电子商务健康快速发展的指导意见》，提出了优化海关监管措施、完善检验检疫监管政策措施、明确规范进出口税收政策、完善电子商务支付结算管理、提供财政金融支持五方面的支持措施。

浙江跨境电商除了受益于国家对跨境电商利好的政策外，也得到了当地政府的大力支持。浙江省在全国率先出台了《浙江省跨境电子商务实施方案》，对全省跨境电商工作进行战略布局和统筹规划，同时制定出台了《浙江省跨境电子商务发展三年行动计划（2015—2017）》等政策文件，明确跨境电商主体培育、园区建设、人才培训和配套支撑、基础建设工作要求和发展促进政策。2016年4月，浙江印发《浙江省大力推进产业集群跨境电商发展工作指导意见》，确立了浙江余杭等25个产业优势明显、外贸基础扎实的县（市、区）作为首批产业集群跨境电商发展试点地区，旨在通过试点工作推动产业集群与跨境电商融合互动，将浙江制造和浙江品牌推向世界。试点工作开展以来，各试点地区以跨境电商普及应用为核心，围绕主题培育、人才培养、模式创新、品牌建设等重点，基本形成了政府助推、市场主导、政企联动的良好工作格局。首批25个产业集群跨境电商发展试点地区2016年累计开展跨境电商人才培训2万多人次，新增跨境电商企业约5000家，带动出口720亿元，2017年有望翻倍增长，跨境电商产业集群效果初显。据商务厅对重点第三方电商平台的监测，全省跨境电商活跃网店超6.4万家。

以杭州余杭区为例，受金融危机的影响，余杭区的传统贸易受到严重冲击。针对城市和外贸的发展状况，余杭区政府通过跨境电商以"培育出口自主品牌、建设自主销售渠道"的理念，确定了"出口为主、进口为辅，B2C和B2B2C为先、B2B跟进"的发展步骤，最终实现了在城市建设上"聚人气"、在外贸出口商"促转型"的目标。

家纺服装作为余杭区传统外贸的优势产业，在省商务厅的指导下，余杭区申报了"家纺服装产业集群跨境电商试点"，评审通过后，区政府与速卖通紧密合作，推动有意向开展跨境电商尝试的传统家纺服装企业上线经营。通过一年的努力，目前已有42家家纺服装类企业入驻速卖通产业集群专区，9家企业成为标杆企业，该速卖通产业集群专区2017年1—7月累计销售额约430万美元，其中7月份当月销售近100万美元。随着下半年电商旺季的到来，成交额有望大幅攀升。

此外，经各地自主申报，浙江省商务厅组织审核，将中国（杭州）跨境贸易电子商务产业园等323家电子商务产业基地列入《2017年浙江省电子商务产业基地名录》，这些园区是孕育和培养跨境电商的沃土。其中杭州有中国（杭州）跨境贸易电子商务产业园、中国（杭州）跨境电子商务综合试验区西湖园区、中国（杭州）跨境电子商务综合试验区空港产业园等61家；宁波市有宁波·镇海329创业社区、望春电商产业园、宁波市农村电商产业园等36家；温州市有温州鹿城跨境电子商务产业园、久丰电商园、温州农业电子商务产业园等32家；嘉兴市有嘉兴电子商务产业园、智富创新园、嘉兴顺丰电商产业园等15家；湖州市有吴兴梦工厂、湖州多媒体产业园、南浔区科创园等25家、绍兴市有绍兴颐高科技创业园、百酷时尚产业园、中国轻纺城跨境电商产业园等10家；金华市有三分田农村电子商务创业园、金华电子商务创业园、金华CRC文化创意园等55家；衢州市有衢州市电子商务产业园、衢州星矢部落电商创业园、欧美佳网商创业园等36家；舟山市有海洋电子商务产业园、舟山港综合保税区跨境电子商务示范园区、舟山国际水产城电子商务产业园区等8家；台州市有星星电子商务产业园、方远电商创业园、新蓝电子商务园区等29家；丽水市有莲都区电商产业园、丽水电子商务产业集聚园、龙谷青创电商园等16家。

二 跨境电子商务试验区

在国务院发布《国务院关于加快培育外贸竞争新优势的若干意见》和海关总署发布《海关总署关于调整跨境贸易电子商务监管海关作业时间和通关时限要求有关事宜的通知》等各项利好政策指引

下,浙江省大力推进跨境电子商务发展,积极开展跨境电子商务综合改革试点工作。浙江省跨境电商以出口为主,进口逐步增长为特点。其中出口方面以杭州、宁波和金华三个地区发展最为突出。2013年7月,商务部、财政部、国税总局先后发布"外贸国六条"、《关于实施支持跨境电子商务零售出口有关政策的建议》等政策,鼓励跨境电商业务发展。随后,浙江省的杭州和宁波成为第一批跨境电商试点城市。

(一) (中国) 杭州跨境电子商务综合试验区

2015年3月12日,国务院批复设立中国(杭州)跨境电子商务综合试验区,杭州成为国内首个跨境电子商务综合试验区。杭州拥有以阿里巴巴为龙头的集交易、金融、信息和服务于一体的产业化运作电子商务发展生态圈,已形成龙头带领、产业集聚的良好氛围。"杭州是创新活力之城,电子商务蓬勃发展,在杭州点击鼠标,联通的是整个世界。"在B20开幕式致辞中,习近平总书记对杭州的这句高度评价,也是对杭州跨境电商发展现状的最好总结。2016年1—11月杭州跨境电商进出口总额63.56亿美元,比2014年的2000万美元增长317倍。杭州的西湖园区、下城园区、下沙园区、空港园区、临安园区、江干园区是集大数据通关服务平台、一站式服务平台、外贸综合服务平台、跨境智能物流平台、跨境电商孵化平台等为一体的综合性跨境电商园区。其中,下沙园区自2014年5月7日开园以来,引进天猫国际、网易、中外运、苏宁等平台电商22家,银泰、母婴之家、瑞阁等垂直电商10家,菜鸟物流、EMS、网仓科技等电商服务企业20家,已完成企业入驻手续办理的50家,其中外资企业4家,内资企业46家,累计注册资本近3亿元人民币。截至2016年4月11日,下沙园区累计实现B2C进口业务2341万单,交易金额41.4亿元。其中,网购保税2102万单,交易金额36.2亿元;直邮239万单,交易金额5.2亿元。出口方面,下沙园区已与敦煌网合作,目标铺设B2B"网上丝绸之路",亚马逊、eBay等项目也将陆续入驻。

(二) 杭州宁波的跨境电子商务试点城市

2016年1月6日,宁波继杭州之后成为浙江省的第二个跨境电商综合试验区。目前长三角地区包括上海、苏州在内的4个跨境电商特区中，浙江独占两席，这无疑对浙江大力发展跨境电商是个强有力的推动。宁波依托深水良港，具备完善的输运体系和坚实的外贸产业基础。2016年，宁波跨境电商交易额突破50亿元大关。宁波重点拓宽包括农村电商、社区电商等渠道，并相继成立了一大批综合型产业园，吸引了大批电商企业入驻，成为电商企业培育的沃土，例如宁波的海曙园区、江北园区、鄞州园区、杭州湾园区、保税区园区、梅山园区等。宁波的保税区园区，2016年累计获批跨境电商试点企业487家，进口业务累计实现销售额41.41亿元，同比增长1.59倍；出口业务累计实现销售额10.79亿美元，同比增长2.76倍。海航宁波跨境仓、网易考拉O2O旗舰展示厅、中国供销海外购等项目相继开业，阿里巴巴1688进口货源平台宁波站正式上线，区域跨境电商集聚效应进一步增强。嘉里大通、百世汇通等一批全球知名的专业物流服务商落户，跨境仓库面积由5万平方米扩展到35万平方米。宁兴、萌恒、赛尔等一批企业已经具备一定的海外自营仓储设施。

（三）金华义乌的跨境电子商务试点

义乌作为国际贸易综合改革试点，则通过实体市场建立更高效的跨境电商运行机制。作为全球小商品集散中心的义乌，经过几年的快速发展，跨境电子商务已具规模。据阿里研究院统计，义乌市内贸网商密度位居全国第一，外贸网商密度位居全国第二。全市已建有29个电子商务园区，其中有3个省级跨境电子商务产业示范园。2012年以来，义乌市跨境电子商务交易额快速增长，2012—2015年分别为50.5亿元、351亿元、433亿元和582亿元，2016年上半年交易额为298亿元。通过设立国际邮件互换局，在全国首次实现在同一条流水线上对不同监管模式的整合，打造高桥村为跨境电子商务物流村，依托地理优势，房屋统一租赁，集聚50家跨境物流企业，形成物流价格"洼地"，进而吸引跨境卖家集聚义乌。全市现有海外仓17家，面积达5万平方米，其中8家获批开展省级公共海外仓建设试点；幸福里、新纪元、网商创业园3家园区获批成为省级跨境电商园区建设试点；被誉为中国网店第一村的义乌青岩刘村，聚集了来自中国15000余名从事电子商务及相关产业的工作人员，共有2800多家注册网店每天向世界各地卖出各类商品超过3000件。同时，义乌市获批成为浙江省跨境电子商务创新示范区、浙江省小商品产业集群跨境电子商务发展试点。2017年1—6月义乌市实现跨境网络零售出口额101.63亿元，同比增长33.7%，跨境B2B交易额236.49亿元。小商品产业集群跨境电子商务应用的品类越来越多，从饰品为主扩展到服装服饰、珠宝首饰、母婴用品、家居用品、手机配件等众多领域，已基本涵盖义乌市的传统产业。

第四节　小结

综上所述，浙江省跨境电子商务的发展具有以下特点：（1）发展规模大，增长速度快；（2）多元化经营趋势明显，包括销售平台多元化及经营商品多元化；（3）产业链集聚效应强，综合配套设施齐全；（4）政策利好优势明显。

然而，浙江省在跨境电商发展过程中也面临着诸多挑战。

（1）通关手续复杂，效率低下。当前，跨境小额批发零售贸易模式正处于爆发式发展阶段，该模式以个人消费品为主，具有批量小、频次高的特点，商品出入境主要采用航空小包、邮递、快递等方式，对海关监管提出了新的挑战，与现行海关管理制度存在矛盾，导致通关效率低下、偷税漏税问题严重。

（2）物流问题是跨境电子商务发展的瓶颈。由于跨境电商主要以B2C模式为主，产品的体积和重量通常偏小，不适宜采用陆运、港运，而只能依赖航空运输，这无疑带来了物流成本的高涨，部分产品的物流成本甚至远高于产品本身的价值。此外，物流周转时间长，包裹安全保障低也是物流中存在的重要问题。国际快递虽然能大大缩减运输时间，但运输费用对于小包裹而言是无法负荷的，所以大量的包裹会通过邮政系统投递到各个国家，俗称邮政小包，邮政小包的运输周期通常在20—30天，偏远国家例如巴西、智利等甚至在3个月左右，长时间的运输难免会出现包裹破损或丢失现象，加上部分国家的清关成本高，大量包裹被滞留在目的国海关处无法正常投递，使得卖家不得不承担这一部分损失，这些都大大限制了跨境出口的进一步发展。出于这方面的考虑，部分卖家会选择海外仓的形式，虽然缩短了部分国家的运输时效，但是增加了卖家的库存压力，加上目的国的仓储费、管理费等，实际的物流成本会更高些。此外，物流问题也造成了退换货手续的烦琐，由于长时间的运输，货品出现问题的概率本身就大，但是跨境电子商务物流成本高效率低，对于一些小问题买家一般不会选择退货，但是客户的体验会非常差，通常会把卖家拉入黑名单，海外客户的忠诚度相对于国内客户要低得多。特别是对于一些高货值的产品，售后服务的局限性会限制这类产品在海外的市场。

（3）支付方式的局限性。新常态下，我国跨境电商支付的方式大多数是使用 Paypal 付款，占跨境电商第三方支付市场总规模的七成以上。随着我国跨境电商合作伙伴的不断增加，加上各国支付工具的丰富多变，虽然具备境内第三方支付平台与信用卡支付方式，但不能充分满足我国现代跨境电商支付的多样化需求，如欧洲客户更青睐 Master Card、Visa Card、Monybookers 付款，俄罗斯客户更喜欢使用 Webmoney 付款，美国客户则习惯用信用卡支付。由此看来，新常态下，我国跨境电商支付方式比较单一。此外，国家对于第三方跨境支付还没有一部较为统一规范的管理制度，没有明确其跨境业务范围，没有相对明确的保证金额数，并且相关部门对于这方面的监管力度不够，这对于跨境电商的国际贸易有着相当大的阻碍。以义乌跨境电商为例，义乌跨境电子商务交易的笔数很高，但总体规模仍然不大。这是因为网络支付方式存在交易金额的限制，使单笔交易规模偏小，无法形成大批量的商品交易，受到支付限制。目前的跨境电子商务多为 B2C 的小额交易，而大宗的 B2B 交易则通过阿里巴巴或其他贸易平台寻找相关交易对象，但贸易流程仍旧按照一般贸易进行。此外，现有支付方式不像传统支付方式不存在贸易融资功能。

（4）交流成本高。跨境电商和国内电商最大的区别在于语种不同，尽管英语作为全球最广泛的应用型语言，国内不乏英语专业人才，能满足跨境电商英语交流的需要，但随着跨境电商范畴的进一步扩大，企业对跨境电商的专业人员任职要求越来越高，除具备一定的英语专业知识外，还需要员工具备非英语类小语种，例如西班牙语、葡萄牙语、俄语、日语、法语、德语等，而当前这样的人才确实很稀缺，纯粹用英语或借助翻译工具进行交流，不仅交流成本大大增加，信息传递的准确度也将大打折扣，有时甚至会曲解对方的意思，从而造成交易的失败，影响客户体验。

针对以上问题，我们试图探索一些解决对策。

（1）由国家层面进行政策整合，打造"单一窗口"，提高通关便利化水平。目前跨境电子商务在全国各地的保税区、保税物流中心或者出口库加工区如火如荼地展开，但所面临的共性问题是通关便利化。杭州和宁波所进行的一站式通关平台，将海关、税务、出入境检验检疫等机构整合在一起，并且在今后将进一步整合金融机构、外汇管理局、边防等，形成"单一窗口"，这不仅有助于规范跨境电子商务商品的出入境管理，也会提高跨境电子商务企业通关便利化程度，极大地提高跨境电子商务的运行效率。

（2）突破物流效率低的瓶颈，打造售后服务体系。建海外仓和综合售后服务体系是解决跨境电子售后服务问题的一个方法，但是成本较高，只有货代企业和中型以上的跨境电商才有能力去做。有不少跨境电商企业为更好的售后采取措施，比如洋码头的做法是：本土退货，海外维权。如果买到假货，中国买家退货只要把货退到上海，洋码头海外团队帮消费者海外维权。洋码头表示和欧美、澳洲当地的消费者权益保护机构都有合作，当地入驻洋码头的零售商和个人买手都需要在消费者权益保护机构注册。

（3）全力打造网络跨境支付体系。支付体系是电子商务服务业的重要支撑条件。针对国内跨境支付体系短板和国外第三方支付公司强势的情况，除了作为行为主体的第三方支付企业要抓住机会、提高技术、扩大市场外，也需要尽力消除第三方支付产业在国际化过程中可能遇到的内部政策阻碍。另一方面，在国际银行间清结算上，要与相关国际金融机构积极协调，制定相关标准，利用WTO等相关国际组织的标准和协商体系，帮助支付企业化解跨境贸易冲突，减少第三方支付产业的国际化阻力。

（4）大力培养跨境电商人才，搭建校企合作平台。近年来，随着跨境电子商务的迅速发展，各高校也陆续增设了跨境电商相关专业，旨在培养更多的跨境电商人才，但在培养模式上仍值得进一步探索。跨境电商专业是落地性很强的专业，学校的教育通常比较偏理论化，而在实践中各个平台的规则千差万别，毕业生入职企业后，企业还要花费大量人力物力进行培养，所以通过搭建校企合作平台，既可以让学生有更多的实践机会，又可以为企业输送专业人才，同时增加学校和企业的交流机会，让学校更加了解企业的需求，对调整学生的培养有重要帮助。跨境电商面对的是世界这个大市场，学习第二外语不仅是语言专业学生的专利，对于电子商务专业的学生也是必需的。《2016年度中国电子商务人才状况调查报告》显示，从企业招聘状态来看，人员比较稳定能满足企业运营要求的占15%；处于招聘常态化，每个月都有招聘需求的占37%；处于业务规模缺口大，人才需求强烈，招聘工作压力大的占30%；处于人员流失率高，人员不稳定，招聘难度大的企业占7%。从企业急需人才类型来看，40%的企业急需电商运营人才，5%的企业急需技术性人才（IT、美工），26%的企业急需推广销售人才，4%的企业急需供应链管理人才，12%的企业急需综合性高级人才，9%的企业急需产品策划与研发人才。目前，市场对电商人才需求很大，高校通过培养电商专业相应技能，不仅解决了企业的用人之需，还能提高相关专业应届生的薪资，从而起到良性循环的作用。

第七章　浙江开放平台的发展

第一节　浙江对外开放平台的形成与演变

改革开放40年来，浙江对外开放平台是在不断探索和实践中成长起来的。改革开放初期开放平台尚未出现，而近年来高能级开放平台快速涌现。改革开放40年来，在浙江经济腾飞的进程中，开放平台一直扮演着对外开放主阵地、经济发展主引擎的角色。浙江省通常所说的"开放平台"包括中国（浙江）自由贸易试验区、义甬舟开放大通道、开发区、国际产业合作园、海关特殊监管区、对台经贸合作区等实际载体。本书所研究的"开放平台"主要聚焦中国（浙江）自由贸易试验区、开发区和海关特殊监管区。这三类开放平台是对外开放主阵地地位突出、产业集聚发展趋势明显的区域。在新一轮对外开放中，浙江开放平台将继续发挥作用，带领浙江经济融入全球化的潮流，在世界经济大潮中，发挥独特优势，掌握独特竞争力。

一　探索发展阶段

浙江是我国东南沿海最早开放的省份之一，其开放平台的出现也较早。然而，改革开放初期，浙江对外开放平台的建设基本上属于空白状态。即使有，也是个别、零星的。开放平台数目较少，规模不大，影响有限。开放平台总体上尚未形成一个体系，开放平台的整体布局也尚未展开。

1984年，在已经开放的4个经济特区的基础上，中共中央、国务院决定进一步开放14个沿海港口城市，浙江省的宁波、温州两个城市也在开放名单中。从此，宁波、温州成为浙江省最早对外开放的区域。同年 10 月，宁波经济技术开发区正式获批成立，成为浙江省首个经济技术开发区。宁波经济技术开发区成立后，实行多项配套改革，保障投资者合法权益；广泛内引外联，引进和落实工业项目，到 1987 年年初步形成了良好的投资软环境，使外商投资者能够按照国际惯例进行经营。1988 年 5 月 18 日浙江省第七届人民代表大会常务委员会第三次会议通过《宁波经济技术开发区条例》，就开发区的性质、目的、面积范围、产业政策、行政管理体制、投资经营、优惠待遇等做出了明确的规定，从而使开发区的建设有法可依，有规可循。《条例》还规定设立宁波经济技术开发区管理委员会，对开发区实行统一领导和管理，保证开发区的健康发展。

1985 年 2 月 28 日，国务院批准嘉兴市区、湖州市区以及海宁、嘉善、桐乡、德清县（市）为沿海经济开放区。这两市四县被列为长江三角洲经济开放区，标志着浙江对外开放已经从港口、港口城市扩大到沿海开放地带。1988 年 3 月，沿海经济开放区的范围进一步扩大，浙江的杭州市市区及所属萧山市、余杭县、桐庐县、富阳县、临安县，宁波的鄞县、余姚市、慈溪县、奉化县、象山县、宁海县，温州的乐清县、瑞安县、瓯海县、永嘉县、平阳县、苍南县，嘉兴的平湖县、海盐县，湖州的长兴县，绍兴市市区及所属绍兴县、上虞县、嵊县，台州的椒江市、临海市、黄岩县被列为沿海开放市、县。

国家级经济技术开发区加快建设的同时，省级开发区也逐渐形成。1990 年，杭州钱江台商投资区获批成立，成为浙江第一个省级开发区。投资区规划面积 140 平方千米，以钱塘江为轴，划分为江南、江北两个区块。投资区以"筑巢引鸟"的形式开发，土地批租，吸引外商台商联合开发。1991 年，启动区块实施征地拆建和基础设施建设，组织专门人员展开招商引资工作。

以 1984 年首个国家级开发区宁波经济技术开发区的成立为标志，至 1991 年，这一阶段为浙江对外开放平台建设的探索期。截至 1991 年，全省共有国家级开发区 1 家，省级开发区 1 个。浙江开放平台的构建尚处于探索发展阶段，开放平台数量有限，开放体系也远未形成。

二 快速发展阶段

1992年，邓小平南方谈话后，我国改革开放进入了新的历史阶段，改革的步伐和开放的进程加快。党的十四大确立了建立社会主义市场经济体制的目标。这一时期，浙江省委、省政府审时度势，紧抓发展机遇，做出了进一步加快改革开放和经济发展的决定，提出了拓展对外开放格局、提高对外开放程度的重大举措。浙江省开发区发展势头强劲，浙江对外开放平台进入了快速发展阶段。1992年3月16日，温州经济技术开发区经国务院批准设立，成为第二批国家级开发区。10月21日，国务院批准同意将宁波经济技术开发区与北仑工业区的重点开发区域合并，统称为宁波经济技术开发区，实行经济技术开发区的政策。宁波港成为拥有25万吨国内最大原油泊位深水码头的港口。合并成立的宁波经济技术开发区总规划面积29.6平方千米，是我国建立年份最早、面积最大的国家级开发区之一。此后，一大批国家级开发区也相继设立，如杭州经济技术开发区、萧山经济技术开发区、宁波大榭岛经济技术开发区等。为了推广、复制国家级开发区建设的成功经验，加快对外开放速度，一批省级开发区也相继成立。1993年2月，省政府批准设立了嘉兴、湖州、绍兴、舟山、椒江、金华、衢州、丽水、乍浦9个省级开发区。

开发区侧重于招商引资和产城融合，相比之下，海关特殊监管区则侧重于发展国际贸易和国际物流。海关特殊监管区是经国务院批准，设立在中华人民共和国境内，赋予国际产业转移、连接国内国际两个市场的特殊功能和政策，由海关为主实施封闭监管的特定经济功能区域。1992年11月，宁波保税区经国务院批准设立，总规划面积2.3平方千米，分为东区、西区、南区三片区域。区内享有"免证、免税、保税"政策，具有进出口加工、国际贸易、保税仓储、商品展示等功能。

开发区全面快速发展的同时，也出现了混乱无序的现象。在此期间，浙江省部分地区办开发区未经批准，"一哄而上"，其数量大、范围广、规划粗，占用了大量的耕地和资金，明显超出实际需要，且超过了经济承受能力。一批乡镇自办的工业小区，也纷纷冠名为"开发区"。开发区建设亟须整顿治理。1993年8月23日，省政府印发《关于认真清理各类开发区的通知》，就分类清理全省各地的开发区做出安排。经过清理，全省未经批准的各类开发区共有67个，上报省政府要求继续保留的32个，大幅减少了规划面积。同年11月，省政府根据省级开发区设立的基本条件，在清理核查的基础上，确认了富阳富春江、淳安千岛湖、余杭、余姚、奉化、慈溪、乐清、兰溪、武义、衢县沈家、绍兴柯桥、上虞、桐乡、嘉兴、湖州南浔、德清莫干山、普陀东港、临海、玉环大麦屿、青田20个省级经济开发区。对开发区建设乱象进行的整顿治理保障了开发区的有序发展，提高了开放区建设的规范性。

1994年，省政府增补设立了桐庐、宁海、象山、镇海、海盐、安吉、长兴、诸暨、嵊县、景宁、瓯海、瑞安、平阳、岱山、江山、浦江、义乌、东阳、黄岩、温岭20个省级经济开发区。截至1994年年底，全省已经形成国家级开发区8个，省级经济开发区50个。此外，省政府还批准设立了环太湖、萧山、苍南马站3个农业对外综合开发区和景宁、金华2个扶贫经济开发区。

经过几年的探索，开发区发展速度加快，其在招商引资、利用外资、产业升级、就业创造、制度创新等方面的示范和带动作用越来越大。1995年上半年，浙江省开发区新建项目总共2652个，投入基础设施建设资金7.96亿元，开发土地面积10.9平方千米。开发区内道路、桥梁、通信、输变电工程等基础设施逐步完成，奠定了全方位吸引内外资、加快开发建设的基础。半年内共引进工业项目121个。其中，杭高新、象山、瓯海、嘉善、乍浦、嵊县、普陀、义乌等开发区全部引进了工业项目。在引进项目的基础上，投产开业的企业数量越来越多。温州、萧山、莫干山、南浔、绍兴等开发区投产开业企业10565个，占进区企业总数的64.7%。半年协议利用外资4.02亿美元，实际利用外资2.25亿美元，分别占全省的25.2%、33%。利用外资数额不断增加，规模不断扩大。温州、萧山经济技术开发区和杭州高新技术产业开发区实际利用外资额分别增加37%、61%和65%。

1997—2002年，开发区继续稳步加速发展。省级以上开发区由58个增加到62个，并新建了杭州、宁波2个出口加工区。开发区建设面积也进一步扩大，从1997年的158平方千米到2002年的481平方千米。2000年4月，杭州出口加工区成为国务院批准设立的中国大陆第一批出口加工区，位于杭州经济技术开发区内。杭州出口加工区以"境内关外"的特殊政策优势、区位优势、环境优势，吸引了来自日本、美国等国家和地区的外商投资企业，该区已经基本形成了笔记本电脑、汽车零配件和家用电器三大主导产业，成为区域内保税领域的试验基地，为地区发展外向型经济做出了巨大贡献。2002年6月，国务院批准设立宁波出口加工区，该区位于宁波经济技术开发区内，规划面积3平方千米。宁波出口加工区和宁波保税区紧密相连。两区管委会合署办公，目前已实现政策功能互补，资源共享，联动发展，是中国大陆投资环境最优越、功能最完善的区域之一。

开发区引进外资力度进一步加大，利用外资进入新一轮增长期。开发区对当地产业集聚、产业结构的调整、经济发展和体制机制创新等方面的示范和引领作用进一步增强。1997年，开发区实际利用外资占全省比重42.3%，2002年，这一比重提高到58%。2002年，全省开发区工业总产值2590亿元，是1997年的2.3倍，年平均增长率达到26.98%，工业增加值占全省的15.91%。开发区已经成为全省吸引外资最集中、经济增长最快速的区域。

至2002年，全省省级以上开发区共有62个，开发区建设面积扩大到481平方千米，成为产业集聚的重要平台，对结构调整、经济发展和体制创新起到了良好的示范作用。这一阶段，浙江省国家级、省级开发区数量快速增加，海关特殊监管区也获批设立。浙江对外开放平台数目越来越多，阵营越来越大。

三 整合提升阶段

2003年7月，中共浙江省委举行第十一届四次全体（扩大）会议，提出了面向未来发展的八项举措，即进一步发挥八个方面的优势、推进八个方面的举措。这八项举措被称为"八八战略"，其中提到"进一步发挥浙江的区位优势，主动接轨上海、积极参与长江三角洲地区交流与合作，不断提高对外开放水平"。"八八战略"明确了"提高对外开放水平"的发展举措。浙江开放平台的建设也步入了新的阶段。2003—2012年，是浙江开放平台建设的整合提升阶段。这一阶段，浙江开放平台的数量越来越多，种类越来越丰富。其间，浙江积极适应发展形势的变化，及时对开发区进行了清理整顿和整合提升，为开发区的规范发展奠定了基础，拓宽了开发区的发展空间，推动了开发区加速发展。开发区单体规模由平均8平方千米扩大到上百平方千米，是浙江对外开放的重要载体。

2003年后，开发区建设热在全国各地蔓延。一些地方和部门擅自批准设立名目繁多的各类开发区，随意圈占大量耕地和违法出让、转让土地，越权出台优惠政策，导致开发区过多过滥，超出了实际需要。为了进行全面清理整顿，2003年7月，国务院办公厅下发了《关于清理整顿各类开发区加强建设用地管理的通知》。同年11月，针对开发区治理整顿过程中的实际问题，国务院进一步下发了《关于加大工作力度进一步治理整顿土地市场秩序的紧急通知》。浙江省政府积极响应国家对整顿开发区的要求，下发了《关于切实做好开发区（园区）整顿规范工作的通知》，保障全省各类开发区（园区）清理整顿规范工作有序进行。从2003年下半年起，浙江省开发区（园区）按照"布局集中、用地合理、产业集聚"的总体要求，严格执行清理整顿的政策界限和具体标准，着力纠正违规设立的现象，解决开发区（园区）过多过滥的问题。经过清理，全省758家各类开发区（园区）中，有624家被撤销，拟保留134家。

2004年11月26日，国土资源部公布了第一批通过规划审核的52家国家级经济技术开发区名单。浙江省的杭州、萧山、宁波、温州经济技术开发区4家国家级经济技术开发区名列其中。同年8月16日，宁波保税物流园区经国务院批准设立实施区港联动试点区域，于2005年8月封关运作，规划面积0.95平方千米。宁波保税物流园区作为海关监管的"境内关外"特殊区域，具有国际中转、国际转口、国际物流配送、国际国内采购、流通加工等主体功能。园区企业可以在国际国内两个市场采购获取，在园区内从事仓储、流通加工、分拨配送，开展货物中转、转口贸易等业务。

2006年4月，开发区对外开放的步伐进一步加快，新增钱江经济开发区、金西经济开发区和金东经济开发区3个省级开发区。国土资源部对通过审核的开发区还开展了定界工作，重新明确了开发区的规划面积和四至范围并予以公告。开发区的建设进入了法制化、规范化的轨道。同年11月，新加坡杭州科技园在杭州举行奠基仪式。新加坡杭州科技园是新加坡腾飞集团和杭州经济技术开发区资产经营集团有限公司联手经营打造的杭州第一个现代化、国际化的综合科技园区。科技园计划用地面积约600亩，规划建筑面积78万平方米，主要有研发基地、企业服务和生活配套三大功能，是一个多功能、高品质、生态化的现代新型科技园。

2007年，浙江省通过审核的14家国家级开发区和57家省级经济开发区保持持续稳定增长，在改善投融资环境、引进外资、促进产业结构调整和经济发展方面起到了积极的辐射、示范和带动作用，在浙江开放型经济发展过程中发挥了巨大作用。据统计，开发区完成了全省工业增加值的34.8%，固定资产投资额的20.5%，出口额的37.5%。9581家规模以上工业企业，全年完成工业总产值11415亿元，比上年增长31.7%；实现工业增加值2449亿元，比上年增长34.5%；完成固定资产投资额1726亿元，比上年增加30.6%，吸纳国有和民营资本468亿元，比上年增长49.4%；实现出口额481亿美元，比上年增加44%。其中，外商投资企业出口267亿美元，占开发区总出口额的55.6%；高新技术产品出口125亿美元，占开发区总出口额的26.3%，高于全省高新技术产品出口占比18.4个百分点。

2003—2007年，开发区对外开放水平取得了显著的提升。据统计，全省开发区累计出让面积达445.5平方千米，其中已建成投产面积295.24平方千米。五年间，开发区累计完成工业增加值7817.2亿元，相当于2017年杭州、宁波、温州、湖州、嘉兴和绍兴6个市工业增加值（7548.7亿元）的总和。开发区出口总额1323亿美元，实际利用外资额196.8亿美元，是开发区设立后前18年总和的2.7倍。

2008年2月，宁波梅山保税港区批准设立，成为继洋山、天津东疆、大连大窑湾、海南洋浦之后的中国第5个保税港区。宁波梅山保税港区坚持实施"立足宁波、依托浙江、服务长三角、辐射中西部、对接海内外"的开放战略，重点发展以国际贸易为龙头、以港行运营为基础、以现代物流业为支撑、以离岸服务和休闲旅游为配套的现代服务业，致力于建设亚太地区重要国际门户城市的核心功能区、浙江深化对外开放和实施"港航强省"战略的先到先行区、长三角建设资源配置中心和上海国际航运中心的重要功能区、国家建设自由贸易区的先行试验区。同年，浙江省委十二届二次全会、四次全会提出了"整合提升各级各类开发区（园区）"的要求，省政府决定在全省范围内开展开发区（园区）整合提升试点工作，以解决全省开发区面临的发展空间不足、体制机制优势逐步弱化、产业结构亟待调整升级等突出问题。

经过整合提升，全省开发区主要经济指标增幅高于全省平均水平，占全省相关经济指标的比重不断提升。2010年，全省开发区总共拥有企业91557家，其中高新技术企业3005家，实现规模以上工业总产值22670.8亿元，同比增长38%；产值超过500亿元的开发区总共有18家。其中，杭州经济技术开发区、杭州高新技术开发区、宁波经济技术开发区和宁波石化经济技术开发区4家国家级开发区超过1000亿元。全省国家级开发区和省级开发区（不含园区）以不到全省5%的土地面积，实现了工业增加值占全省比重的46%，实现外资占比54%，出口占比39%，财政收入占比27%，分别超过2007年末整合提升开始前的34.7%、49%、37.5%和17.4%的占比。离岸服务外包、电子商务、软件服务外包、物联网等新兴产业和现代服务业快速发展。

整合提升同时也有效地推动了省级开发区（园区）的提升。2010年，湖州经济开发区、嘉兴经济开发区、绍兴经济开发区、金华经济开发区、长兴经济开发区和绍兴袍江工业园区、宁波化学工业园区7家省级开发区（园区）经国务院批准升格为国家级经济技术开发区或高新技术产业开发区，填补了浙江与上海、苏南接壤的浙北地区和浙江中西部地区没有国家级开发区的空白，优化了对外开放平台的空间布局。

台湾是浙江省一大进口来源地和重要投资来源地。为了深化与台湾地区的经贸合作，加强浙台经贸联系，2011年6月29日，浙江省首个浙台经贸合作区"浙台（苍南）经贸合作区"正式挂牌成立，规划面积260平方千米，成为开展对台经贸合作的"排头兵"。之后，浙江省政府又批复设立了象山、普陀、玉环3个浙台经贸合作区，在浙江省东部沿海地区自南向北、以点带面，初步形成了沿海地区对台经贸合作带。截至2012年，浙江省已设立台商投资区7个，国家级和省级台湾农民创业园7个，浙台经贸合作区4个。这些浙台经贸合作的载体和平台充分发挥了浙台经贸合作的引领、示范和带动作用。

2012年11月28日，浙江省开发区工作会议暨整合提升总结表彰会召开，会议全面总结了过去5年开发区（园区）整合提升工作，表彰了整合提升工作先进单位，授牌成立"浙江省外商投资新型产业示范基地"和"浙江省开发区特色品牌园区"。经过整合提升，开发区在扩大对外开放、深化体制改革、推动经济发展等方面的引领作用进一步加强，成为区域开发开放的高地和经济增长的重要引擎。

四 创新发展阶段

2013年9月和10月，习近平主席出访中亚和东南亚国家期间，先后提出共建"丝绸之路经济带"和"21世纪海上丝绸之路"的合作倡议。该倡议简称"一带一路"，其包容性强，覆盖面广，掀起了新一轮对外开放的浪潮。在"一带一路"统领下，浙江全面对外开放迎来新时代，高能级的开放平台不断涌现，对外开放形成新格局。

2014年1月8日，舟山港综合保税区正式封关运行。舟山港综合保税区规划面积5.85平方千米，按照"一区两片"模式，设置本岛分区和衢山分区。舟山港综合保税区的设立，有利于舟山群岛新区早日建成国家重要能源资源安全基地、我国大宗商品储运中转加工交易中心和现代海洋产业基地，有利于舟山成为我国东部地区重要的海上开放门户和面向环太平洋经济圈的桥头堡。舟山港综合保税区的封关运行，引领舟山对外开放上升到新的层次。

为扩大对外开放，推动国际产能合作，从2014年开始，浙江省开发区致力于培育一批集制造、研发、办公、商贸、文化交流等功能于一体的国际产业合作园。2015年12月18日，浙江省政府批复全省首批11家产业合作园，在全国率先从省级层面开展国际产业合作园的建设工作。2017年11月，浙江省人民政府正式批复同意设立浙江中以（余杭）产业合作园、浙江中捷（宁波）产业合作园、浙江中韩（吴兴）产业合作园以及浙江中美（湖州）产业合作园。这4家成为浙江第三批产业合作园。由此，浙江共形成三批共19家产业合作园。其中首批共11家，包括新加坡杭州科技园、浙江中瑞（萧山）产业合作园、宁波北欧工业园、中意宁波生态园、温州韩国产业园、浙江中德（长兴）产业合作园、浙江中德（嘉兴）产业合作园、浙江中荷（嘉善）产业合作园、浙江中日（平湖）产业合作园、浙江中法（海盐）产业合作园、浙江中韩（衢州）产业合作园；第二批包括浙江中丹（上虞）产业合作园、浙江中澳（舟山）产业合作园、浙江中德（台州）产业合作园和浙江中捷（浦江）产业合作园共4家。国际产业合作园集聚了合作国家的优秀人才、企业和先进技术，促进浙江与合作国家深入开展产业合作，将成为推动浙江产业升级的重要力量。

2016年10月12日，浙江省人民政府发布《浙江省开放型经济发展"十三五"规划》。《规划》明确指出加快构建义甬舟、沿海两大开放通道。以宁波—舟山、金华—义乌为枢纽，以金甬舟铁路、金台铁路等交通干线为纽带，联通"海上丝绸之路"和长江经济带，连接绍兴、台州、衢州、丽水等周边地区，加强沿线海陆空口岸一体化和海铁联运等集疏运体系建设，联动推进舟山、宁波、嘉兴、金义等综合保税区建设，提升宁波北仑、大榭、金华、衢州、丽水等开发区发展水平，打造沿海和内陆开放、对外和对内开放统筹联动的开放大通道。浙江对外开放新布局得到进一步完善。

2017年3月31日，浙江省人民政府同意设立舟山航空产业园、浙江头门港经济开发区，实行省级经济开发区政策。至此，浙江全省范围内共有国家级经济开发区21个，省级经济开发区56个。开发区作为区域对外开放和制度创新的先行区，其带动和辐射作用将进一步增强。作为对外开放的主战场，助推浙江经济步入高质量发展的轨道。

2017年4月1日，中国（浙江）自由贸易试验区正式挂牌成立。自贸区是浙江在新的历史起点上扩大对外开放的重大平台，将积极落实中央关于"探索建设舟山自由贸易港区"的要求，就推动大宗商品贸易自由化、提升大宗商品全球配置能力进行探索和试验。浙江自贸区以制度创新为核心，以可复制可推广为基本要求，将自贸试验区建设成为东部地区重要的海上开放门户示范区、国际大宗商品贸易自由化先导区和具有国际影响力的资源配置基地。

2017年年底，浙江省共有8个海关特殊监管区，分别是杭州出口加工区、宁波保税区、宁波出口加工区、慈溪出口加工区、宁波梅山保税港区、嘉兴综合保税区、舟山港综合保税区和金义综合保税区。总规划面积30.19平方千米，已封关验收16.03平方千米。作为"境内关外"的特殊区域，海关特殊监管区的建设经验将为进一步促进贸易和投资便利化提供启示。

截至2017年，浙江省总共有1个自由贸易试验区、21个国家级经济技术开发区、56个省级经济开发区、8个海关特殊监管区、19个国际产业合作园、4个浙台经贸合作区，形成了全方位、多层次、宽领域的对外开放平台体系。各开放平台渐次铺开，布局不断完善，推动浙江对外开放上升到新台阶。

第二节 浙江开放平台的建构和探索

改革开放40年来，浙江开放平台的形成壮大，也是浙江经济开放程度不断扩大的过程。开放平台为浙江省改革开放和经济发展做出了重要贡献。在国家"一带一路"倡议的引领下，浙江开放发展也迎来了新的机遇。站在新的历史起点，浙江开放平台，作为浙江省对外开放的桥头堡和主战场，也面临着新的挑战和机遇。在新一轮对外开放中，浙江开放平台将继续发挥作用，带领浙江经济融入全球化的潮流，在世界经济大潮中，发挥独特优势，掌握独特竞争力。

一 中国（浙江）自由贸易试验区

2017年3月15日，国务院发布《中国（浙江）自由贸易试验区总体方案》。《方案》明确了中国（浙江）自贸试验区的战略定位、发展目标、区域布局、主要功能、具体措施等，为自贸区的未来建设规划了清晰的路径。根据《中国（浙江）自由贸易试验区总体方案》，中国（浙江）自由贸易试验区的战略定位是"东部地区重要海上开放门户示范区、国际大宗商品贸易自由化先导区和具有国际影响力的资源配置基地"。发展目标是"经过三年左右有特色的改革探索，基本实现投资贸易便利、高端产业集聚、法治环境规范、金融服务完善、监管高效便捷、辐射带动作用突出，以油品为核心的大宗商品全球配置能力显著提升，对接国际标准初步建成自由贸易港区先行区"。自贸试验区的实施范围119.95平方千米，由陆域和相关海洋锚地组成，涵盖三个片区：舟山离岛片区78.98平方千米（含舟山港综合保税区区块二3.02平方千米），舟山岛北部片区15.62平方千米（含舟山港综合保税区区块一2.83平方千米），舟山岛南部片区25.35平方千米。按区域布局划分，舟山离岛片区鱼山岛重点建设国际一流的绿色石化基地，鼠浪湖岛、黄泽山岛、双子山岛、衢山岛、小衢山岛、马迹山岛重点发展油品等大宗商品储存、中转、贸易产业，海洋锚地重点发展保税燃料油供应服务；舟山岛北部片区重点发展油品等大宗商品贸易、保税燃料油供应、石油石化产业配套装备保税物流、仓储、制造等产业；舟山岛南部片区重点发展大宗商品交易、航空制造、零部件物流、研发设计及相关配套产业，建设舟山航空产业园，着力发展水产品贸易、海洋旅游、海水利用、现代商贸、金融服务、航运、信息咨询、高新技术等产业。

根据《中国（浙江）自由贸易试验区总体方案》，浙江自贸试验区的主要任务共分为五个方面。转变政府职能是中国（浙江）自由贸易试验区的第一个任务，具体措施包括深化行政体制改革、建立统一开放的市场准入和高标准监管制度、提升利用外资水平。自贸试验区的第二个任务是推动油品全产业链投资便利化和贸易自由化，具体措施包括建设国际海事服务基地、建立国际油品储运基地、建设国际石化基地、建立国际油品交易中心、加快石油石化科技研发和人才集聚。第三个任务是拓展新型贸易投资方式，具体措施包括建设国际矿石中转基地、建设舟山航空产业园、加强现代贸易投资合作。第四个任务是推动金融管理领域体制机制创新，具体措施包括扩大金融服务领域开放、拓展金融服务功能、积极发展融资租赁与保险业务、建立健全金融风险防范体系。推动通关监管领域体制机制创新是自贸试验区的第五个任务，创新通关监管服务模式是具体举措。

浙江自贸试验区将积极按照党中央、国务院和浙江省委省政府的统一部署和要求，以打造油品全产业链为核心任务，努力打造浙江对外开放新高地，争当第三批自贸试验区排头兵。《浙江省开放型经济发展"十三五"规划》指出，中国（浙江）自由贸易试验区依托宁波舟山港，整合各海关特殊监管区，争取设立中国（浙江）自由贸易试验区，统筹建设大宗商品储备加工基地，加快建设舟山江海联运服务中心、民营绿色石化基地和国际航空产业园。中国（浙江）自由贸易试验区是浙江新一轮对外开放的重大举措，将成为浙江对外开放新高地。自贸区的成功运行，对浙江开放型经济的提质增效意义重大。

浙江自贸试验区是全面深化改革和扩大开放的"试验田"，承担着辐射和带动体制机制创新，打造"制度高地"的新使命。自贸试验区自挂牌成立以来，不断尝试和突破，目前已经取得了一定的工作成效。作为自贸区建设核心任务的油品全产业链的国际知名度和影响力得到了很大提升。2017年9月18日，由浙江省人民政府主办的首届世界油商大会于2017年9月18日在杭州国际博览中心召开。世界十大石油公司中的6家，前30家石油公司中的14家，五大国际石油巨头，全球五大油品交易商，五大大宗商品交易所以及国内四大石油巨头均派出董事长、总裁或区域总裁级别高管参会并实地考察浙江自贸试验区，进行投资洽谈和项目对接。油商大会规模大，涉及行业范围广，参会嘉宾层次高，提高了浙江自贸试验区在全球石油行业领域的知名度，为浙江油品全产业链的发展注入了新的活力。以国际大型石油巨头为代表的油品企业快速集聚是浙江自贸试验区发展的第二个趋势。自贸试验区自成立以来，累计引进油品贸易企业近千家，全国80%的民营油品贸易企业已经在自贸试验区开展经营，其中不乏重量级的油品项目落地，例如浙江省石油股份有限公司和美国雪佛龙公司原油合作项目、摩科瑞集团保税燃供项目、中石化集团油品储运基地等。此外，保税燃料油供应体系的建设也取得重大进展。2017年6月1日，舟山市发布《浙江自贸试验区国际航行船舶保税油经营管理暂行办法》，首创保税燃料油供应业务操作规范，填补国内保税油行业的制度空白。舟山已经成为区域中心加油港。同时，大宗商品的交易量快速增长。中国（浙江）大宗商品交易中心已与中石化舟山、中国船燃、中石化长燃等合作上线保税燃料油现货挂牌交易。自成立以来，中国（浙江）自贸试验区以油品产业链为核心，大胆创新，勇于突破，已经初步形成可复制可推广的试点经验。

二 对外开放主阵地——开发区

开发区是浙江产业升级的"主战场"，承担着浙江产业转型升级、发展实体经济、打造外向型产业集群的新使命。从产业开发到产业集聚最终到产城融合，开发区是产业发展的主平台。开发区的建设目标是成为新型工业化发展的引领区、高水平营商环境的示范区、大众创业万众创新的集聚区、开放型经济和体制创新的先行区。

开发区是改革开放的产物。1984年5月4日，中共中央决定进一步开放沿海14个港口城市，并在有条件的地方兴办经济技术开发区，实现经济特区的某些政策。浙江省宁波、温州两个港口城市在列。1984年9月，我国第一个开发区——大连经济开发区获批成立。10月，浙江省第一个开发区——宁波经济技术开发区获批成立。改革开放之初开发区设立的主要目的有接纳国际资本和产业转移，吸引外资，引进先进制造业，推广和复制特区经验。

开发区是体制改革先行区和示范区。开发区在体制改革方面走在前列，为体制机制创新提供了示范。改革开放40年来，开发区解放思想，不断探索实践，成功实现了众多体制机制创新。在我国，开发区最早实施"准政府"管理体制，最早推行"一站式、一条龙"的"行政审批中心"等，形成了众多体制改革经验。未来，开发区在破除制度障碍、突破制度瓶颈上还会继续发挥带动作用。

开发区还是对外开放主阵地。开发区从成立开始，就一直发挥着对外开放主战场的作用，是地区吸引国际高端要素、开展对外合作的主要平台。1985年6月，浙江省第七届人民代表大会常务委员会通过了《浙江省宁波经济技术开发区条例》，《条例》规定，宁波市经济技术开发区是以兴办技术密集型、生产型、出口创汇型项目为主的，实行经济特区某些政策的经济技术开发区。开发区旨在发展对外经济技术合作，引进先进技术和科学管理知识，开发新兴产品，发展新兴产业,开拓国际市场,加强与内地经济技术联系和协作,促进内地经济的发展。由此可见,宁波经济技术开发区的设立是为了发展对外经济技术合作,引进先进技术和科学管理知识,开拓国际市场。开发区从诞生伊始,就一直是地区对外开放的窗口。"十二五"期间,浙江省开发区5年实际利用外资377.2亿美元,实现进出口总额7597.7亿美元,实现规模以上工业增加值3.3万亿元。实际利用外资一直占据全省半壁江山。对外贸易和工业总量占全省比重从2010年的42.9%和46%提高到2015年的44.1%和61.5%。开发区是浙江省引资强度最大、水平最高的区域。

开发区是区域经济增长极。"十二五"期间,浙江省开发区实现规模以上工业增加值3.3万亿元,年均增幅达到11.2%。2016年,浙江省级以上开发区占全省规模以上工业增加值的比重超过60%,占全省财政总收入超过三分之一,限额以上固定资产投资超过40%。开发区一直是带动区域经济发展的重要力量。

开发区还是城镇化的重要推动力。开发区发展至今,产业与城市逐渐融合发展。开发区以园区为基础,承载产业空间,发展产业经济;也以产业为保障,驱动城市更新和完善服务配套。以杭州经济技术开发区为例,其功能已经从单一的工业园区开始向集工业园区、高教园区、杭州副城为一体的综合性现代化新城转变。未来,开发区将成为推进城镇化进程的重要载体和城市功能演化的重要力量。

三 国际产业合作园和海关特殊监管区

(一)国际产业合作园

2014年6月11日,在中意两国总理的共同见证下,宁波市政府与意大利国家引进外资和企业发展署在北京签署了《关于合作开发建设中国(宁波)意大利产业园项目的合作协议》。10月15日中意两国共同签署了《关于共同支持建立中意生态园的谅解备忘录》,中意宁波生态园正式成为全国八大国家级生态园之一,在当时也是全省唯一的国际产业合作园。浙江省为了积极打造更多的优质外资承载平台,同时也为了更好地承接国家重大外资项目,借鉴中意宁波生态园的成功经验,依托开发区,以园中园的形式开始着手建设省级国际产业合作园。2015年浙江省政府批复了第一批包括新加坡杭州科技园在内的11家国际产业合作园；2016年又批复了包括浙江中丹（上虞）产业合作园在内的4家国际产业合作园；同年还设立了包括中澳现代产业园在内的4家国家级国际产业合作园；2017年批复了包括浙江中以（余杭）产业合作园等4家国际产业合作园。截至2017年，浙江省已有4家国家级和19家省级国际产业合作园。自2015年启动创建国际产业合作园以来，各国际产业合作园立足产业转型升级需要，瞄准合作国家优质企业和人才、技术等创新资源，加强科技和产业的融合发展，深入开展国际经贸合作，成为浙江省打造高质量外资集聚地的重要支撑。但同时，国际产业合作园发展仍然面临着不少困难，如平台竞争不断加剧、合作定位仍然较窄、项目引进压力持续加大以及产业目标仍然不够清晰等问题。

（二）海关特殊监管区

经过前几年的高速发展，这一阶段海关特殊监管区只有1家获批，发展速度明显放缓。2015年，金义综合保税区设立，规划面积1.79平方千米。主要产业为高新技术、汽车制造以及保税物流等。截至2017年已有8个海关特殊监管区域，规划面积30.19平方千米，已封关验收16.03平方千米。

第三节　浙江开放平台的主要建设成就

面对复杂多变的国内外经济形势和全面深化改革开放的战略要求，浙江对外开放平台实现了快速健康发展。全省对外开放平台牢牢把握国内外形势变化，始终坚持改革开放、效益优先、创新发展，在经济增长、技术进步和产业升级、体制机制创新、产城融合等方面取得了显著成绩。

一　有力促进了经济增长

（一）经济（技术）开发区

2016年，实际利用外资91.8亿美元，占全省的52.2%；3000万美元以上外资大项目有197个，占全省的63.9%，开发区大项目及工业集聚，是浙江省利用国际资本发展先进制造业的主要平台。对外贸易方面，实现进出口总额1599.1亿美元，其中出口额1191.1亿美元，进口额408.0亿美元，分别占全省的47.5%、44.5%和59.4%。有效投资方面，实现限额以上固定资产投资12484.1亿元，同比增长10.6%，占全省的42.3%，其中基础设施投资3180.6亿元，同比增长31.4%，占全省的34.0%；企业技术改造投入4719.6亿元，占全省的66.4%，技术改造投入率37.8%。开发区土地投入产出效益逐年提高，有效投资继续扩大，营商环境不断提升，项目落地积极推进，传统产业不断改造提升。规模以上工业方面，全省开发区规模以上工业企业2.2万家，占全省数量的55.0%，规模以上工业增加值9091.2亿元，占全省的65.0%，同比增长12.3%，其中有15家开发区规模以上工业值超千亿，宁波、嘉兴开发区产值超2000亿，杭州经济技术开发区接近2000亿，成为浙江省工业经济重要承载平台，占全省规模以上工业六成半。财税收入方面，实现财政总收入3178.7亿元，占全省财政收入的34.5%，7家开发区税收收入超100亿，成为浙江省重要财政来源（见表7-1）。

浙江开发区用了不到全省5%的土地，引进了占全省二分之一以上的实际外资，完成了占全省三分之二的工业增加值，接近二分之一出口交货值，实现了占全省三分之一的财政收入，为加快浙江工业化、城市化、市场化和国际化进程做出了重大贡献；开发区已成为浙江对外开放最有活力、经济发展最具潜力的重要平台，成为引领发展方式转变、加快经济结构调整的重要力量。在各类开放平台中，开发区已经成为对浙江省经济贡献最大的平台。

表7-1 2016年浙江各地市开发区主要经济指标及占当地比重

地市	实际利用外资		进出口总额		规模以上工业总产值	
	绝对值（亿美元）	占当地比重（%）	绝对值（亿美元）	占当地比重（%）	绝对值（亿元）	占当地比重（%）
杭州市	20.2	28.0	223.4	35.9	6184.0	50.0
宁波市	25.8	57.1	479.5	50.5	9746.2	67.5

续表

地市	实际利用外资 绝对值（亿美元）	实际利用外资 占当地比重（%）	进出口总额 绝对值（亿美元）	进出口总额 占当地比重（%）	规模以上工业总产值 绝对值（亿元）	规模以上工业总产值 占当地比重（%）
温州市	1.4	75.0	79.5	44.0	2937.8	55.1
湖州市	7.0	70.2	90.4	88.5	3171.0	68.8
嘉兴市	25.6	95.0	274.4	87.5	6761.1	86.2
绍兴市	4.9	61.7	122.4	44.3	5452.4	54.3
金华市	2.3	65.9	148.7	30.8	3635.3	71.9
衢州市	0.4	67.0	33.8	79.8	1334.9	81.9
舟山市	0.5	22.9	51.0	48.4	1069.7	55.7
台州市	2.6	77.5	82.6	41.6	1803.0	43.3
丽水市	1.1	49.7	13.4	39.4	888.5	49.7

资料来源：《2016年浙江省经济（技术）开发区经济发展报告》。

（二）自由贸易试验区

自由贸易试验区自成立以来，累计引进油品贸易企业近千家，全国80%的民营油品贸易企业已经在自贸试验区开展经营，其中不乏重量级的油品项目落地。自由贸易试验区和其他开放平台的不同之处在于带来更多的不是经济效益，而是在体制机制创新上的红利。其核心任务是构建油品储运、加工、交易、补给、配套服务"五位一体"的油品全产业链。浙江自贸试验区改革创新和政策突破成效最明显，突破保税油供应经营主体的限制、首创"跨关区供油"等十多项创新政策、挂牌运营东北亚保税燃料油交易中心、加强供油航道锚地建设等一系列改革创新举措落地实施。目前，其已是全国最大的商用石油中转基地、全国重要的化工品和粮油中转基地、国家石油战略储备基地、亚洲最大的铁矿砂中转基地、华东地区最大的煤炭中转基地。2017年，大宗商品进出口货值1501.4亿元，其中油品货值995.6亿元，同比分别增长34%、34.6%；新增企业4167家，注册资本2173.21亿元。此外，在2017年9月成功举行的首届世界油商大会上，签约项目20个，协议金额573.7亿元，协议利用外资48亿元。

建设自由贸易试验区的另一个主要任务就是探索建设自由贸易港。

二 有力推进了技术进步和产业升级

近年来，对外开放平台更加注重依靠科技进步提升发展质量和经济效益。许多开放平台实施了"人才强区、创新驱动"战略，以开发区为例：2016 年浙江省开发区扩大再生产、技术改造和新增项目等总投资 2 亿元人民币以上内资项目数 929 个；新增院士、国千等高层次人才领衔入股项目 120 个，涉及生物医药、环保、电子信息和新材料的生产、研发和服务为主的多门类多层次领域。截至 2016 年，拥有省级以上高新技术企业 4029 家，工业技改投入 4719.6 亿元，占全省 66.2%。2016 年实现新产品产值 15981.1 亿元，新产品产值率 37.2%，产值与产值率连续几年上升（数据统计到 2016 年）。

三 有力推动了体制机制创新

以开发区为例，浙江省的开放平台在设立初期，其管理体制参照国内经济特区的某些政策，借鉴一些国外类似开发区的做法，根据特定的社会历史条件，形成了开发区管理体制的一个最大特点——集党政企为一体的"管委会"组织机构。"管委会"大都设中国共产党工作委员会、开发区管理委员会、开发区投资开发总公司，党政企"三位一体"。近年来，浙江省开发区在改革与创新方面积极完善开发区管理体制，加强对开发区与行政区的统筹协调，积极推行政企分开、政资分开，实行管理机构与开发运营企业分离。推进对外商投资全面实施准入前国民待遇加负面清单管理模式，简化外商投资项目管理程序和外商投资企业设立、变更管理程序。近几年"最多跑一次"也在开发区展开，有效地加速了开发区体制机制的转变。

自贸试验区是浙江改革开放的"试验田"，承担了辐射和带动全省体制机制创新、打造"制度高地"的使命。到目前为止，自贸区对前两批自贸试验区 123 项改革试点经验和"最佳实践案例"，已复制推广 119 项，自我探索形成制度创新成果和创新案例 40 项，其中，全国首创的占 50%。2017 年 6 月 1 日，舟山市发布《浙江自贸试验区国际航行船舶保税油经营管理暂行办法》，首创保税燃料油供应业务操作规范，填补国内保税油行业的制度空白。2017年12月27日，浙江省人大通过《中国（浙江）自由贸易试验区条例》，《条例》已于2018年1月1日起正式实施，同时浙江也成为全国第三批7个自贸试验区中首个出台自贸试验区条例的省份。

四 有力推动了城镇化进程

通过发展以先进制造业和现代服务业为主导的实体经济，充分发挥各类开放平台的要素集散、辐射带动、集约用地、服务创新等作用，带动各类开放平台由单一以工业项目为主的园区向以产业为主导的综合性功能区升级，带动各类开放平台及所在区域实现工业化、城镇化、生态化等领域发展，逐步建成了一批功能完善、景观优美、具有较强综合竞争力的产城融合新城区，成为浙江省城镇化进程的重要推动力量，成为新型城镇化建设的示范区、先导区。积极在全省各类开放平台，尤其在经济（技术）开发区里推进"四换三名"工程，一批高能耗高污染企业被关停腾换，相对落后行业比重下降，结构优化，效率继续提升。与此同时，开发区以良好的创业就业环境吸引了大批专业技术人员和庞大从业人群，不但为产业发展提供了人力支撑，而且为城市经济发展注入了内在需求，有效提升了城市的经济规模和综合实力。开发区目前的产城融合进程在各类开放平台中走在前列。2016年年末浙江省开发区就业人口达700万人，新设企业8万多家，远超于其他各类开放平台。

第四节 浙江开放平台建设的展望

一 深化开发区整合提升

发挥好地方将工业园区转升为省级经济开发区的积极性，扩大开发区队伍。推进省级开发区申报国家级开发区。继续完善开发区、海关特殊监管区评价考核体系，对外贸增速落后的开发区进行约谈，明确责任，传导压力，建立各类园区"有进有退"的动态管理机制。

《浙江省开放型经济发展"十三五"规划》提到，推动开发区创新发展和开发区分类整合，按照一个主体，一套班子，多块牌子的原则进行空间整合和体制融合。支持有条件的省级开发区升级为国家级开发区，条件具备的工业园区转为经济开发区。支持有条件的开发区内设高新园区、综合保税区、跨境电子商务园区等平台，实现功能叠加。优化开发区行政管理体制，创新投融资机制，实现低碳循环发展，提升产业和技术创新能力，实现产城融合。《浙江省开放型经济发展"十三五"规划》还提到，对接"中国制造2025"战略，在出口份额较大、产业集群基础好的开发区，加大外贸出口、国际产能精准合作、跨境并购的扶持力度，形成统筹利用国际国内两个市场两种资源的开放优势、龙头企业带动作用明显的集聚优势、配套协作紧密的产业链优势、持续创新的技术领先优势、资源共享的市场网络优势，重点在浙江省开发区等区域培育一批外向度高、技术含量高、竞争力强的产业集群，促进产业迈向中高端。未来，浙江省开发区的阵营会更大，层次会更高，种类会更丰富，功能会更加齐全，制度会更加完善，运作会更加高效，将继续在对外开放中发挥主要载体的作用。

二 深入开展自由贸易试验区建设

认真学习中央领导同志的批示精神；加快出台自贸试验区法规及规范性文件；积极抓好自贸试验区改革试点经验的复制推广；继续争取自贸试验区特色亮点政策的突破；全力推动标志性改革措施落地见效；大力推进自贸试验区内重大项目建设进程；积极做好自贸试验区督促检查工作；有效强化信息报送与新闻宣传工作。继续围绕构建油品全产业链，提升油品为核心的大宗商品全球配置能力，打造世界级"一中心三基地一示范区"的目标，全面推进油品全产业链建设和人民币国际化，不断提升我国石油、LNG等大宗商品领域国家话语权，保障国家能源安全。

2018年5月9日，省委书记车俊在浙江省对外开放大会上宣布，浙江省委、省政府将推出10项新的对外开放重大举措，其中包括大手笔谋划推进中国（浙江）自由贸易试验区2.0版，落实党的十九大提出的"赋予自由贸易试验区更大改革自主权"的要求。重点抓好两件事：一是抓紧争取新赋权，建设有影响力的国际油品交易中心，争取医疗旅游领域开放更大先行先试权，建设国际医疗旅游先行区。二是抓紧谋划并争取片区优化，跳出舟山，形成省内"一区多片"布局，努力把"最大试验田"的效能发挥到最大。从省委、省政府对新一轮对外开放的布局来看，浙江自贸试验区将是未来浙江对外开放的重要窗口，作为重大平台将引领和带动浙江开放型经济蓬勃发展。

三 继续推动全省海关特殊监管区改革创新

推动全省特殊监管区向综合保税区方向转型。深化特殊监管区改革工作，进一步完善政策和功能，强化监管和服务，推动特殊监管区扩量提质、效益提升，成为全省开放型经济发展的先行区和示范区。开展特殊监管区考核工作，加大出口在考评体系中的比重，坚持激励先进和鞭策后进相结合，不断增强海关特殊监管区发展活力、创新动力和综合实力。推进海关特殊监管区改革创新，巩固深化重点领域改革试点已有成果，继续推进上级部署的全面深化改革任务，主动适应新常态，构筑特殊监管区新优势。推动自贸试验区经验和重大改革成果率先在海关特殊监管区复制推广，重点推动赋予特殊监管区域企业一般纳税人资格、跨境电商试点等政策。研究海关特殊监管区区内与区外联动发展机制。

第五节 小结

浙江对外开放平台是伴随着浙江经济不断扩大对外开放产生和发展的，是浙江外向型经济发展的主阵地，浙江对外开放的主要载体和平台。改革开放40年来，浙江在开放平台的建构和探索上积累了诸多有益经验。开放平台建设的浙江实践也为其他地区提供了示范和经验。

一 发展理念指引开放平台建设

各开放平台是改革开放后慢慢成长起来的，是改革开放的产物。

发展之初没有现成的路子可走，也没有固定的模式可套。在发展理念上，只有坚持解放思想，勇于改革创新，才有可能找到正确的路子。2003年，中国加入WTO后不久，面对新的国内国际经济形势，面临新的发展机遇和挑战，省委省政府审时度势，提出了"八八战略"。"八八战略"就明确提出了"不断提出对外开放水平"的发展战略。浙江作为民营经济大省，早在改革开放之初，就有很多民营企业主动走出去，开拓国际市场，谋求开放发展。不论是政府还是民间，开放发展的理念一直指引着浙江人开拓进取，谋求更广阔的发展空间，探索更高水平的发展模式。乘着改革的东风，浙江顺应开放大势，成为中国最早开放的地区之一，也成为中国东南沿海最发达的省份之一。

二 发展规划引领开放平台建设

高质量的发展道路离不开发展规划的指导。不论是响应国家发展政策，还是依据浙江地方特色规划浙江发展方案，浙江省开放发展的路上，省委、省政府始终高屋建瓴，适时推出不同类型、不同领域、不同层次的政策文件。各类政策文件涵盖开放型经济发展的各个方面，对浙江开放发展进行了谋划和部署，推动浙江对外开放工作的落实。前瞻性的规划，为浙江开放型经济的发展指引了可行的路径。

三 发展方式丰富开放平台建设

浙江作为资源小省，开放发展更加意义重大，关起门来搞发展，不可能成就浙江高速发展的开放型经济。从第一个沿海开放城市——宁波，到第一个开发区——宁波经济技术开发区，到国际产业合作园、境外经贸合作区等国际产能合作，到义乌国际贸易综合改革试验点，到全国首个跨境电子商务综合试验区——杭州跨境电子商务综合试验区，到"一带一路"综合试验区，到中国（浙江）自由贸易试验区，到义甬舟开放大通道和沿海开放大通道，到环杭州湾大湾区，浙江自改革开放以来，一直不断谋求发展方式的突破和发展模式的创新。革故鼎新，只有勇于探索新路径，才有可能获得发展水平、发展质量的飞跃。浙江在跨境电子商务、市场采购贸易方式、服务贸易示范城市、外贸综合服务平台等外贸新业态、新模式上走在全国前列。

作为民营经济大省,也催生出了阿里巴巴、万向等世界著名的企业。无数例证无不说明,不断寻找新的发展路径,取得发展方式的突破,是浙江开放平台发展取得成就的主要原因。

第八章　新时期浙江开放经济发展展望

进入21世纪的第二个十年后，虽然受国际金融危机和国际贸易保护主义抬头的影响，浙江出现了开放经济发展的波动，但外部环境总体仍然向好，仍然处于开放创新的深化发展时期。浙江在积累了改革开放40年的经验和成果的基础上，面临着较好的开放条件，一方面具备较为完整且在不断提升的产业基础，另一方面已经开创了全方位、多角度、多层次的开放格局；但也应当清醒地认识到，浙江作为一个资源小省、人口小省的制约仍然还在，一些开放过程中的深层次矛盾仍需要解决；在外部环境上，虽然随着我国经济在全球经济中的地位的上升，"一带一路"倡议逐渐得到实施，外部环境总体趋好，但也面临着国际经贸摩擦加剧、国际经济动荡加大等威胁。

本书通过SWOT环境分析方法（见图8-1）来探讨浙江在改革开放40年后的新时期，开放发展所面临的内部（第一节）和外部（第二节）环境。

总体来说，在内部环境中，浙江开放型经济发展的优势大于劣势，而且，产业经济升级的优势，弥补了"资源小省"的不足；开放新形态的形成，突破了浙江作为"人口小省"的市场空间不足；而开放新体制的逐步建立，也有利于拉动在投资、贸易等领域的"双向交流"。在外部环境中，浙江面临较为有利的发展机遇。这是由当前全球经济出现的新态势所带来的机遇，这种机遇主要体现在：以ICT技术（信息通信技术）为先导的新技术，正在逐渐重塑全球产业体系；以"一带一路"倡议为指导的经济国际化，正在改变国际经

248　开放发展：浙江的探索与实践

劣势（W）：
"资源小省"约束
"人口小省"约束
"双向互动"不足

机遇（O）：
新技术进步
"一带一路"倡议
全球价值链重构

威胁（T）：
国际经济危机
国际政策动荡
国际竞争加剧

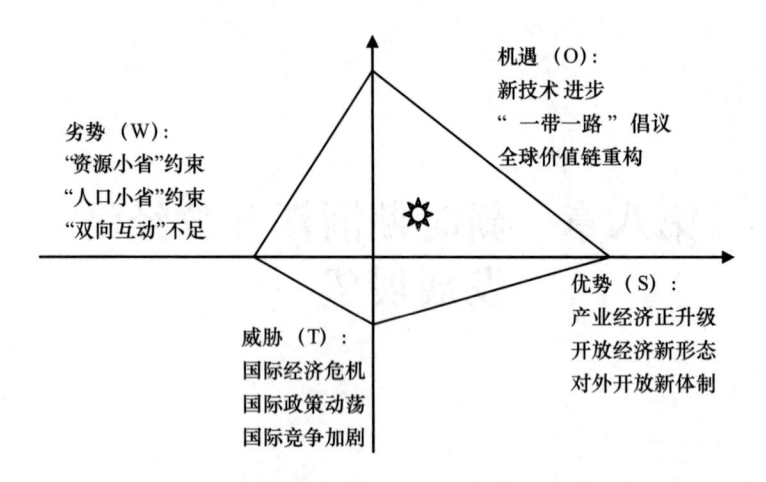

优势（S）：
产业经济正升级
开放经济新形态
对外开放新体制

图 8-1　浙江开放型经济发展的 SWOT 环境分析

注：✿表示浙江开放型经济的战略位置。

济交流的空间格局；全球价值链的重构，给浙江企业提供了从参与者到整合者的角色变迁的机遇。浙江如果能抓住这些机遇，就能有效地克服国际经济危机、国际政策动荡、竞争加剧的威胁。

第一节　浙江开放经济发展的内部环境分析

内部环境分析，是指对浙江开放经济发展的内部条件展开分析，一般把内部条件分为优势条件和劣势条件两类。优势条件，是指在浙江开放经济内部，已经形成且正在逐渐优化，对未来浙江开放型经济发展具有推进作用的条件；劣势条件，是指在浙江开放经济内部，已经出现或将会出现，对未来浙江开放型经济发展具有阻碍作用的条件。

一　"新时期"浙江开放经济发展的竞争优势

经过改革开放 40 年的发展，浙江在开放经济发展中具备一定的竞争优势，主要体现在以下几个方面。

（一）以"区块经济"为特征的产业经济体系的形成与升级

改革开放以来，浙江形成了覆盖纺织服装、机械设备、汽车、电子电器、小商品，以及高新技术的完整的产业机构体系。以"块状经济"为特征，浙江的产业经济体系，正在进行新一轮的产业升级。主要表现为：

1. 产业链体系逐渐完整。由原来的单一加工制造，向产业链前端的核心零部件制造、研发设计等延伸；朝产业链后端的品牌设计、国内国际市场营销等环节延伸，扩大了作为"产业集群"的浙江制造的广度和深度。

2. 浙江产业经济的产业体系，逐渐朝着高端化方向发展。随着浙江产业制造能力的提升，一些资本密集度较高、技术能力较强的产业，逐渐在浙江建立起来。如汽车制造业，从台州、温州等地的汽、摩、配产业为主，逐渐转型为以整车制造和新能源汽车制造为主，产生了吉利、万向、众泰等一批具有国内外市场竞争力的企业。

3. 以知识产权为主的无形资产，在浙江产业经济中逐渐累积。浙江产业经济中的附加值不断得到提升，逐渐摆脱了依靠劳动力成本进行国内国际竞争的情况，其主要的原因在于，浙江企业持续在研究开发、品牌经营等方面加大投资力度，通过持续的知识产权开发，提升产业经济中的无形资产容量。

（二）面向"新时代"的浙江开放经济新体系，正在形成并逐渐完善

21世纪初的前30年，是以信息技术为代表的高科技逐渐成为经济增长新动力，"互联网+"逐渐深入社会经济各方面的创新发展机遇期；也是我国在全球价值链中的角色，逐渐从参与者，过渡到整合者的关键时期。在这一过程中，浙江开放经济新体系正在形成，主要表现为：

1. 朝"互联网+"的新技术和商业模式结合开放的新体系。浙江在这一方面的优势，正在逐渐形成，尤其是在对外贸易的"互联网+"上。浙江在跨境电子商务的新商业模式培育上，在传统外贸的信息化服务，以及对外贸易产业的信息化程度上，都已经逐渐走在了全国前列。浙江的互联网企业，如阿里巴巴、蚂蚁金服、蘑菇街等，也积极"走出去"，在全国市场发展，在国际市场投资、运营。一批以"互联网+"为内容的浙江大型企业，正在成长，并逐渐成为浙江跨国公司的一个重要类别。

2. 朝"一带一路"开放的新格局正在形成。浙江作为全国民营经济最发达的省份，其产品特点、投资特点均十分符合"一带一路"沿线国家的需求。浙江与东南亚、中亚、中东欧、非洲、中东等地，具有长期的经济贸易往来，形成了较为深厚的文化交流基础、商业往来基础和经济互补基础。有数十万"一带一路"沿线的客商常驻义乌；"义新欧"班列已运行多年，为沿途各地输送商品和服务等，这都显示了浙江朝"一带一路"开放的新格局正在形成和发展。

3. 朝全球价值链的重新整合开放的新体系正在完善。21 世纪的第一个十年，我国以"劳动力成本优势"为主，以"加工制造能力"加大了在全球价值链中的参与程度，成为"世界工厂"。这种情况在浙江也十分明显，一些物美价廉的浙江商品行销全球。随着国内以劳动力成本为代表的要素价格上升，以及 2008 年国际金融危机后，国际市场需求的下降，浙江的劳动力低成本优势已经不再，只能通过转型成为技术、知识、品牌、设计、管理、投资等新要素的创立者和运营者，才能建立在新开放型经济中的新优势，从全球价值链的参与者转型成为整合者。通过研发、投资、品牌建立等活动，一批"浙江跨国公司"，如吉利、万向、阿里巴巴、物产中大、海康威视、大华等正在成长，它们在全球范围内整合资源和能力，又向全球市场提供产品和服务，成为浙江经济的"新代表"和"新名片"。

（三）浙江对外开放的新体制，正在国家政策鼓励下逐渐形成

1. 国家在浙江"先行先试"，一批开放大平台逐渐落成。浙江具有发展开放型经济的先天优势，拥有宁波—舟山等大港口、义乌等专业市场平台，以及杭州等高科技产业发达的城市群，具备了为国家先行先试开放型经济大平台的基础。近年来，国家先后在浙江先行先试了海洋经济示范区、国际贸易综合试点改革、跨境电子商务综合试验区、跨境电子商务试点城市、自贸区等具有政策优势的开放大平台，推动了浙江的开放发展。

2. 面向未来的国际贸易监管新体制正在形成和完善。基于浙江对外贸易的特征和演化，国家支持浙江在外贸领域采用新的管理模式，服务于对外贸易商业和产业。基于大量外商在义乌、绍兴等地采购商品，国家有关部门批准了采取"市场采购"贸易模式，方便具

有"多批次、小批量、当地采购"等特性的新型外贸发展；基于杭州、宁波、金华等地的跨境电子商务的快速发展，在浙江多个地区推行跨境电子商务的新监管体制，实现关、税、汇、检、商、物、融的一体化，创新了跨境进出口的流通和管理。

3. 推动"引进来"和"走出去"协调发展的体系正在建设。浙江已经从"招商引资"阶段，进入"招商选资""招商引智"阶段。由于大量的浙商在国内外投资，浙江一方面鼓励浙商走向国际，积极在"一带一路"等地区投资，另一方面积极将对外投资的效应引入省内，推动"浙商回归"，通过召开"浙商大会"等举措，推进内外联动。

二 "新时期"浙江开放经济发展的竞争劣势

在新时期，浙江在开放经济发展上，也具有一些劣势，主要是由浙江原有的经济基础条件造成的，如浙江的"资源小省""人口小省"特性，仍将对浙江经济的开放发展造成制约。同时，浙江在开放经济发展中，双向互动不足等因素，也将对浙江开放发展造成影响。具体体现为：

（一）"资源小省"约束

浙江由于资源稀缺，内部的经济资源整合能力不强，在遇到外部经济波动时，容易在产业经济供应上受到制约。浙江作为"资源小省"，在经济发展的要素提供和产业链提供上，较多依赖省外提供。主要包括：

1. 劳动力资源不足的约束。浙江是我国人口较少的省份，在经济发展，尤其是生产制造中，大量的劳动力来自省外。近年来，随着我国劳动力成本的上升，以及一些原欠发达省份的逐步工业化，来浙江务工的劳动力逐渐减少，对浙江开放型经济的生产制造造成了影响，出现了"民工荒"等现象。

2. 土地资源不足的约束。浙江是我国国土面积较小的省份，大规模的经济建设，尤其是工业生产需要较多的土地开发，在浙江各地区容易出现用地不足。用地成本的上升，也会造成浙江企业的生产成本提高，降低在国内外市场上的竞争力。

3. 自然资源不足的约束。浙江自然资源较少，一些主要的能源类和资源类原材料，都需要通过省外、国外的供应。能源供应中的煤炭、石油，甚至电力等有较大部分来自省外；资源供应中金属、木材等较多来自省外和国外，这造成了浙江开放型经济发展，在产业链的前端，容易受外部供应条件的影响，国内外供给市场的波动，会造成浙江的危机，频频出现的"煤荒""金属供应不足"等情况，影响了浙江开放型经济的发展。

（二）"人口小省"制约

浙江省内人口较少，这表明省内市场的空间相对较小。在改革开放初期，因产业规模较小，浙江的人口需求，可以形成较为有效的省内市场，带动浙江的工业化和商品流通体系的形成。但到今天，随着浙江产业经济规模的扩大，省内市场已经较难满足浙江产业的市场需求，也较难满足产业升级的市场要求，主要体现在：

1. 省内市场较小。由于浙江在各省份中的人口规模较小，造成了省内市场空间有限，这对于一些需要在当地市场率先推出的产品和商业模式来说，缺乏了一个容易到达、不断提升的"试错"市场，也使得大量的企业，在一开始的时候的市场开发成本较大。

2. 省内市场扩容难。浙江省内市场不仅空间有限，且扩张的速度较慢，这是由当前浙江市场的消费已经较为稳定、增长空间较小决定的。在这种情况下，追求企业产品和服务持续扩张，从而实现增长的企业，部分需要更多依赖国内和国际市场，这样容易受国外环境的影响。如2008年国际金融危机造成的国际需求下降，对浙江开放型产业的影响就较大。

3. 省内需求升级，较多依赖外部产品和服务的提供。在浙江省内的消费需求和产业需求升级过程中，有较大一部分通过国内外产品和服务的提供来得到满足，这造成无法带动本地企业的产业提升。如当前对国外品牌的母婴用品、化妆品的进口需求，对本土企业在这些方面的发展，构成了一个重要的挑战，这是由浙江省内市场的特性决定的。

（三）"引进来"不足，双向协调发展的体系有待建立

浙江是出口大省、对外投资大省，但在引进外资、进口等方面，

相较于广东、江苏等省份，尚有一定差距。这是由于浙江内部的民营经济发达、产业基础提供能力较强。因此，应当加大"流入"在浙江开放型经济发展中的作用，形成"双向互动"的新局面。主要体现在：

1. 在引进外资上，浙江发展相对不足。浙江开放型经济发展中，更多注重"内源"的发展，即通过内部挖掘经济潜力，形成对外输出产品、服务、投资和商业模式的能力，而对引进的重视相对较小。在国际投资领域，浙江相对于广东、江苏等省份，引进外资的规模较小，外资在浙江经济发展中的贡献相对较小。

2. 在进口发展上，浙江相对落后。浙江对外贸易中，长期以出口为主导，进口相对不足。这一方面是由浙江对外贸易以一般贸易为主、加工贸易较少的情况决定，另一方面也反映了浙江企业在通过贸易途径整合全球的设备、资源，以及引进消费品上尚有不足。

3. 引导"浙商回归"的力度仍然不足。浙江是"走出去"大省，大量"浙商"走向了国内、国外，在国内外形成了较大的经济能力。一些海外、省外"浙商"也积极回报家乡，在家乡投资兴业，但仍有大量可以在浙江投资兴业的浙商，因商业沟通不足，尚未回来发展，具有较大的开发空间。

三 "新时期"浙江开放经济发展的内部条件分析

本书用"六维坐标分析"，即采用六个维度的坐标轴，来分析浙江"新时期"开放型经济发展的内部环境及其发展定位。六个维度中，包括：

（1）三个优势维度：产业经济优势、开放新体系优势、开放体制优势。

（2）三个劣势维度：资源约束维度、市场约束维度、开放互动维度。

这六个维度中，两两构成了互相"对冲"的关系，如：产业经济优势，可以弥补资源约束的劣势；开放新体系优势，可以弥补市场空间不足的约束；开放体制优势，可以带来双向互动的增强。

通过"六维坐标分析"对浙江的内部环境进行分析，结果如图

8-2所示。可以看到，浙江开放型经济发展的内部条件的总体定位，处于"优势"空间，即浙江产业经济的发展和升级、浙江开放新体系的形成，以及浙江开放体制的优势，完全可以弥补在人口、资源、市场容量，以及开放互动上的劣势，形成产业升级与开放创新、开放体制与开放体系之间的良性互动。

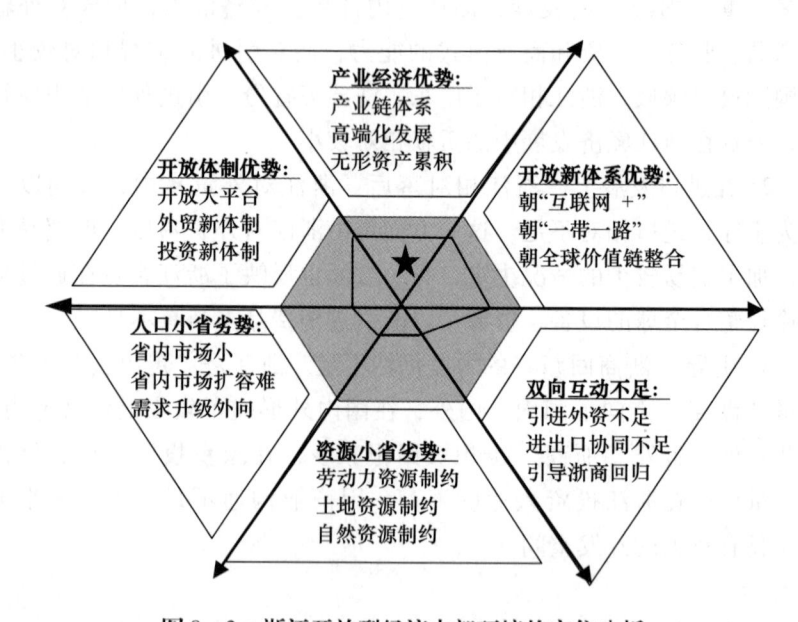

图8-2 浙江开放型经济内部环境的定位分析

注：★为浙江开放型经济内部环境位置，总体处于优势地位。

第二节 浙江开放经济发展的外部环境分析

外部环境分析，是指对浙江开放经济发展的外部条件展开分析，一般把外部条件分为机遇和威胁（或称为挑战）两类。机遇，是指在浙江开放经济外部，已经形成且正在逐渐培育，对未来浙江开放型经济发展具有推进作用的条件；威胁，是指在浙江开放经济外部，已经出现或将会出现，对未来浙江开放型经济发展具有阻碍作用的条件。

一 "新时期"浙江开放经济发展的机遇

2018年之后,浙江开放型经济将在改革开放40年的成果和经验的基础上继续发展,在新时期面临新的机遇和挑战。但总体来说机遇大于挑战,这是由于在新时期,全球的科技、经济空间重构,以及价值体系重建,为富有商业精神的浙江人,提供了新的开放创新发展空间。在新的时代大潮中,浙江人必将抓住机遇,将历史机遇转化为发展动力。总体来说,2018年后,浙江开放型经济发展面临如下的重大机遇。

(一)全球经济发展朝新技术引领、"互联网+"新模式转型的机遇

以信息通信技术(ICT)为引领的21世纪新技术,正在转化为新的生产力。信息通信技术,以及新能源、新材料,推动了全球经济中新的产业的形成,也构成了对原有产业的改造。在这一轮的技术推动经济增长的大潮中,主要体现出以信息为载体的虚拟价值链的形成,并产生了对传统的产业价值链和金融价值链的整合作用,实现了信息经济、互联网经济、数字经济、服务经济等新的经济形态。主要体现在:

1. 信息化实现制造业朝"工业4.0"方向的转型。我国提出的"中国制造2025"计划,与"工业4.0"的发展方向一致,即通过建立全网络的信息系统("工业4.0"中,称为物理信息系统,CPS),实现对工业制造业的再造。浙江已经具有较为完善的产业制造业体系,可以对其进行朝"工业4.0"方向的改造,形成在新时期的开放型经济新基础。

2. 信息化重建商业体系,形成面向全球消费者的"新零售"商业系统。以互联网为代表的信息化,对全球商业系统的重构,主要体现在:由于互联网的作用,消费者距离价值链前端的商业服务商、生产者,甚至原材料的提供者不再遥远,产业经济已经有能力,为消费者最大限度地快速提供满足其需求的产品。这种以消费者为核心的全球商业体系,为具有商业精神的浙江人提供了新的机遇,在互联网商业经济中,浙江人以"敢为天下先"的精神,创造出阿里巴巴、网

易等一批重点企业，推动了"新零售"概念在全球的发展。尤其在跨境电子商务的发展中，浙江以"技术+商业模式"的创新，以及政府服务的创新，为全球提供了面向未来商业形态、面向电子世界贸易体系（eWTP）的先行先试，并形成了逐步完善的经验和成果。

3. 以信息化为基础的新知识经济模式，即"新服务"正在提升开放型经济的价值能力。信息要素，已经成为全球产业经济价值提升和价值创造的关键。以信息平台为载体的协同创新、服务提升，提高了浙江经济的价值能力。一些基于"知识创造"和"网络服务"的新商业模式平台，如金融服务领域的蚂蚁金服、安防服务领域的海康威视和大华、商贸服务领域的阿里巴巴等企业，正在浙江成长。大量新的商业模式和服务创新，在浙江的各产业园区、"孵化器"、小镇等酝酿成熟，在"新服务"的机遇中茁壮成长。

（二）"一带一路"倡议下全球经济空间重构带来的新机遇

2013年，习近平同志提出了共建"一带一路"的倡议，成为推动全球经济和贸易发展格局重构的重要纲领，也为浙江开放型经济发展带来了新的机遇。对接"一带一路"倡议的开放发展，是新时期浙江开放型经济发展的重要内容，也为浙江开放发展提供了新的空间。主要体现在：

1. 朝"一带一路"沿线国家的出口发展，为浙江产业经济的增长发展提供助力。2008年国际金融危机之后，欧美发达国家市场需求增长乏力，一些国家出现了贸易保护主义倾向。而"一带一路"沿线的非洲、中东欧、中亚等地，则出现了经济增长加快、需求旺盛的状况。浙江的纺织服装、小商品、机械电子、工程机械等产品，在"一带一路"沿线国家的发展中，广受欢迎和好评。近年来，"浙江制造"在"一带一路"沿线国家的出口增长较快，成为浙江对外贸易的新增长点。

2. "一带一路"沿线国家的技术、产品、品牌和资源，可以通过进口，满足浙江人民消费升级和产业经济升级的需要。"一带一路"沿线国家差异性较大，既包括技术能力高、文化品牌影响力大的英、德、法等西欧国家，也包括具有广阔市场资源和自然资源的非洲、中亚等地。浙江既可以从"一带一路"沿线国家输入经济发展所需要的资源、能源、技术等要素，提升浙江经济发展的能力，又可以通过商品进口和服务进口，满足人民群众在食品、化妆品、耐用消费品等领域消费升级的愿望，实现经济发展与人民生活水平提高的双提升。

3. "一带一路"为浙江企业国际化、开展国际投资与经济合作提供了广阔的空间。"走出去"，是培育浙江跨国公司的必由之路，"一带一路"沿线国家，是浙江企业"走出去"发展的重要目的地。浙江对"一带一路"沿线的投资，既包括吉利收购沃尔沃汽车、参股戴姆勒这样的并购项目，也包括在越南设立"龙江工业园"、在泰国设立"罗勇工业园"这样的生产制造集群"走出去"，还包括在南非、阿联酋、俄罗斯等地设立的商业中心，也包括在非洲承建的工程项目等，预计这几类"走出去"投资在未来仍将持续增长，带动浙江经济的全球化整合能力，培育浙江跨国公司。

（三）全球价值链的重新整合，为浙江开放型经济提升在全球价值体系中的位置、转换角色提供了机遇

2008年国际金融危机之后，以垂直国际分工和水平国际分工为特征的全球价值链出现坍塌。2001年中国加入WTO所完善的价值链体系，即由美国华尔街、英国伦敦城等金融中心的投资支持的跨国公司为主导，在全球布局生产体系，中国主要实现"加工制造"功能，并将产品和服务主要提供给"发达国家市场"的全球价值链，面临重构。这一方面给浙江企业参与传统模式的价值链活动提出了挑战，另一方面在全球价值链新整合模式上提供了机遇。主要体现在：

1. 金融价值提升机遇。以欧美发达国家为主导的金融体系，正在转换为更加均衡的全球金融体系。在全球价值链中，21世纪初的"金融价值环节"，主要表现为由欧美发达国家的"金融供给"和"金融创新"提供了跨国公司的成长和壮大。国际金融危机之后，包括中国在内的发展中国家，在全球金融体系中的提供度和重要性在逐渐增加，尤其是在建立亚投行等国际金融机构、人民币国际化等领域，发展较快。浙江企业，也积极开始通过国际金融体系的重构来发展壮大。如2018年年初，吉利集团参股德国戴姆勒公司的资金，就来自国际融资。金融价值体系的重构，为浙江经济做大开放的金融服务业提供了机遇。

2. 生产价值提升机遇。全球生产体系的重构，为浙江企业在全球价值链中，提升产业价值提供了机遇。近年来，在全球生产体系重构中，浙江企业逐渐获得了技术研发、品牌设计、品质提升、资本运作等价值，而不再依赖于"低价制造"的传统优势。一些具有全球影响力的浙江品牌逐渐涌现，表明了在全球商品生产和服务提供上，浙江企业已经成为多种价值的提供者。

3. 消费价值提升机遇。全球价值链重构的一个重要特征，在于中国等人口规模巨大的发展中国家，取代欧美发达国家，成为世界消费增长的动力。经济发展的最终目的，在于不断提升人民群众的生活水平。全球价值链重构，使得浙江人民能够以更低的价格更便捷地享受来自全球各地的商品和服务。在母婴商品、化妆品、耐用消费品领域，一些优质的国外商品，成为浙江人民消费升级的重要组成部分。

二 "新时期"浙江开放经济发展的威胁

浙江开放型经济的发展，也面临一系列的外部威胁，表现在国际经济环境的动荡、国外政策的变动，以及国际市场的竞争趋于激烈等方面。主要包括：

（一）以金融危机为主要表现形式的国际经济动荡，仍将有可能出现

2008年的国际金融危机，是人类历史上第二大国际经济危机，对全球经济体系造成了较大的破坏。2008年的国际金融危机，并不是一个偶然的现象，而是国际经济长期不平衡发展的结果，也是次贷危机、欧债危机等协同演化的结果。当今世界，国际经济发展的不平衡仍然存在，世界经济面临以金融危机为主要表现形式的国际经济危机的可能性仍然存在，对浙江开放型经济的发展造成了外部威胁。主要体现在：

1. 欧美发达国家在金融服务领域的不平衡仍然存在。对于以美国华尔街、英国伦敦城为代表的欧美金融体系，其金融发展和金融创新，在很大程度上脱离了实体经济的发展，过度投机的特征仍然存在。这种情况，有可能会酝酿投资泡沫，在泡沫破灭之时，会造成全球金融体系的动荡。当前，浙江经济对国际金融市场的参与程度越来

越高，越来越多的浙江企业依靠国内外金融市场获得融资，国际金融市场的"有可能动荡"，将会威胁浙江开放型经济的健康发展。

2. 人民币国际化过程中，人民币汇率的波动，将会对浙江开放型经济的发展造成"价格"变动威胁。汇率，是一个国家开展国际经济活动的"总价格"。随着人民币的国际化，人民币汇率受国际市场变动的影响越来越大，波动性逐渐加大，这会影响浙江企业开展国际贸易和投资活动的稳定性。人民币的升值，将弱化浙江商品的出口竞争力；而人民币的贬值，则可能降低浙江企业对外投资和进口的能力。汇率波动对浙江开放型经济的影响，还包括各国相对汇率的变动，引起与浙江经贸往来的不稳定。

3. 浙江经济中的一些产业，存在"过度融资"和"资金链断裂"的威胁，在外部市场需求等面临波动时，具有较高的风险。近年来，浙江一些企业，在生产经济中，过度依赖金融市场获得融资，融资的杠杆率较高；还有一些企业，通过互相借贷和担保，形成了"一荣皆荣、一损皆损"的交互关系，在生产销售活动出现波动时，给企业带来较大的风险。虽然经过金融改革和整顿，这种情况有所好转，但"过度金融""交互担保"等状态，在一些浙江企业中仍然存在，未来仍具有较高的风险。

（二）外国政府政策不稳定造成的风险，在"新时期"浙江开放型经济发展的外部威胁中，可能会有增大的趋势

主要表现为：

1. 发达国家的贸易和投资保护主义有抬头的趋势，贸易摩擦、投资争端在一段时间内，有加剧的趋势。近年来，随着我国经济在全球经济中的地位上升，以及国际经济格局的重构，部分发达国家（如美国）对本国产业的"保护主义倾向"更趋明显；一些有保护主义色彩的政策，在发达国家逐渐落地，对我国的贸易和投资，频频采取反倾销、反补贴、投资调查等保护主义措施，大大打击了第二次世界大战以来，以世界贸易组织、国际货币基金组织等为基石的全球经济规则。美国等的贸易与投资保护主义的政策措施，对浙江开放型经济的发展构成了威胁。

2. 一些发展中国家出现了政策不连续的现象，对浙江的贸易和

投资形成了挑战。浙江企业在非洲、南美洲、欧洲等地的商品贸易，有时会受到当地政策变动的影响，难以获得预期的收益。浙江企业在非洲、南美洲等地的投资，也有一些受到当地政策的变动而面临破产，甚至出现了一些企业家在海外入狱的情况。预计未来一些发展中国家的政策不连续现象仍然存在，对浙江企业的投资和贸易形成了挑战。

3. 国外的局部军事、政局动荡仍可能长期存在，对浙江企业在相关地区的投资和贸易形成了威胁。近年来，在中东等地，仍然出现了军事冲突和政府更迭的状况，一些在这些地区经商的浙江企业家受到影响。受全球政治格局变化的影响，一些局部地区的动荡仍然存在，仍将威胁浙江企业在相应地区的投资与贸易。

（三）全球产业经济的新一轮竞争正在逐渐加剧，这给浙江企业在全球市场中的发展增添了威胁

新一轮竞争加剧具体表现为：

1. 对知识产权的竞争逐渐加剧。随着全球经济进入知识经济的发展模式，全球产业竞争越来越多地表现为知识产权的竞争，各国企业的知识产权保护意识更加强烈，知识产权争端日趋明显。浙江企业应该以更大的精力去开发知识产权、保护知识产权，只有这样，才能面对越来越激烈的知识产权竞争威胁。

2. 对产业链控制权的竞争日趋激烈，将会威胁浙江企业的成长和壮大。随着浙江企业越来越多地获得全球产业链中的领导地位，产业链上的竞争将越来越激烈。以发达国家跨国公司为代表的国际产业链控制者，将通过核心能力、无形资产等加大对产业链的控制权，对浙江企业的国际化构成挑战。

3. 跨国公司重新安排国际生产，实施"产业转移"，将会对浙江开放型经济的发展形成威胁。近年来，随着国内要素价格的上升，一些跨国公司，在全球范围内重新安排生产体系，将原来在我国的生产基地，搬迁到越南、柬埔寨等地；也有一些中国企业，将生产和研发基地，搬迁到了欧美发达国家，以降低成本。这些活动，将随着国际生产成本的相对变动而长期存在，可能会造成包括浙江在内的一些地方的某些产业生产和就业的下滑，也不利于区域开放型经济的健康

发展。

三 "新时期"浙江开放经济发展的外部条件分析

本书用"六维坐标分析",即采用六个维度的坐标轴,来分析浙江"新时期"开放型经济发展的外部环境及其发展定位。六个维度中,包括:

(1) 三个机遇维度:朝新技术开放机遇、"一带一路"机遇、全球价值链整合机遇。

(2) 三个威胁维度:国际经济动荡威胁、国外政策不稳定威胁、新一轮竞争加剧威胁。

这六个维度中,两两构成了互相"对冲"的关系,如:新技术改造全球经济体系的同时,新一轮全球竞争正在加剧;"一带一路"倡议带来的机遇,也正面临着包括"一带一路"沿线国家在内的国外政

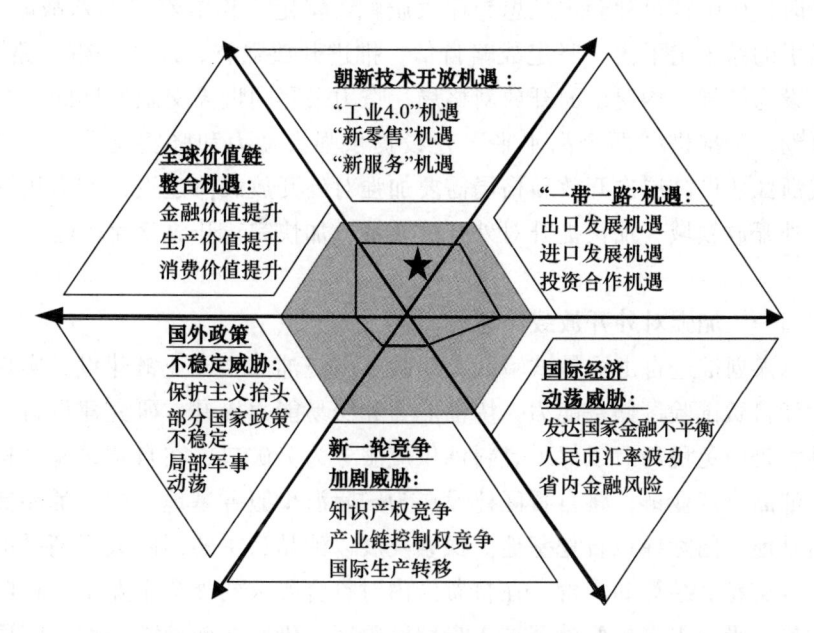

图 8-3 浙江开放型经济外部环境的定位分析

注:★为浙江开放型经济外部环境位置,总体处于优势地位。

策的不稳定；全球价值链的重新整合的机遇，有很大程度就是来自国际经济动荡造成的威胁。

通过"六维坐标分析"对浙江开放经济发展的外部条件进行分析，结果如图8-3所示。可以看到，浙江开放型经济发展的外部条件的总体定位，处于"战略机遇"时期，浙江可以通过抓住技术进步、商业模式创新、"一带一路"开放，以及全球价值链整合的机遇，克服国际经济动荡、国外政策不稳定，以及竞争加剧的威胁。

第三节 浙江开放经济发展新举措

2018年5月，浙江省省委书记车俊在全省对外开放大会上总结了习近平总书记在博鳌亚洲论坛上的讲话并提出浙江省开放发展的战略。车俊同志指出，要在新时代新起点上，动员全省上下高举习近平新时代中国特色社会主义思想伟大旗帜，坚定不移沿着"八八战略"指引的路子走下去，坚定战略自信，推进开放强省，以"一带一路"建设为统领、构建全面开放新格局，奋力书写同世界交融发展的美好画卷，为推进"两个高水平"建设提供强大动力和坚实支撑。新时代浙江建设高层次开放新格局需要加强对外开放载体建设，着力拓展对外开放领域，加快提升对外开放质量，加快完善开放营商环境。

一 加强对外开放载体建设

谋划推进自由贸易试验区2.0版。围绕油品全产业链建设，实现浙江自贸试验区储备能力、炼油能力和交易能力提升，研究建设自由港和舟山免税岛。以保税燃料油供应服务为突破口，在自贸试验区构筑油品全产业链，将自贸区建设成为国际海事服务基地、国际油品储运基地、国际绿色石化基地。探索发展以油品为主的国际大宗商品的综合交易、结算和定价。在自贸区内对符合要求的外资企业给予税收优惠，吸引更多更好外资进入自贸试验区。借鉴海南博鳌乐城国际医疗旅游先行区建设经验，争取医疗旅游领域开放更大先行先试权，建设国际医疗旅游先行区。跳出舟山，在开放程度高、体制创新活跃、战略带动意义强的区域设置新的片区，形成省内"一区多片"布局，充分调动各地积极性,大幅提升自贸试验区国际竞争力,努力把"最大试验田"的效能发挥到最大。

谋划推进"一带一路"建设走在前列。"一带一路"是习近平总书记着眼推动构建人类命运共同体而提出的伟大倡议,我们要把参与"一带一路"建设作为最大使命、最大机遇、最大平台,充分发挥战略交汇、全球大港等优势,全面提升在"一带一路"国际合作中的参与度、连接度和影响力。到2020年,基本建成现代物流枢纽、国际科创产业合作高地、新型贸易中心、新兴金融中心、国际人文交流基地。建立"义新欧"班列进口直通机制,探索进口贸易简化申报,发展跨境电商进口业务;推进"一带一路"捷克站、迪拜站建设,力争捷克货运站与物流园正式运营;深化宁波"一带一路"综试区建设,以中东欧合作为重点,加快建立"16+1"经贸合作示范区;全力争取自由贸易港落地浙江;推进义乌国际贸易综合改革试验区建设;加快中国(杭州、宁波)跨境电商综试区、eWTP新型贸易中心建设;做强做大宁波舟山港,推进中国—中东欧贸易便利化国检试验区建设;着力办好中国—中东欧博览会,力争涉及中东欧国家层面的机制性活动落户浙江。

谋划推进大开放大开发平台建设。对各类开发区、产业集聚区等开放开发平台,要全域规划,做好腾挪空间、盘活存量的文章,做好集聚高端要素、扩大增量的文章,做好改造提升传统产业、培育发展新兴产业的文章,做强实力、做优质量。按照"一个平台一个主体一套班子"的原则,以最高层级平台为核心,对区域范围内的各类开发区、产业集聚区、工业园区等进行实质性整合。要将各类开放开发平台放到全国同类平台中去比拼赛马、争先进位,争取进入全国十佳,甚至前五、前三。要充分发挥政策和资源的叠加效应,聚焦国际前沿技术、新兴业态、高端装备和先进制造,实施精准招商和精确合作。改造提升传统产业,通过技术改造和品牌化建设实现产业链拓展和价值链升级;提升海关特殊监管区域发展水平,将条件成熟的海关特殊监管区整合优化为综合保税区,探索实行"海关特殊监管区+开发区"建设和管理模式;创建开发区海外产业创新综合服务体,推广"资本孵化+招引回国+国内成长"模式;支持"大湾区、大花园、大通道、大都市区"等的建设，创新浙江开放开发平台建设。

二　着力拓展对外开放领域

促进新业态新模式开放。紧紧围绕"高水平建设具有全球战略地位的国际电子商务中心"的工作目标，着力构建电商发展要素支撑体系和政策服务体系，推进电商发展国际化、品质化、智能化和规范化，为世界电子商务发展提供浙江经验。大力发展数字贸易，推动数字阅读、游戏、影视、音乐、创意设计、在线教育等数字服务开拓国际市场。深入推进外贸发展方式转变，加快培育以技术、标准、品牌、质量、服务为核心的贸易竞争新优势。办好浙江国际数字贸易交易会；扩大服务业特别是金融业对外开放；大幅度放宽市场准入，重点推进金融、教育、文化、医疗等服务业领域有序开放，放开会计审计、商贸物流、电子商务等领域外资准入限制。以更大力度培育跨境电商、市场采购、外贸综合服务平台等贸易新业态新模式，把服务贸易放在突出位置，做大做强外贸新增长点。

打响浙江服务品牌。抓住浙江信息强省优势，利用互联网、大数据手段提供多元的金融服务、精准化的供应链管理和便捷的电子商务等多种服务方式，促进制造与服务融合。充分利用全球第一大港宁波—舟山港的港口全球集疏运优势，大力发展国际运输服务贸易，并利用海外仓等物流节点，大力发展国际物流，加快推进国际海事服务基地建设，推进世界级港口集群打造。深化杭州国家服务贸易创新发展试点工作，推动杭州、宁波国家服务外包示范城市建设。进一步打响"诗画浙江""留学浙江""世界互联网大会""义新欧班列"等一批"浙江服务"品牌，推动"浙江服务"与"浙江制造"融合，加快培育服贸领域品牌企业，实现真正的"浙江服务，服务全球"。

"引进来"和"走出去"量质齐升。外贸出口占全国比重明显提升，浙江出口占全球市场的份额进一步提高，进出口贸易结构进一步优化。扩大高新技术产业利用外资规模，推动利用外资质量效益迈上新水平。不断优化利用外资结构，优化利用外资区域布局。扩大招商引资平台影响力，加强驻外商务机构服务中心建设，招引一批"大好高"外资项目。大力引进欧美日和港澳台的先进技术与优质投资，扩大"一带一路"沿线国家引资规模，促进海外浙商回归。创新外商投资管理新体制，保护外商投资合法权益。新兴高附加值领域占比进一步提高，服贸货贸发展的协调性更为明显，服务贸易结构进一步优化，模式不断创新。指导推进杭州国家服务贸易创新发展试点工作，争取形成可复制、可推广的试点经验。到2022年，进出口贸易规模明显扩大，服务贸易进出口规模进一步扩大。积极主动谋划海外布局，促进浙江省"走出去"水平大幅提升。深入推进自主国际营销渠道建设，厚植浙江省海外产业集群、"抱团出海"优势培育。按照国家政策调整，对外投资继续执行宏观审慎的监管政策。

三 加快提升对外开放质量

加快建设贸易强省。推动外贸从高速增长转向高质量发展，从速度规模向质量效益转型，从要素驱动向创新驱动转型，从成本价格优势向品牌、技术、质量、服务综合优势转型。强化外贸主体优化升级，加快培育外贸竞争新优势。实施万企贸易成长计划和外贸小微企业成长三年行动计划，加快企业"从无资质到有资质，从有资质到有实绩，从有实绩到上规模，从上规模到扩体量，从扩体量到强实力"。深度开拓国际市场。深化实施"品质浙货，行销天下"工程，努力打造布局全球的外贸跨境服务体系。培育贸易新业态新模式。推进市场采购贸易方式标准化；健全跨境电商统计和监管体系；建设eWTP试验区。积极扩大进口规模。对接中国国际进口博览会，组织一系列贸易对接活动，推介一批浙江省优质进口采购商参展。发挥海内外浙商众多、市场网络健全的优势，培育一批进口龙头企业，发展一批进口总代理，打造一批进口服务平台。提升义乌进口商品博览会、中澳现代产业园、梅山汽车进口口岸等进口平台发展水平。鼓励企业扩大先进技术设备、关键零部件进口。增加高品质消费品和优质服务进口，丰富省内消费品市场，更好地满足人民群众个性化、多元化、差异化需求。

打造高端外资集聚地。着眼长远、有所取舍，在精准招引外资上多想办法，在优化外资结构上多做文章，在提高外资质量上多下功夫。进一步优化招商引资方式，整合展会资源，提升精准招商水平，继续组织好"跨国公司浙江行"、全球投资峰会等投资促进活动。充分发挥产业集聚区、开发区、高新区等作为引资引技引智主平台的作用，重点吸引世界500强和行业龙头企业、隐形冠军企业、高科技企业，鼓励跨国公司在浙江设立地区总部和研发中心、采购中心、财务管理中心、结算中心等功能性机构。优化外资产业结构，以八大万亿产业为重点，积极引进一批投资规模大、辐射带动能力强的外资项目。积极探索多元化外商投资形式，围绕产业链"补链"和"强链"开展招商引资。建立健全产业大项目科创大团队双盯引工作机制，实施省市长项目工程，完善投资促进体系，加强招商队伍建设，优化浙洽会等招商活动平台，推行以外引外、依托国际中介组织招商、专业招商等方式方法，拓展外资并购，建立重大引资项目信息和利益共享机制，增强引资引技引智竞争力。

创新对外投资方式。坚持"跳出浙江发展浙江"，支持企业到"一带一路"沿线等国家和地区投资经营，不断拓宽发展空间。促进国际产能合作，带动装备、技术、标准、服务走出去。鼓励产业与资本、制造与服务、走出去与引进来相结合的跨国并购，引导企业利用并购基金收购境外企业，以跨国并购促进省内经济转型升级。培育对外投资联合体，实施"工程承包＋融资＋运营"项目，推动全产业链输出。构建辐射全球的国际化投资贸易促进网络，提高对外投资合作便利化水平，规范企业海外经营行为，推动对外投资有序健康发展。

提升企业国际化经营水平。落实好跨国公司培育三年行动计划，鼓励企业到境外收购专利技术、设立研发机构、建设营销网络和生产物流基地。建立跨国企业分类梯队培育机制，梳理50家重点培育企业名单，建设跨国经营绩效监测平台。增强内外联动，引导企业将总部和研发设计、市场营销等价值链高端环节留在浙江，以"走出去"带动浙江省产业改造提升，推动浙江省企业嵌入全球产业链、价值链、创新链，提升企业统筹运用两个市场、两种资源能力。

四 加快完善开放营商环境

推进贸易便利化。继续以中国（浙江）自由贸易试验区等开放平台建设为抓手，进一步加快探索贸易和投资便利化政策，大幅度放宽市场准入，加强市场准入统一平台建设。继续依托电子口岸公共平台建设国际贸易"单一窗口"，进一步深化商事制度改革和"最多跑一次"改革，深入推进"四张清单一张网"；进一步探索国际贸易"一窗受理、一站式审批、一条龙服务"优化路径，加快推行贸易和投资便利化先进经验的复制和推广。

优化省内营商环境。围绕如何实现更高水平的"引进来"和"走出去"目标，持续优化浙江省内营商环境。一是以简政减税减费为重点，参照丹麦、韩国等处于世界前沿水平的国家，大幅降低各项成本费用。利用互联网等先进技术，简化纳税程序，降低办理施工许可的成本费用，加强国际贸易"单一窗口"顶层设计，赶超世界前沿水平。二是以加强法治保障为核心保护中小投资者合法权益，降低其维权难度；增加合法信贷机构数量，降低信贷获取难度，完善担保和破产相关法律法规；提高破产企业资产回收率，降低回收成本。

完善对外开放法治环境。加快形成与高标准贸易投资规则相衔接的地方法规规章体系，营造稳定公平透明、法治化、可预期的营商环境。严格依法平等保护各类产权，严格兑现向投资者及外商投资企业依法做出的政策承诺，保障不同所有制企业在政策适用、资质牌照、政府采购、科技项目、标准制定等方面的公平待遇。建立国际营商环境评价机制。强化涉外法律服务，切实维护浙江省居民、法人在海外及外国公民、法人在浙江省的正当经济社会权益。

参考文献

蔡婷婷、余水星、徐摇萍：《浙江省民营企业对外投资法律支持体系研究》，《特区经济》2015年第6期。

陈浩：《浙江跨境电子商务发展现状及对策研究》，《现代商业》2017年第17期。

陈劲、杨晓惠、郑贤榕等：《知识集聚：科技服务业产学研战略联盟模式——基于网新集团的案例分析》，《高等工程教育研究》2009年第4期。

陈锐：《浙东学派与浙江精神研究中的若干问题》，《杭州师范学院学报》（社会科学版）2005年第4期。

程惠芳、黄先海、徐剑锋等：《开放浙江——引进来与走出去》，浙江人民出版社2006年版。

程惠芳、钟山：《国际直接投资发展研究：浙江"引进来"与"走出去"的发展战备》，中国经济出版社2001年版。

范胜军：《浙大网新：软件外包剑指海外》，《信息产业报道》2004年第6期。

方元龙、于新东：《加快发展浙江国际服务贸易》，《浙江经济》2005年第16期。

葛丹：《开放经济条件下我国服务贸易的发展及对策研究》，硕士学位论文，浙江工业大学，2005年。

龚文龙：《跨境电商环境下义乌主导产业选择研究》，《对外经贸》2017年第5期。

郭秀君、李梦晓：《基于扩展的国际生产折衷理论的中国汽车企业跨国并购动因分析——以吉利收购沃尔沃为例》,《对外经贸》2014年第 10 期。

郭占恒:《改革与转型》,红旗出版社 2017 年版。

胡海青、吴田、张琅等:《基于协同效应的海外并购绩效研究——以吉利汽车并购沃尔沃为例》,《管理案例研究与评论》2016 年第 6 期。

胡坚:《八八战略:浙江发展的总钥匙》,《浙江日报》2017 年 6 月 9 日第 2 版。

胡求光、黄平川:《外商直接投资对浙江省进出口贸易影响的实证分析》,《国际贸易问题》2008 年第 11 期。

黄晗晗:《浙江省 FDI 技术外溢效应的实证分析》,硕士学位论文,浙江大学,2015 年。

黄渭珍:《浙江省国际服务贸易竞争力研究》,硕士学位论文,南京师范大学,2011 年。

黄先海、叶建亮等:《浙江的开放模式:内源主导型》,浙江大学出版社 2008 年版。

黎梦华:《阿里巴巴集团的国际竞争力研究》,硕士学位论文,黑龙江大学,2015 年。

李猛、于津平:《东道国区位优势与中国对外直接投资的相关性研究——基于动态面板数据广义矩估计分析》,《世界经济研究》2011 年第 6 期。

李文锋:《中国轻工外贸参与全球价值链:实践路径及经验启示》,《国际经济合作》2016 年第 10 期。

李贤祥:《"一带一路"与浙江外向型经济》,《中共浙江省委党校学报》2017 年第 3 期。

连金秀:《我国服务贸易结构与经济增长的关系研究》,硕士学位论文,厦门大学,2008 年。

林长青、瞿涛:《"一带一路"建设与浙江发展新机遇》,《浙江经济》2014 年第 22 期。

刘嘉伟、孔刘柳:《一站式外贸服务模式分析——以"一达通"为例》,《电子商务》2017 年第 12 期。

刘梦:《FDI与产业集群的互动研究:浙江制造业为例》,载《第十二届产业集群与区域发展国际学术会议论文集》,2013年。

卢洪雨:《浙江省民营企业外贸出口发展研究》,硕士学位论文,浙江大学,2002年。

陆立军:《"中国小商品城"的崛起与农村市场经济发展的"义乌模式"》,《经济社会体制比较》1999年第1期。

陆立军等:《义乌商圈》,浙江人民出版社2006年版。

罗明忠:《开放经济条件下发展我国服务贸易的思考》,《金融经济学研究》2000年第3期。

马淑琴、张友仁、鲍观明:《浙江省对外贸易发展机理与转型升级》,浙江工商大学出版社2010年版。

马述忠、刘梦恒:《中国对"一带一路"直接投资的制约因素与策略选择》,《新视野》2017年第1期。

聂文:《我国跨境B2C电商平台的发展问题研究》,硕士学位论文,浙江工业大学,2015年。

聂献忠:《"八八战略":浙江"十三五"发展的金钥匙》,《浙江日报》2015年10月26日。

潘家玮:《跳出浙江发展浙江》,研究出版社2005年版。

潘起造:《浙东学派的经世之学和浙江区域文化中的务实精神》,《中共浙江省委党校学报》2005年第4期。

潘益兴:《FDI对浙江技术溢出效应的实证分析》,《经济问题》2011年第1期。

裴长洪:《"十三五"时期我国服务贸易发展趋势分析》,《浙江树人大学学报》2015年第6期。

阮维、虞忠平:《"一带一路"战略下浙江服务贸易发展探析》,《江苏商论》2016年第15期。

沈明其:《浙江省服务贸易的国际竞争力分析》,《对外经贸实务》2008年第4期。

沈伟民:《浙大网新:合包联姻——从被动合约接单者变为合伙者》,《经理人》2011年第6期。

盛斌、毛其淋:《贸易开放、国内市场一体化与中国省际经济增长:

1985—2008 年》,《世界经济》2011 年第 11 期。

盛洁菲:《浙江省服务贸易的发展对产业结构升级的影响研究》,硕士学位论文,宁波大学,2012 年。

盛亚、蒋瑶:《吉利汽车从模仿到自主的创新路径》,《科研管理》2010 年第 1 期。

施炳展、张雅睿:《贸易自由化与中国企业进口中间品质量升级》,《数量经济技术经济研究》2016 年第 9 期。

施海嘉等:《浙江省跨境电子商务发展现状及问题研究》,《电子商务》2015 年第 19 期。

史晋川等:《浙江省改革开放研究的回顾与展望》,浙江大学出版社 2007 年版。

孙立、李媛娜:《浙江服务贸易的现状及发展对策》,《中国商论》2016 年第 12 期。

万红先、田秀华:《我国服务贸易国际竞争力分析及发展对策》,《特区经济》2004 年第 10 期。

万事利集团有限公司:《开启从"文化创造"到"品牌塑造"的飞跃——万事利集团转型升级之路》,《江苏丝绸》2014 年第 3 期。

王良玮:《阿里巴巴跨境 B2C 电商平台的发展趋势分析》,硕士学位论文,兰州大学,2015 年。

王耀中:《民营经济与对外贸易》,湖南大学出版社 2005 年版。

魏艳秋:《国际服务贸易与经济发展的互动分析——基于浙江省的实证研究》,《生产力研究》2015 年第 7 期。

吴光:《试论"浙学"的基本精神——兼谈"浙学"与"浙东学派"的研究现状》,《浙江学刊(双月刊)》1994 年第 1 期。

习近平:《干在实处走在前列:推进浙江新发展的思考与实践》,中共中央党校出版社 2006 年版。

习近平:《之江新语》,浙江人民出版社 2007 年版。

夏海霞、尤润怡:《外贸综合服务平台策略研究——以"一达通"为例》,《现代商贸工业》2017 年第 32 期。

肖鑫:《浙江服装出口贸易方式升级研究》,硕士学位论文,浙江理工大学,2014 年。

徐蕾：《基于设计驱动型创新的浙商商业模式演化研究——以万事利为例》，《商业经济与管理》2015年第1期。

徐萌萌：《中国跨境电商发展的现状及问题研究——基于阿里巴巴的SWOT分析》，硕士学位论文，安徽大学，2016年。

徐志炎：《"一带一路"战略下浙江省民营企业国际化研究》，硕士学位论文，浙江大学，2016年。

许浩：《浙大网新科技股份有限公司发展战略研究》，硕士学位论文，复旦大学，2008年。

薛哲：《我国民营企业对外直接投资分析——以浙江省为例》，《商业文化月刊》2011年第5期。

杨桂菊：《代工企业转型升级：演进路径的理论模型——基于3家本土企业的案例研究》，《管理世界》2010年第6期。

杨建华：《现代化发展模式创新——浙江改革开放30年社会发展逻辑与启示》，《浙江社会科学》2008年第3期。

杨太辛：《浙东学派的涵义及浙东学术精神》，《浙江社会科学》1996年第1期。

叶建亮、黄先海：《内源式民营经济转向开放型经济的路径选择：以浙江为例》，《浙江社会科学》2004年第5期。

余华：《一脉相承的治国理政思维——从"八八战略"到"四个全面"看习近平治政思维的主要特征》，《观察与思考》2017年第11期。

余建平、胡峰：《多重嵌入：中国代工企业转型升级的新思路——一种共演与学习的视角》，《社会科学战线》2014年第9期。

俞荣建：《基于共同演化范式的代工企业GVC升级机理研究与代工策略启示——基于二元关系的视角》，《中国工业经济》2010年第2期。

战明华：《上海自贸区金融改革对浙江的影响及建议》，《统计科学与实践》2013年第12期。

张汉东：《率先走向"全球创业"时代——关于推动浙江境外投资的思考》，《浙江经济》2008年第12期。

张汉东：《以开放理念引领浙江经济发展》，《浙江日报》2016年4月

12 日第 3 版。

张汉东等：《浙江开放型经济发展研究》，浙江人民出版社 2012 年版。

张钱江、顾国达等：《出口逻辑——浙江外贸结构的实证分析》，浙江大学出版社 2008 年版。

张钱江、周华蓉：《浙江省服务贸易发展现状写对策》，《国际市场》2010 年第 1 期。

张钱江：《努力把我省建设成为"服务外包大省"》，《政策瞭望》2012 年第 2 期。

张小蒂、黄先海等：《浙江开放型经济的效率增进研究》，浙江大学出版社 2008 年版。

张小济、隆国强：《营造良好共赢的发展机遇——"十一五"期间我国经济发展的外部环境与开放战路》，《国际贸易》2006 年第 1 期。

张星：《电商跨境经营的优势与不足——以天猫国际为例》，《企业改革与管理》2015 年第 2 期。

张宇：《制度约束、外资依赖与 FDI 的技术溢出》，《管理世界》2009 年第 9 期。

张允达：《OFDI 对中国制造业产业结构优化影响的研究》，硕士学位论文，浙江大学，2015 年。

张宗斌、郝静：《基于 FDI 视角的中国制造业结构升级研究》，《山东社会科学》2011 年第 5 期。

浙江省发展和改革委员会课题组：《浙江迈向"资本输出大省"——浙江企业境外投资：现状、问题与对策研究》，《浙江经济》2011 年第 23 期。

浙江省统计局课题组：《产业关联视角下 FDI 出口溢出效应研究——以浙江工业为例》，《统计科学与实践》2013 年第 4 期。

浙江省外经贸志编纂委员会：《浙江省外经贸志》，中华书局 2001 年版。

郑宏博：《浙江省承接国际服务外包的经济效应研究》，硕士学位论文，浙江大学，2016 年。

郑吉昌、夏晴:《浙江服务贸易国际竞争力与政策措施研究》,《商业经济与管理》2004年第5期。

郑少微、杨琳琳:《浙江跨境电子商务发展的现状及对策研究》,《电子商务》2015年第9期。

之江平:《续写浙江开放发展新篇章——四论以五大发展理念引领浙江高水平全面建设小康社会》,《浙江日报》2015年11月23日第3版。

周小川:《"十三五"金融体制改革热点难点》,《中国经贸导刊》2016年第10期。

朱美虹、池仁勇:《中小民营企业对外直接投资动因分析——以浙江省为例》,《特区经济》2011年第6期。

Ching Horng and Wayne Chen, "From Contract Manu Facturing to Own Brand Management: The Role of Learning and Cultural HeritageIdentity" *Management and Organization Review*, Vol. 4, No. 1, 2008, pp. 109 – 133.

Gary Gereffi, "International Trade and Industrial Upgrading in the Apparel Commodity Chain", *Journal of International Economcis*, Vol. 48, No. 1, 1999, pp. 37 – 70.

John H. Dunning, Chang-SuKim, Jyh-Der Lin, "Incorporating Trade in to the Investment Development Path: A Case Study of Korea and Taiwan", *Oxford Development Studies*, Vol. 29, No. 2, 2001, pp. 145 – 154.

Tuan, C., Ng, L. F. Y., "Manufacturing Agglomerationas Incentives to Asian FDI in China after WTO", *Journal of Asian Economics*, Vol. 15, No. 4, 2004, pp. 673 – 693.

Wang, B., Wang, H., "Chinese Manufacturing Firm's Oversesas Direct Investment (ODI): Patterns, Motivations and Challenges", *Rising China: Global Challenges and Opportunities*, 2011.

后　　记

本书是我主持的浙江省哲学社会科学基金重大项目——浙江文化研究工程"浙江改革开放四十年研究系列"成果之一。全书先由我进行总体思路设计与基本框架结构安排，然后由课题组成员分章执笔，最后由我、张正荣和兰健共同统稿与修改定稿。参与研究与初稿撰写的具体分工为：第一章：顾国达、张正荣、黎曌；第二章：顾国达、贾晗湘；第三章：顾国达、宗艺；第四章：顾国达、许鑫；第五章：吴宛珊、兰健、应翔君；第六章：张正荣、周咪咪、祖文静、杨金东；第七章：兰健、孙煤红、应翔君；第八章：张正荣、兰健、应翔君、孙倩云。

本项目研究与书稿撰写过程中，得到了浙江省社会科学界联合会盛世豪党组书记、邵清副主席、蓝蔚青原副主席，规划办俞晓光主任、董希望副主任，以及浙江省特级专家、省委党校陆立军教授，浙江省人民政府咨询委员会副主任、浙江大学文科资深教授史晋川，浙江大学文科资深教授、公共政策研究院院长姚先国和浙江省人民政府咨询委员会副秘书长徐志宏研究员等前辈专家的悉心指导与帮助，使本书结构更加严谨，案例更加丰富，观点更加鲜明。我们在研究撰写过程中，也参阅了许多相关文献与资料，主要部分已列在参考文献中。在此，表示深切的感谢！

限于时间与水平，书中疏漏和不妥之处在所难免，敬请不吝赐教。

顾国达
2018 年 5 月